# 김일성민족주의 정치전략의 비판적 분석

### 북한, '김일성주의를 바탕에 둔 봉건적 군주제'로 변화하다

The Political Strategies of 'Kim Il-sung Nationalism': A Critical Analysis

### 김일성민족주의 정치전략의 비판적 분석
북한, '김일성주의'를 바탕에 둔 봉건적 군주제'로 변화하다
The Political Strategies of 'Kim Il-sung Nationalism': A Critical Analysis

초판 1쇄 인쇄 2014년 04월 23일
초판 1쇄 발행 2014년 04월 30일

지은이   김 광 철
펴낸이   손 형 국
펴낸곳   (주)북랩
출판등록 2004. 12. 1(제2012-000051호)
주소     서울시 금천구 가산디지털 1로 168,
         우림라이온스밸리 B동 B113, 114호
홈페이지  www.book.co.kr
전화번호  (02)2026-5777
팩스     (02)2026-5747

ISBN    979-11-5585-211-8 13340 (종이책)
ISBN    979-11-5585-212-5 15340 (전자책)

이 책의 판권은 지은이와 (주)북랩에 있습니다.
내용의 일부와 전부를 무단 전재하거나 복제를 금합니다.

이 도서의 국립중앙도서관 출판시도서목록(CIP)은 서지정보유통지원시스템 홈페이지(http://seoji.nl.go.kr)와
국가자료공동목록시스템(http://www.nl.go.kr/kolisnet)에서 이용하실 수 있습니다.
( CIP제어번호 : 2014012900 )

# 김일성민족주의 정치전략의 비판적 분석

북한, '김일성주의를 바탕에 둔 봉건적 군주제'로 변화하다
The Political Strategies of 'Kim Il-sung Nationalism': A Critical Analysis

김광철 지음

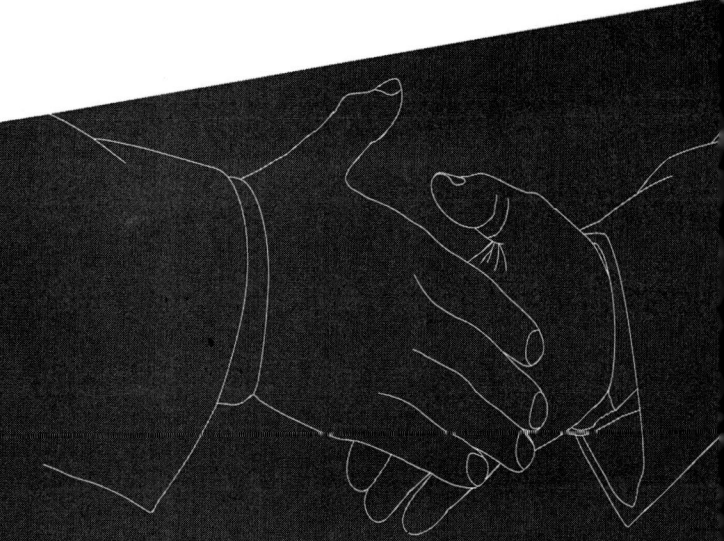

book Lab

머리글

    할아버지는 1948년 제주 4.3사건 발생 직후 공산주의를 추구하는 폭도들의 침입에 대비하여 자경(自警)대원의 일원으로 마을성곽을 경비하던 중 정부측 민경(民警)대원의 오인사격으로 인해 총살되었고, 아버지는 1956년 가을 어느 날 심야에 마을성곽 밖에서 공산폭도에 의해 가슴이 난자당한 후 거기에 큼지막한 돌멩이가 처박히는 고통을 안고 '폭도'라는 피로 쓴 글자만 옷자락에 남긴 채 피살되었다. 할아버지를 죽인 사람은 아직 고향마을에 살아있고 가해사실을 인정하고 있다. 경찰의 적극적인 수사에도 불구하고 아버지를 살해한 폭도는 당시에 아무런 단서를 남기지 않고 도주해버려 찾아내지 못했다. 비참한 두 사건 모두 필자가 세상에 태어나기 전에 벌어진 일이다. 이념적으로 말하자면 자유민주 수호세력과 공산주의 추종세력 모두로부터 가족을 잃은 피해를 당했다.

    그런데도 성장과정이나 성인으로 사회생활을 하는 동안 이와 관련 누구를 원망해 본 기억은 별로 없다. '나의 신념을 관철하기 위해 타인을 속여서는 안 되고, 인기에 영합하기 위해 나 자신을 속여서도 안 된다'는 신조를 가지고, 30년 가까이 공무원으로서 국가와 민족을 위해 봉사하는 마음으로 열심히 살아 왔다. 아버지 세대의 피와 땀이 어린 '조국근대화'의 노고를 기반으로 우리세대를 더욱 풍요롭게 만드는데 일조하려고 노력해왔으며, 그 풍요를 느끼면서 지낼 수 있었던 것에 대해 늘 감사하는 마음이다.

    전기가 없던 시절에 시골에서 태어나 자라면서 마을에 전기가 처음 들어와 환한 전등이 켜지는 모습을 지켜보고, 약간의 강냉이 죽이나 빵 그리고 한 벌의 헌옷과 한 자루의 연필을 구호품으로 받고도 좋아 날뛰던 어린 시절을 지나, 안락한 내 집과 자가용을 보유하고 먹고 싶은 것을 마음껏 먹으면서 여가를 즐길 수 있는 여유를 갖게 된 오늘의 현실을 뒤돌아보면, 우리민족의 5천년 역사 중에 이 시대에 태어나게 된 것과 북한이 아닌 대한민국에서 태어난 것이 큰 행복이 아닐 수 없다. 물론 인고의 세월을 감내하면서 정성껏 길러주신 어머님과 고락을 함께 해준 가족, 그리고 아낌없이 성원해준 지인들이 없었다면 필자의 형편과 감정은 지금과 같지 않을 것이다. 그래서 여기에 일일이 거명하지는 못하지만 모두에게 충심으로 감사드린다.

　요즘 남북한 문제와 관련하여 박근혜대통령이 언급한 '통일대박'이 주요 화두다. 세간의 담론에는 기대와 희망·비관적 전망과 비판 등이 혼재되어 있고, 여론은 그만큼 분열되어 나타나고 있다. 남북한 통일관련 이런 사회적 현상은 어제 오늘에서야 비롯된 일이 아니라 북한에 김일성정권이 들어서면서 시작되어 계속되어 왔다. 대한민국과 북한정권이 추구하는 정치적 이념이 서로 다르기 때문이다. 한편으로 생각하면 이는 현대로 접어들면서 열강들의 세력 각축장화 한 세계의 국제정세 속에서 대한제국의 정통성을 온전히 계승하지 못하고, 일본제국의 국권침탈과정을 겪은 후 제2차 세계대전 종전의 결과물로 해방을 맞이한 당시 우리민족의 미성숙한 역량에서 비롯된 필연적인 현상이라고 할 수도 있다. 그렇더라도 대한민국의 발전이 이룩한 한민족의 국제적 위상이 선진국 대열에 진입한 오늘날, 우리가 주체가 되어 남북분단 상황을 극복하고 민족통일의 염원을 실현시키고자 하는 것은 자연스러운 일이고 우리에게 주어진 시대적 사명이다.

　북한정권이 주도하는 통일은 민족전체를 나락으로 떨어뜨리는 것과 다름없으므로 허용될 수 없다. 대한민국이 통일을 주도하기 위해서는 북한정권에 대한 올바른 인식과 판단이 필요하다. 그런 인식을 공유하여 통일역량을 키우지 않으면 우리의 통일염원을 조기에 실현하는 것이 불가능하다고 생각한다. 북한정권은 미구에 자연스럽게 붕괴될 것이라거나, 당연히 대한민국이 흡수통일을 하게 될 것이라는 막연한 기대는 현명한 판단이라고 할 수 없다. 현재 민족통일을 위한 대세가 대한민국에 유리하게 흘러가고 있음은 분명해 보이지만, 김일성일가정권이 오랫동안 사상적인 면이나 군사적인 면에서 정권보위 역량을 계속 강화해왔음을 간과해서는 안 된다. 민족주의 가면을 쓰고 통일전선을 확대하면서 핵무기보유를 기반으로 우리의 안전과 행복을 위협하고 있을 뿐만 아니라 끊임없이 '김일성민족화 통일' 전략전술을 구사하고 있는 북한정권의 기도에 대해서는 엄중한 경계와 치밀한 대응전략을 필요로 한다.

이 책은 필자의 박사학위 청구논문 "'김일성민족주의'와 '우리민족끼리' 정치전략의 비판적 분석"을 보완하여 출판하는 것이다. 갑작스럽게 최근 유럽의 한 대학으로부터 초빙교수 초청장을 받은 상황에서 출국 전 출간을 마무리 짓고 출발할 수 있게 되어 매우 기쁘다. 독자들의 공감이 확산되어 국론통합과 민족의 번영을 위한 통일에 조금이라도 보탬이 되기를 간절히 바란다. 미흡한 부분에 대해서는 독자 제현의 따뜻한 충고와 제언을 당부 드리며, 끝으로 논문을 지도해준 조성환교수님, 심사위원장 박상철교수님, 심사위원 남주홍교수님 · 오일환원장님 · 문순보박사님과 책자 발간을 위해 수고해주신 북랩 관계자 여러분에게 감사드린다.

2014년 봄

외암(誚岩) 김광철

목차

■ 머리글___5

# 제1장 서 론___12

# 제2장 북한 민족주의와 정치전략: 이론과 적용___22

## 제1절 북한 민족주의     22
1. 민족주의 이론 ·········································· 22
2. 김일성민족주의 이데올로기 ···················· 28
3. 김일성민족주의 실천기반 구축 ················ 34

## 제2절 김일성민족주의 이론     39
1. 주체사상과 민족주의 ································ 39
2. 조선민족제일주의 ···································· 51
3. 김일성민족주의 ········································ 55

## 제3절 민족주의 정치전략     59
1. '남조선혁명' 전략과 민족주의 ················· 59
2. 김일성시대 대남전략 ······························· 65
3. 김정일시대 대남전략 ······························· 68
4. 김정은시대 대남전략 ······························· 72

# 제3장 김일성민족주의와 지배체제___77

## 제1절 김일성민족주의 이론 분석     77
    1. 이념변동: 계급주의에서 김일성민족주의로 ·················· 77
    2. 김일성민족주의 이론 구조 ································ 84
    3. 김일성민족주의 본질: '민족주의로 위장한 애국주의' ····· 88

## 제2절 김일성민족주의체제의 성격     95
    1. 북한체제 성격에 관한 이론 ······························· 95
    2. 민족정체성왜곡과 김일성민족주의 ····················· 104
    3. 체제의 본질: '김일성민족주의·봉건적 군주제' ············ 107

# 제4장 '우리민족끼리' 담론과 정치전략___113

## 제1절 '우리민족끼리'의 등장 배경과 개념     113
    1. '우리민족끼리' 등장 배경 ································ 113
    2. '우리민족끼리'의 개념 ································· 117

## 제2절 '우리민족끼리'의 정치전략적 기능     119
    1. 김일성민족주의 확산을 위한 창(槍) ····················· 119
    2. 김일성민족주의체제 보위를 위한 방패(防牌) ············ 121

## 제3절 '우리민족끼리' 전략전술     125
    1. 통일전선 형성과 남남갈등 조장 ························· 125
    2. 김일성민족주의 동조역량 확대 ························· 133
    3. 진보가치의 왜곡과 비판의식 퇴화 ······················ 137

## 제5장 북한의 정치전략 비판과 대응___144

### 제1절 김일성민족주의 비판　　　　　　　　　　　144
1. 이념적·체제적 폐쇄성 ································· 144
2. 역사적 퇴행성 ············································ 155
3. 민족적 분열성 ············································ 160

### 제2절 '우리민족끼리' 전략전술의 위해성　　　　167
1. 종북주의 확산과 자유민주주의체제 위협 ········ 167
2. 민족주의적 환상 확산과 국민통합 저해 ········· 173
3. 독재정권 옹호와 동포들의 고난 외면 ············ 181

### 제3절 김일성민족주의 정치전략에 대한 대응　　184
1. 공영·발전적 민족주의관 정립 ······················ 184
2. 민족정체성회복 및 정상국가화 유도 ············· 188
3. '보호책임(R2P)'론 정치화 ·························· 201

## 제6장 결 론___214

참고문헌___222

Abstract___237

부 록___241
1. 북한식 '우리민족끼리' 전략전술 해부 ············ 242
2. '종북(從北)세력'이 궁금하다! ······················ 255

## ➡ 표 목차

| | |
|---|---|
| 〈표 1〉 헌법과 당 규약에 나타난 이데올로기 변화 과정 | 35 |
| 〈표 2〉 주체사상 형성과정 | 43 |
| 〈표 3〉 김일성의 민족주의 관련 주장 | 49 |
| 〈표 4〉 김일성민족주의 대두와 전개 사례 | 58 |
| 〈표 5〉 김정일의 민족대단결론 | 63 |
| 〈표 6〉 김일성민족주의 주장과 본질 비판 | 93 |
| 〈표 7〉 북한체제가 군주제인 근거 | 110 |
| 〈표 8〉 '우리민족끼리' 개념 등장 배경 | 114 |
| 〈표 9〉 김정일의 6.15공동선언 합의 저의 | 115 |
| 〈표 10〉 북한의 대표적 종합시장 분포 | 148 |
| 〈표 11〉 북한의 주요 경제지표(2012년 기준) | 148 |
| 〈표 12〉 북한주민 성분 계층 분류 | 150 |
| 〈표 13〉 유일사상체계확립 10대원칙 | 157 |
| 〈표 14〉 유엔인정 '보호책임' 적용대상 범죄 | 209 |

## ➡ 그림 목차

| | |
|---|---|
| 〈그림 1〉 연구분석의 틀 | 19 |
| 〈그림 2〉 지배이데올로기 구조 | 33 |
| 〈그림 3〉 조선민족제일주의 구조 | 53 |
| 〈그림 4〉 대남 혁명전략 목적 변화 | 60 |
| 〈그림 5〉 김일성민족주의 이론 구조 | 85 |
| 〈그림 6〉 가면(假面)민족주의 정체 | 94 |
| 〈그림 7〉 북한의 민족정체성 왜곡 | 107 |
| 〈그림 8〉 '우리민족끼리' 전략전술 개념 | 118 |
| 〈그림 9〉 '우리민족끼리' 전략전술 논리 구조 | 128 |
| 〈그림 10〉 아슈의 실험도구 모형 | 134 |
| 〈그림 11〉 아슈의 실험이 주는 교훈 | 135 |
| 〈그림 12〉 김일성일기정권의 딜레마 | 154 |
| 〈그림 13〉 북한체제 반민족성의 시사점 | 162 |
| 〈그림 14〉 비정상국가 개념의 핵심요소 | 196 |
| 〈그림 15〉 ICISS 보고서의 '보호책임' 단계별 이행 절차 | 207 |

# 서 론

본 연구는 북한의 이데올로기 및 정치체제의 질적 변화 과정과 내용을 살펴봄으로써 북한체제의 새로운 성격을 진단하고, 새롭게 구성된 '김일성민족주의'의 이론적 체계와 그에 기반한 대남 정치전략을 분석하여 현재의 딜레마적 대북관계와 국내의 종북논란을 극복하며, 더 나아가 대한민국의 대북 전략 과제를 탐색하여 정책방향을 제시하는 데 목적을 두고 있다. 이는 북한의 현실을 제대로 인식하고 대북정책을 추진해야 한다는 당위론적 입장에 기반한 것이다.

북한체제는 이제 더 이상 마르크스-레닌이 꿈꿨던 사회주의 부류의 국가라고 볼 수 없다. 국가의 성격이 최초 사회주의 국가로 출범해서 현재는 김일성일가(金日成一家)의 '봉건적 군주제' 국가로 완전히 변모했기 때문이다. 그 연원은 김일성일가의 이데올로기인 '김일성민족주의'에 있다. 김일성민족주의는 정권 보존을 위한 퇴행적 지배이데올로기로서, 민족번영을 위한 통일을 염원하는 입장에서는 결코 용인할 수 없다. 북한은 이미 국제사회에서 '불량국가'로 퇴화된 것으로 판명되고, 김일성일가정권에는 주민을 불행으로 몰아넣는 유일독재 유지를 위한 전제권력과 세계평화와 한반도의 안전을 위협하는 무력만 남아 있다. 김일성일가정권이 정치전략을 통해 대한민국의 안전을 직접 위협하고 있음은 물론, 정치갈등의 매개체로서 국내정치의 변수일 뿐만 아니라 중요한 결정요인이 되어가고 있음은 우리에게 중차대한 문제 중 하나다.

　북한을 제대로 인식하기 위해서는 정권수립 이후 점차 변질되어 온 이데올로기 및 정치체제의 본질 변화 과정과 그 내용을 올바로 알아야 한다. 북한은 정권수립 초기 사회주의국가 건설을 목적으로 하여 출범하였지만, 현재의 북한은 마르크스주의나 사회주의국가론으로는 설명할 수 없는 이념적·체제적 면모를 보여주고 있다.

　헌법 개정에서 공산주의 표현을 삭제하여 김일성-김정일주의를 앞세우고, 독재정권을 3대에까지 세습한 북한의 현실을 감안하여 '북한체제는 김일성민족주의를 지배이데올로기로 하는 봉건적 군주체제다'라는 가설을 설정했다. 이 가설을 논증하기 위해 북한정권이 어떤 과정을 거쳐 김일성민족주의를 구성했으며, 이를 바탕으로 추진하는 '우리민족끼리' 전략전술의 실체는 무엇인지를 살펴보고, 김일성일가 세습체제가 왜 봉건적 군주제 성격을 갖고 있는지를 탐구하고자 한다. 이는 북한의 이데올로기와 정치체제가 본질적으로 변화되었다는 것을 전제로 하기 때문에 가설 논증결과는 필연적으로 북한의 대남전략 최종목적에 대한 우리들의 인식전환을 필요로 하게 될 것이다. 그리고 정부가 통일정책을 수립함에 있어서 북한 김일성일가정권체제를 어떤 대상으로 보아야 하느냐 하는 것도 명백해질 것이다.

　우리 학계는 1980년대 중반이후 북한 연구에 있어서 이데올로기적 논의를 탈피해야 한다는 대세를 유지해 왔다. 북한의 정치이데올로기를 대상으로 하는 연구자체도 문제시하는 경향이 있었음을 부인하기 어렵다. 그래서 오늘날 북한에서 공산주의 이념을 김일성민족주의가 대체하고 정치체제는 봉건적 군주제로 질적 변화를 보인 양상이 전개되었는데도 그에 대한 연구 결과물은 거의 없는 현상이 나타나고 있다. 사정이 이렇다 보니 북한에 대한 우리의 인식이 과거에 머물러 있거나 약간의 인식변화가 있다 하더라도 희망을 섞은 개혁·개방에 대한 논의에 그치고, 북한 정치이데올로기와 정치체제 본질 변화의 방향과 그 정도에 대한 실질적 평가 연구는 많지 않다. 북한에 대한 인식이 과거에 머물러 있는 한 가지 예를 들자면, 현재 북한의 대남전략 목적을 규정할 때 의례히 '공산화통일'이라고 기술하는 것이 이를 잘 보여준다. 김일성일가정권이 공산사회주의 건설 목적을 실질적으로 폐기한 상황인데도 공산화통일을 목적으로 한다고 주장하는 것은 모순인 것이다.

이데올로기적 논의를 탈피하려는 연구풍토는 대한민국 안에서 보수・진보 진영을 막론하고 북한의 현실과는 괴리된 대북관을 잉태하게 되고, 대북전략이나 정책 방향에 대해서도 진영에 따라 상이한 주장을 거듭하며 갈등을 키우는 결과를 초래하게 되었다. 국가안보 문제는 대한민국의 생존 및 발전과 직접 관련된 문제이기 때문에 좌우파 진영에 따라 혹은 정파에 따라 안보위협 세력에 대한 인식을 달리해도 무방한 사안이 아니다. "북한은 통일의 개념을 대한민국처럼 민족통합의 과정으로 보는 것이 아니고 민족해방을 위한 투쟁으로 인식하고 있다. 즉, 대한민국은 민족동질성회복을 위한 신뢰구축 과정으로 통합을 추구하는 데 비해, 북한은 대한민국을 '미제의 식민지'로 간주하고 6.25전쟁 때 못다 이룬 '민족해방의 완성'을 통일이라고 보고 있다. 그래서 대한민국 정부의 정통성을 인정하지 않고 조선은 오직 하나라는 소위 '하나의 조선'을 내세워 대한민국 안의 민족해방혁명론자(NL)와 인민민주주의혁명론자(PD)들을 대남혁명 파트너로 삼고 있다."[1]

더구나 북한이 전 한반도의 '김일성민족주의체제화(이하 '김일성민족화'로 표기)'라는 대남전략 목적 추구를 위해 끊임없이 대한민국을 위협하고 내부 문제에 영향력을 행사하려고 하는 상황에서 안보문제를 경시하거나 대수롭지 않은 것으로 등한시하는 것은 우리의 생존과 발전에 대한 중대한 위험 요소가 아닐 수 없다. 북한 김일성일가정권은 대한민국과 국제사회에 '한반도의 비핵화' 추구를 약속해 놓고도 3차에 걸친 핵실험과 헌법 규정을 통해 핵무기보유를 기정사실화 했고, 군사력을 일거에 역전하여 이를 바탕으로 대남도발 위협을 수시로 감행하고 있으며, '우리민족끼리' 구호를 앞세워 대

---

1) 남주홍, 『통일은 없다』(서울: 랜덤하우스중앙, 2006), p. 214.

한민국 정부에 자기들 이익에 맞게 대북정책을 전환하도록 요구하는 전략전술을 지속적으로 펼치고 있다.

대한민국 국민들 사이에서 북한의 빈번한 전쟁도발 위협에 대한 반응은 두 가지의 서로 상반되는 경향으로 나타나고 있다. 한 가지는 전쟁공포증의 확산을 통해 북한 정권의 의도에 동조하는 형태의 반응이고, 다른 한 가지는 북한정권의 위협을 일부러 무시하려는 안보불감증이다. 예를 들면, 김일성 일가정권 동조세력과 일부 진보주의자들은 북한의 명백한 도발에 대해서도 "북한정권의 심기를 건드리면 전쟁이 일어날지도 모르므로 대응을 자제해야 한다"고 주장하고, "어떤 일이 있어도 전쟁만은 피해야 한다"며 북한정권을 옹호한다. 다른 한편, 많은 일반 국민들은 북한이 '서울불바다', '청와대까지 공격대상' 등을 언급하며 도발위협을 계속해도 "대다수 국민들이 북한의 도발위협에 동요하지 않는 것이 다행스럽다"고 생각하며 태연하다.

북한정권의 심기를 건드리지 않는 것이 대한민국의 안보를 수호하는 유일한 방법일까? 과연 북한의 도발위협 앞에서 태연자약해도 대한민국이 스스로 안전을 확보할 수 있을까? 현재 북한의 지배이데올로기와 정치체제의 본질적 특성을 올바르게 인식하고 그에 기반하여 대북정책을 추진하고 북한의 전략전술에 대응해야 대한민국의 안보를 지키고 민족 공동번영을 위한 통일을 준비할 수 있다고 생각한다.

이 책의 연구범위는 연구목적에 따라 북한의 지배이데올로기와 정치체제의 특성 및 대남 정치전략을 분석하고 이를 극복하기 위한 전략적 과제를 탐구하는 데에 국한하고자 한다. 북한의 대남전략을 옳게 파악하려면 우선 현재 지배이데올로기와 정치체제의 본질적 구조와 기능을 정확히 인식하지 않으면 안 된다. 일반적으로 정치체제(Political System)란 '인간이 공동체를 구성하고 정치적 삶을 영위하는 방식'으로 정의되고, 수권의 소재, 공공사(公共事)에 대한 의사 표출과 결정 방식, 결정 집행 방식, 집행 평가 방식 등에 따라 여러 유형으로 나누어진다. 또 '지배자와 피지배자간의 관계를 공식화하는 규칙, 절차 그리고 협약의 집합체(the set of rules, procedures and understandings)를 의미하는 것'[2]으로 정의되기도 하여 그 내용을 전부 다루기에는 너무 광범위하다. 그렇기 때문에 본 연구에서는 북한 지배이데올로기 및 정치체제의 본질 변화 과정과 특성, 그리고 민족주의를 활용한 '우리민족끼리' 전략전술의 실체를 규명하고 이에 대응하는 전략과제를 제시하는 것으로 연구범위를 한정한다.

본 연구에서는 '김일성민족주의'와 '우리민족끼리' 및 '봉건적'이라는 용어를 중요개념으로 사용하고 있다. 김일성민족주의는 김정일이 1994년 10월 최초로 '김일성민족'이라는 용어를 사용한 이후 북한 내에서 북한주민을 일컫는 말로 통용되고 있고, 그 실질적인 내용은 민족적 감성을 전략전술적 구호로 활용한 '김일성주의'라는 점에 주목하여 북한의 이데올로기적 특성을 규정하는 용어로 사용한다. 그 의미는 '주체혁명사상과 민족주의로 위장한 애국주의 및 실천강령인 유일사상체계확립 10대원칙 등을 내포하는 지배이데올로기'로 정의한다.

'우리민족끼리'는 2000년 남북정상회담시 6.15공동선언 제1항에 삽입된 '우리민족끼리' 단어와 이를 활용한 북한의 대남 전략전술로서의 '우리민족끼리'를 의미하는 개념으로 사용한다. 북한은 "1948년 4월 '남북 제정당·사회단체 대표자 연석회의' 호소문에서도 우리민족끼리 단어가 사용되었으나, 이때는 아직 하나의 문구나 표현에 불과하고 애국애족의 선각자들에게 인식되었을 뿐, 민족문제 해결을 위한 이념의 자리를 차지하는 데까지는 이르지 못했다. 이것이 온 겨레에게 있어서 공동의 이념으로서의 자리를 확고히 차지하게 된 것은 6.15공동선언의 제1항에 명기되었을 때부터였다. 이렇게 볼 때 4월연석회의의 정신은 6.15공동선언에로 확고히 이어졌으며, 지금도 '우리민족끼리' 속에 살아 있다"고 주장하고 있다.[3]

---

[2] Roy C. Macridis, Modern Political Regimes: patterns and Institutions(Boston: Little Brown and Company, 1986), pp. 2~21.
[3] "4월연석회의 정신은 '우리민족끼리' 속에 살아 있다," 『통일뉴스』, 2008년 3월 29일자:

'봉건적'이라는 용어는 김일성일가정권 체제의 특성을 규정하는 데 있어서 중요개념으로 사용되고 있다. 역사적으로 한반도에는 고대 중국이나 중세 유럽에 존재했던 것과 같은 영주를 중심으로 한 봉건제도가 존재하지 않았다. 하지만 김일성은 스탈린과 모택동이 혁명이데올로기 실천을 위해 사용했던 '식민지·반(半)봉건사회론'[4])을 모방하여 정권수립 전의 북한사회, 즉 일제식민지시대 사회를 반봉건(半封建) 사회로 규정하고 '반제(反帝)·반봉건(反封建)혁명'을 주창하면서 토지개혁과 구습타파를 추진했다. 여기서 보듯이 '봉건적'이라는 개념은 사회의 성격을 규정하는 데 사용된 바 있고, 국내 학자들 중에도 현재 북한체제의 봉건성을 지적하는 학자들이 여럿 있다.[5]) 뿐만 아니라 평양을 방문했던 미국 시사주간지 「뉴스위크」 특파원 버나드 크리셔(Bernard Krisher)는 1979년 2주간의 북한 체류 후 '김일성의 격리병동'이란 제목으로 쓴 방북기에서 북한을 '김일성의 봉건영주국'이라고 표현한 바 있다.[6]) 이처럼 봉건적이라는 표현은 엄밀히 따지면 '역사적으로 존재했던 제도와 성격'을 의미하는 경우와 '현실사회의 시대적·제도적 특성을 정치적으로 통칭'하는 경우로 구분할 수 있는데, 이 책에서는 '전근대적인 봉건사회의 전제적 특성을 정치적으로 통칭'하는 개념으로 사용한다. 왜냐하면 김일성일가정권의 지배는 북한사회를 구시대적·반민주적 체제로 회귀시켰기 때문이다.

---

http://www.tongilnews.com/news/articleView.html?idxno=77451(검색일: 2013. 12. 12).

4) 제국주의가 침투한 식민지에서는 근대화·자본주의화가 저지되고 경제구조적으로 봉건적 사회관계인 지주와 소작인의 관계가 계속된다고 보는 이론이다.

5) 김영수, "국가이데올로기의 변화: 이데올로기적 국가장치의 역할을 중심으로," 최완규 엮음, 『북한의 국가성격 변용에 관한 연구』(서울: 한울아카데미, 2001); 이종석, 『새로 쓴 현대북한의 이해』(서울: 역사비평사, 2000); 조성환, "통일론의 비판적 지식사회론: 민족패러다임의 비판적 인식," 『동양정치사상사』 제3권 1호(서울: 한국동양정치사상사학회, 2004); 최성, "수령체계의 형성과정과 구조적 작동 메커니즘에 관한 연구"(고려대학교 대학원 박사학위논문, 1993).

6) "金日成은 北韓의 領主," 『동아일보』, 1979년 10월 8일자.

연구방법은 국내외에서 발행된 각종 북한관련 연구서와 논문, 북한의 공간(公刊)문헌 및 북한정권의 행태를 분석하고 이를 근거자료로 하여 가설을 논증한다. 분석에 있어서 북한의 지배이데올로기에 대해서는 마르크스-레닌주의 관점에서 평가하고, 민족주의에 대해서는 구성주의론적 관점을 기준으로 하며, 정치체제에 대해서는 역사주의론적 관점에 의거하여 변화 과정과 내용을 고찰한다. 그리고 북한의 대남 정치전략 분석과 대응 전략과제 탐구는 현실주의적 관점을 취한다. 여러 가지 관점을 채용하는 이유는 한 가지 분석틀에만 의거하여 연구할 시에 발생하는 구속을 피하고, 그럼으로써 종합적이고 사실에 입각하여 검증도를 높여보고자 하는 데 있다. 이를 요약하면 〈그림 1〉과 같다.

현대의 정치사회적 현실과 국제관계 등을 분석하는데 유용한 이론은 대표적으로 자유주의·현실주의·마르크스-레닌주의·구성주의 등이 있다. 그러나 정치·경제적 자유를 중시하는 전통적 자유주의와 1980년대 중반 이후 미국 국제정치학계에서 태동하여 자유민주주의와 시장경제의 국제적 확산을 주장하는 신자유주의는 북한의 현실을 분석하고 이해하는데 별 도움이 되지 않을 것[7]으로 생각되므로 본 연구에서는 제외하고, 대신에 역사주의를 더하여 분석의 틀로 삼고자 한다.

소련은 김일성을 앞세워 북한에 새로운 정권을 수립하면서 마르크스-레닌주의를 정치이데올로기로 이식했다. 마르크스-레닌주의는 사회변혁을 통해 이상을 실현하려는 혁명이데올로기이다. 아직까지도 북한의 헌법과 당 규약 등에서 사회주의가 강조 표현되고 있기는 하지만, 오늘날에 이르러서 북한의 정치이데올로기는 혁명이데올로기로부터 지배이데올로기로 완전히 변질되었다. 그러므로 마르크스-레닌주의적 관점은 오늘날 질적으로 퇴화된 북한체제에 대한 비판의 한 기준으로 되며, 현재의 김일성일가정권 세

---

7) 백학순, 『북한 권력의 역사』 세종연구소 세종정책총서 2010-4(성남: 한울아카데미, 2010), p. 16.

습체제가 사회주의로부터 얼마나 일탈한 체제인가를 인식하는 데 도움을 줄 것이다.

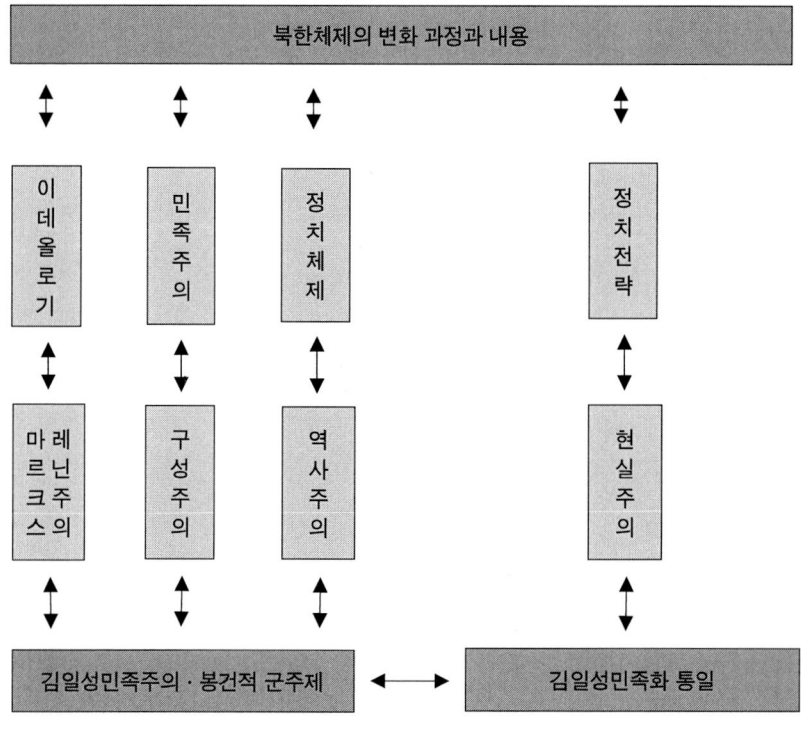

〈그림 1〉 연구분석의 틀

한편, 사회 구성원들이 공통적으로 가지고 있는 관념에 의해 사회적 현실이 만들어지고, 행위자 또는 사회집단의 정체성도 인간의 상호작용과 담론 행위로 창조된다고 하는 것이 구성주의 이론이다. "우리가 현실로 대하게 되는 공동체는 행위주체의 사회적 행위와 그에 따르는 상호작용의 결과 새로 생겨나기도 하고 재구성되기도 한다"고 구성주의자들은 주장한다. 그러므로 구성주의적 관점은 김일성민족주의체제의 성립과정과 그 본질을 규명하는데 유용하다고 할 수 있다.

또한 현실주의는 집단을 정치적 분석의 기본단위로 하고 있으며, 1648년 베스트팔렌조약8) 체결로 성립된 국제체제를 중심으로 논의되는데, 주권국가가 국제정치의 주요 행위자로 간주된다. 현실주의의 3가지 핵심요소는 국가주의(statism)·생존(survival)·자조(self-help)다. 현실주의적 관점에서 보면 국가주권은 불가침의 권리이고, 주권국가는 다른 국가들과 권력·안보를 놓고 제로섬(zero-sum) 관계의 경쟁을 한다. 따라서 모든 국가의 첫 번째 목표는 생존이고, 생존은 최고의 국가이익이다. 국제관계에서 국가의 생존은 다른 국가에 전적으로 의존할 수는 없는 문제다. 냉혹한 국제정치에서는 순수한 의미의 우의·신뢰·존중이 허용되지 않으며, 적국의 무력침략을 대신해서 방지하거나 제재해 줄 국제정부가 존재하지 않는다. 국제관계는 세력균형을 통해 공존을 도모할 수 있는 관계이기 때문에 국가안보는 전쟁억지력을 강화하고 국민적 단결을 강화하여 스스로 지키는 수밖에 없는 것이다.

전통적 현실주의자들과 달리 신현실주의자들은 국제협력의 제도와 레짐의 창출 필요성을 인정하고는 있지만, 그 경우에도 국가는 제도와 레짐이 국가이익에 도움(절대이득)이 되는 경우에만 지지한다. 또한 창출된 제도와 레짐을 통한 국제협력활동이 상대국가보다 유리(상대이득)할 경우에만 지속적으로 지지한다고 본다.9) 이런 현실주의적 관점은 북한 이데올로기와 정

---

8) 베스트팔렌조약은 독일 30년 전쟁을 끝마치기 위해 1648년에 체결된 평화조약으로서, 주권 국가들의 공동체인 근대 유럽의 정치구조가 나타나는 계기가 되었는데, 유럽에서 로마 가톨릭교회와 신성로마제국의 지배적 역할을 실질적으로 무너뜨리고 한 국가가 다른 국가를 간섭하는 것을 불가능하게 하는 새로운 국제질서를 가져왔다. 구질서하에서의 황제와 교황의 권력은 약화되었으며, 정치는 종교의 영향에서 벗어나 세속화하여 국가 간의 세력 균형으로 질서를 유지하는 새로운 체제를 가져왔다. 이는 유럽 근대화와 국민국가 성립에 큰 영향을 끼쳤다.
9) John Baylis and Steve Smith, *The Globallization of World Politics 5th Edition* (Oxford University press, 2011); 존 베일리스·스티브 스미스·퍼트리샤 오언스 편저, 하영선 외 옮김, 『세계정치론』 제5판(서울: 을유문화사, 2012), pp. 111~171에서 발췌 인용.

치체제의 본질적 변화가 가져온 특성이 함축하는 의미가 무엇인지 규정하는 데 도움을 줄 것이다.

다음으로 주로 북한 정치체제를 해석하는 기준이 될 역사주의론적 관점은 김일성일가정권이 이끌어 온 정치체제 변화의 과정과 본질적 특성을 설명하고 변화의 방향성을 규정하는 데 유용하므로 정치체제의 역사적 성격과 향후 진로를 전망하는 데 기여하게 될 것이다. 역사주의는 전통적 역사주의·비판적 역사주의·포괄적 역사주의 등으로 구분되지만, 여기서 역사주의는 대부분의 사회현상이 역사적 성격을 내포하고 있으므로 이 현상을 설명하기 위해서는 역사에 의한 설명과 평가를 시도해야 한다는 포괄적 역사주의를 의미하는 것이다. 북한체제가 어떤 발전 방향이나 예정된 진로를 가지고 전개되어 왔고, 건설기·강화기·관리기·세습제 준비기·세습제 구축기 등의 일정한 과정을 거쳐 왔다고 본다.[10]

이 책은 앞에서 제시한 여러 가지 이론을 채용하여 제2장에서 북한 민족주의와 정치전략을 이론과 적용 측면에서 검토하고, 제3장에서 김일성민족주의와 지배체제를 이론구조와 체제특성의 차원에서 분석하며, 제4장에서 북한식 '우리민족끼리' 담론과 대남 정치전략을 배경과 기능적 측면에서 분석하고, 제5장에서 북한의 현재 지배이데올로기와 체제를 비판하여 대응 방향을 제시한 후 제6장에서 이상의 논의를 종합하여 결론을 맺고자 한다.

---

10) 김정수, "북한체제 연구방법론의 쟁점과 과제: 외재적 접근법과 내재적 접근법의 유용성과 한계성을 중심으로," 『통일문제연구』(서울: 평화문제연구소, 1998), p. 69.

# 북한 민족주의와 정치전략: 이론과 적용

## 제1절 북한 민족주의

### 1. 민족주의 이론

민족주의는 본래 매우 비합리적이고 다의적인 개념이기 때문에 학문적으로 일률적인 정의를 내리기는 어렵다. 우리나라 국립국어원에서 발행한 국어사전은 "민족주의는 민족의 독립과 통일을 가장 중시하는 사상으로서, 19세기 이래 근대국가 형성의 기본원리가 되었으며, 분열되어 있는 민족의 정치적 통일을 목표로 하는 형태와 외국의 지배로부터 해방이나 독립을 목표로 하는 형태로 크게 나누어진다"고 일반적인 개념정의를 하고 있다.

민족주의를 매우 오래된 역사적 실재(historical reality)로 받아들이는 오브라이언(Conor Cruise O' Brien)은 "민족주의는 그것을 위해 많은 사람들이 서로 죽고 죽일 수 있는 인간본질의 원초적 기원을 가지고 있다"고 지적하고, "사람들이 정의나 자유보다 민족적 이해를 위해 더욱 헌신적이라는 점에서 민족주의가 단기의 역사적 현상이라기보다 인간본질에 기반하고 있다"고 설명한다.[11]

민족주의와 불가분의 관계에 있는 개념으로 민족이 있다. 민족을 정의하는 것은 민족주의를 정의하는 것보다 더 어렵다. 민족개념을 규정하는 경우 지역·종족·언어·종교·풍속·정치 경제적 유대·역사적 운명 등의 공동성이란 객관적 사실을 중시하는 입장(객관설)과 이들 객관적 사실에 입각한 민족감정 또는 민족의식이란 주관적 사실을 중시하는 입장(주관설)이 있으나,[12] 에릭 홉스봄(Eric Hobsbawm)처럼 아예 민족이라는 용어 사용 자체에 회의적인 학자들도 있다. 민족이라는 개념을 단적으로 정의하기 어려운 이유는 민족이라는 단어가 정치적 입장에 따라 슬로건화 되어 너무나 다양하고 부정확하게 사용되어 왔기 때문으로 볼 수 있다.

세계사에 있어서나 민족사에 있어서 민족주의의 토대는 역사적 연원이 오래됐지만, 오늘날 일반적으로 쓰이는 '민족의식'이 현실적 정치원리로 자리매김한 것은 근대에 이르러서 1789년 프랑스대혁명이 성공하면서부터라고 할 수 있다. 이때부터 민족의식은 근대국가의 기반을 이루는 것으로서, 정치 권력통합의 중요한 요소로 기능하게 된 것이다. 즉, 시민계급이 봉건체제를 무너뜨리고 특권계습인 승려(제1계급)와 귀족(제2계급) 세력을 타도하여 국가적 통일을 완성함으로써 시민적 정치질서를 확립한 것을 두고 민족국가가 수립되었다고 하고, 민족주의가 시작되었다고 한다. 그래서 보통은 민족주의라고 하면 시민적 민족주의를 의미한다.

그러면 민족주의는 사회 속에서 어떤 방식으로 작동하는가? 흔히 민족주의는 한 민족과 다른 민족 사이의 경계를 나누고, 경계선 안에 속한 민족구성원의 단결을 도모하며, 전통과 역사에 의존하여 민족의 영속성과 위대함을 보여주기 위해 사용한다. 우리 민족도 오랫동안 '단군의 자손'이라는 단일민족의 신화를 끊임없이 재생산 해왔다. 또한 민족 외부에 대한 배타성과 함께 민족 내부의 동질성과 단결을 강조하는 담론을 만들고 활용하여 왔다.

---

11) Conor Cruise O'Brien, "The Wrath of Ages: Nationalism's Primordial Roots," *Forien Affairs*(November/December, 1993), p.149.; 김동성,『한국민족주의 연구』(서울: 도서출판 오름, 1995), p. 21. 각주 19) 재인용.
12) 김운태,『정치학원론』(서울: 박영사, 1985), p. 193.

주권적 영토국가 질서인 소위 '베스트팔렌체제'가 17세기 중반 유럽에서 발전했고, 민족주의가 18세기 후반 성장하여 베스트팔렌체제를 민족주의화 했으며, 이후 베스트팔렌체제를 근간으로 한 '민족국가 질서'는 유럽을 넘어 전 세계로 확산되었다. 이러한 결과 모든 국제관계는 민족국가들 사이의 관계가 되었고, 현재 진행되고 있는 지구화는 주권적 영토권(베스트팔렌체제)을 침식함으로써 민족국가 간 정치질서를 약화시킨다. 그렇다고 해서 민족주의가 약화되는 것은 아니다.[13]

그러면 북한에서는 민족과 민족주의에 대해 어떻게 정의하고 있을까? 동유럽 국가들과 소련이 1980년대 들어 개혁·개방 정책을 실시하기 전까지 북한은 대체로 민족과 민족주의 개념을 분리하여 사용하였다. 예를 들면, 북한은 민족이라는 개념을 민족적 자주의식·민족적 자부심·민족해방운동·민족문제 등의 표현에서처럼 독립적, 반외세적 의미에 중점을 두어 자주성을 강조하는 투쟁구호로 주로 사용하였다. 그러나 처음에는 민족주의 개념에 대해서 진영논리에 기반하여 부르주아계급 사상 또는 민족이기주의로 규정하여 부정적 평가를 하였다가 1980년대 중반이후 서서히 '애국적 민족주의' 또는 '참다운 민족주의'를 제시하고 민족주의를 긍정하는 듯한 태도를 보여 왔고, 특히 2000년 이후는 남북관계에 있어 '우리민족끼리'를 앞세워 통일전선 형성과 운용을 위한 구호로 적극 활용하고 있다.[14]

민족주의는 우리가 일반적으로 갖고 있는 민족주의에 대한 정형화된 인식, 즉 민족적 동질성, 역사적 문화적 연속성, 대외적 배타성과 대내적 결속성 같은 인식의 틀을 넘어서는 복잡하고 다양한 것이다. 이처럼 다양한 민족주의 이론들을 하나의 체계로 분류하는 것은 사실 거의 불가능하다. 그럼에도 불구하고 설명의 편의를 위해 민족주의 이론을 기초적인 몇 가지로 분류

---

13) 존 베일리스·스티브 스미스·퍼트리샤 오언스 편저, 하영선 외 옮김(2012), pp. 494~509에서 발췌 인용.
14) 김광철, 『북한의 민족정체성 왜곡과 우리민족끼리 전략 비판』(성남: 세종연구소, 2011), pp. 9~13.

하자면 발생론적 민족관에 기반한 본원주의(primordialism) 이론, 발전론적 민족관에 기반한 구조주의(structuralism) 이론과 구성주의(constructivism) 이론, 그리고 포스트모던(post-modernism) 이론으로 나누어 볼 수 있다.[15]

민족주의에 관한 이론화는 발생론적 입장에서 민족을 규정하려는 본원주의론 부터 먼저 시도되었다. 본원주의론은 혈통이나 역사적 문화적 유산과 같은 개인들의 태생적 요인들에 근거하여 민족의 범주를 규정한다. 인종적 민족주의(ethnic nationalism)라고도 불리는 본원주의론적 관점의 이론가들은 "민족이 구성되는 것은 주관적 의식이나 감정에 의하는 것이 아니라 객관적 기준에 따라 이루어지고, 민족은 자연적으로 생겨나는 것이며, 객관적인 실체를 가지고 있는 것"이라고 주장한다.[16] 따라서 어느 한 개인이 같은 인종적 요소를 갖고 있지 않을 경우 어떤 민족의 구성원이 될 수 있는 가능성은 매우 낮다. 이 이론은 민족구성원의 기준을 자연발생적인 것에서 찾기 때문에 민족의 기원은 전통적 혈족사회에 있다고 본다. 따라서 민족은 인위적으로 만들어지는 것이 아니라고 한다. 우리가 한민족 또는 단군의 자손이라고 주장할 때 이는 본원주의론적 입장에 기초한 것이다.

구조주의론은 본원주의론과 달리 "민족이라는 것도 자연발생적으로 생겨난 것이 아니라 사회적 조건이 변함에 따라 만들어진다"는 인식에서 출발한다. 따라서 민족과 민족주의의 발생 기원을 봉건사회가 근대적 사회로 변화하는 과정에서 찾으려 하며, 특히 근세 산업화와 자본주의 사회의 발전에 주목한다. 이를 대표하는 이론가가 산업화를 중심으로 민족주의의 발생을 설명하는 겔너(Ernest Gellner)[17]와 자본주의의 세계적 불균등 발전을 주목하

---

15) 김동노, "민족주의의 다원화와 이념갈등," 『東方學志』 제159집(서울: 연세대학교 국학연구원, 2012), pp 371~385에서 발췌 인용.
16) Shils, Edward, "Primordial, Personal Sacred and Civil Ties," *British Journal of Sociology* No. 8, 1957; Geertz, Clifford, *The Interpretation of Culture*, New York: Basic Books, 1973.
17) Gellner, Ernest, *Nations and Nationalism, Ithaca*, New York: Cornell University Press, 1983.

여 자본주의 논리로 설명하는 네언(Tom Nairn)[18]이다.

겔너는 문화가 개인의 정체성을 결정하는 가장 중요한 요인이기 때문에 산업사회의 결속은 문화를 공유함으로써 가능해진다고 본다. 본원주의의 입장과 달리 문화가 인종적 요인에 따라 당연하게 주어진 것이 아니라 인위적으로 재구성된다고 하면서 "민족이 민족주의를 만드는 것이 아니라 민족주의가 민족을 만든다"고 주장한다. 네언은 낙후된 제3세계는 자본주의 발전이 지체되어 제국주의의 침입을 당하게 되며, 이 침입이 민족주의를 발생시키는 요인이 된다고 주장한다. 제3세계 국가의 엘리트는 선진 자본주의 침입에 맞서는 데 필요한 대중 동원을 위해 계급의 경계선을 넘어서는 민족적 단결을 호소하게 되고, 민족주의가 저항의 수단으로 발생되면서 사회통합을 추진하고, 흔히 폭력을 수반하며, 대중 지향적 특징을 갖게 된다고 한다. 민족주의의 통합적 특성을 강조하는 또 다른 이론가인 기든스(Anthony Giddens)는 겔너와 마찬가지로 민족주의가 현대사회에서 개별화된 존재로 살아가고 있는 개인들을 묶을 수 있는 기제라고 주장한다. 그는 현대사회에서 개인을 개별적 주체로 만든 것은 산업사회가 아니라 자본주의라고 주장함으로써 겔너와는 차별성을 보여주고 있다.

구성주의론은 민족주의가 혈통·전통·공유된 역사·언어 같은 객관적 기준에 의해 발생하는 것이 아니고, 사회적 환경이 변하여 구조적 조건이 갖추어진다고 저절로 생겨나는 것도 아니며, 누군가에 의해 인위적으로 만들어지는 것이라고 주장하는 이론이다. 이 이론은 누가 민족주의를 만드는가에 따라 시민이 형성하는 시민민족주의(civic nationalism)와 권력엘리트들이 만드는 국가민족주의(statist nationalism)로 구분된다. 북한 주민들이 김일성일가와 혁명엘리트들의 지배연합에 의해 '김일성민족'으로 규정된 것은 구성주의적 국가민족주의로 이해할 수 있다.

베네딕트 앤더슨은 '상상의 공동체' 이론으로 구성주의적 시민민족주의를

---

18) Nairn, Tom, *The Break-up of Britain*, London: New Left Books, 1977.

발전시킨 대표적 이론가이다. 그는 이전에 한 번도 서로 만난 적이 없었던 사람들을 하나로 묶어 공동체의 일원으로 상상하도록 만드는 과정, 즉 문화적 동화의 과정을 통해 민족주의가 형성된다고 주장했다. 특별히 문화의 통합성과 지속성을 목표로 민족주의를 구성하는 경우, 이를 문화민족주의(cultural nationalism)로 부르기도 하는데, 정치적 가치를 공유하더라도 공통된 문화를 지니지 않으면 민족이나 민족주의가 성립되기 어렵다고 한다.19)

'국가가 민족을 만든다'는 명제를 기본으로 한 국가민족주의론은 극단적인 경우에는 문화와 역사를 공유하지 않아도 공동체의 구성원으로서 필요한 정치적 가치와 덕목을 공유할 수 있다고 하는 이론이다. 헌법규정 등 법제를 통하거나 담론을 통해 민족을 규정함으로써 민족주의가 성립될 수도 있다고 보는 것이다.20) 민족주의는 기능적으로 국가와 민족의 단위가 일치하면 사회적 통합과 정치적 동원의 수단으로 작용하지만, 일치하지 않으면 주로 민족통일을 지향하게 된다. 예를 들어 분단 동서독일은 여러 저항에도 불구하고 단일한 민족정체성을 확보하려는 시도를 지속하여 하나의 국가로 통일되었다. 민족과 국가를 일치시키는 이 과정에서 민족주의는 통합의 힘으로 작용했고 통일을 정당화하는 논리로 적극 활용되었다.21)

포스트모던론은 민족을 실체로 인정하지 않으면서도 민족주의를 이해할 수 있고, 민족과 민족주의는 우연성의 결과로 나타날 수 있다고 주장한다. 우연성이란 민족주의가 사회구조의 변화나 사회적 집단에 의해 기획된 필연

---

19) Gans, Chaim, *The Limits of Nationalism*, Cambridge: Cambridge University Press, 2003.
20) Habermas, Jurgen, "Citizenship and National Identity: Some Reflections on the Future of Europe," *Theorizing Citizenship*, Albany: State University of New York Press, 1995, pp. 255~281.
21) Mann, Michael, "A Political Theory of Nationalism and Its Excess," Sukumar Periwal ed., *Notions of Nationalism*, Budapest: Central European University Press, 1995, pp. 50~51.

적 결과가 아니라 사회적 행위자의 의도되지 않은 결과로 나타났다는 의미다.[22] 이 이론은 가변성과 다원성을 민족주의의 근본요소로 삼고, 민족이 상상된 실체라고 하더라도 끊임없이 서로 다른 형태로 상상된다고 본다. 하나의 민족 범주와 관련하여서도 구성원 사이에 서로 다르게 상상하며, 상상된 경계선은 실제 영토성의 경계선보다 좁을 수도 혹은 넓을 수도 있다고 주장한다. 포스트모던론에서 민족주의가 가진 이러한 다원성과 가변성으로 인해 민족의 경계선은 끊임없이 도전받고 다시 만들어진다. 포스트모던론은 이처럼 민족주의에 관한 구성원의 인식 변화로 인해 개인이 민족의 일원으로서 갖는 정체성도 공통된 혈통과 문화, 역사 등을 공유하는 데서 찾는 것이 아니라, 여러 가지 질적으로 다른 구성요소가 지속적으로 상호작용하면서 새롭게 재구성되는 것으로 이해되어야 한다는 입장이다.[23]

### 2. 김일성민족주의 이데올로기

북한정권은 마르크스-레닌주의를 기초로 한 사회주의 종주국 소련의 조종을 받고 세워진 꼭두각시 정권으로 시작했다. 그러나 1948년 9월 8일 채택된 제헌헌법, 즉 '조선민주주의인민공화국헌법' 규정에는 마르크스-레닌주의에 대한 기술이 없다. 그뿐만 아니라 1956년 4월 29일 조선노동당 제3차 대회에서 개정된 당 규약에 최초로 마르크스-레닌주의를 명기하기 전까지 당 규약에도 마르크스-레닌주의 이데올로기는 표현되지 않았다. 그러므로 최초 북한에 정치이데올로기가 형성된 과정을 알기 위해서는 정권의 성립과정을 먼저 살펴봐야 한다.

김일성정권이 성립된 과정을 살펴보면, 소련은 제2차 세계대전에서 승리한 연합국의 일원으로서 1945년 8월 26일 일본군의 무장해제를 위해 제25군

---

22) Day, Graham and Andrew Thompson, *Theorizing Nationalism*, Houndmills: Palgrave Macmillan, 2004, p. 85를 참조. 김동노(2012), p. 384. 각주 26)에서 재인용.
23) 김동노(2012), pp. 369~377에서 발췌 인용.

사령관 치스티아코프(Ivan Mikhailovich Chistiakov) 대장을 평양에 파견하고, 스탈린이 1945년 9월 3일경 극비리에 김일성을 모스크바에 불러 면담한 후 북한의 지도자로 낙점했다.24) 김일성은 소련 극동지역에서 활동하다 해방정국을 맞아 같은 해 9월 18일 원산을 통해 평양에 들어왔으며, 소련군 제1극동전선 군사위원 스티코프(Terenty Fomich Shytikov) 상장으로부터 지시를 받은 제25군 군사위원 레베데프(Sergey Nickolaevich Lebedev) 소장으로부터 각별한 예우를 받았다. 평양의 소련점령군은 김일성을 데리고 지방을 순회하면서 지역인사들에게 인사시키고, 같은 해 10월 14일 소련군환영대회(소위 김일성장군 평양시민 환영대회)에서의 연설, 생가방문, 조만식과의 만남 등을 통해 '항일투사 민족영웅 김일성장군' 만들기에 나섰다. 이 모든 것은 소련군이 기획하고 연출한 것이었는데, 예컨대 소련군환영대회에서 김일성이 한 연설도 소련군사령부에서 작성해 준 것이었다.25)

일본제국이 제2차 세계대전에서 패망함으로써 한반도에는 국내정치가 일시적으로 진공상태에 빠졌다. 그리고 북한에는 곧바로 소련군이 진주26)하여 당시 주민들에 의한 독자적인 정치영역은 사실상 사라지고 없었다. 소련군은 해방군을 자처하며 점령지역 북한에서 공산당과 인민위원회 조직을 허용하고 '민정'이라는 표현을 사용하기는 했으나 실제로는 '군정'이었다.

당시 북한에는 여러 정파가 있었는데 ① 해방 전 중국 만주일대에서 중국인들과 함께 항일유격대 활동을 하다가 일본 관동군의 토벌작전에 밀려 소련 연해주27)로 건너간 후 스탈린의 직접 지시에 의해 창설된 소련군 88독립

---

24) 김국후, 『비록: 평양의 소련군정-기록과 증언으로 본 북한정권 탄생 비화』(파주: 한울아카데미, 2008), pp. 72~73.
25) 백학순(2010), p. 40 각주 8) 재인용.
26) 소련점령군선발대가 평양에 처음 들어온 날은 1945년 8월 24일이고, 이틀 후인 8월 26일 3~4천명의 소련군이 평양에 진주하여 군사령부와 민정관리총국을 설치하고 1948년 9월까지 북한 전역에 대한 군정을 시행하다 같은 해 12월 군사고문단만 남기고 철수하였다.
27) 러시아 극동지역의 프리모르스키 지방(Приморский край)을 말하는 것으로, 블

보병여단(소위 88특별교도여단)에서 훈련받다가 소련군의 북한 점령과 함께 귀국한 항일 빨치산 그룹인 김일성파, ② 해방 전 중국 연안(延安: 섬서성 북부도시)지역에서 중국공산당과 함께 모택동의 대장정에 참여하는 등 항일투쟁을 하다가 해방 후 귀국했던 한인 공산주의자들로 구성된 연안파, ③ 1937년 스탈린에 의해 중앙아시아로 강제 이주당한 고려인 출신과 그 후손으로서 소련에서 당-국가 사업을 하다가 해방 후 소련에 의해 차출되어 1945년 8월부터 1948년까지 모두 다섯 차례에 걸쳐 북한에 들어왔던 총 428명의 소련계 한인 공산주의자들인 소련파 등이 속속 평양으로 몰려들고, 국내파 등 여러 파벌이 정권획득을 위해 각축을 벌이고 있었으나, 소련의 한반도정책을 적극 수용하고 지지한 김일성파가 소련의 지원을 받고 최초 정권을 장악하게 되었다.

김일성파의 숫자는 소련군 88독립보병여단 소속 조선인 항일연군 출신 88명과 소련계 한인 15명 등 모두 103명에 불과하여 국내파의 숫자에 비하면 절대 열세였다. 그러나 소련은 1945년 10월 10~13일에 개최된 '조선공산당 서북5도 당 책임자 및 열성자대회'를 기획·연출하면서 국내파 지도자 오기섭[28]을 제치고 김일성에게 중요한 역할을 맡겨 조선공산당 북부조선분국 설립, 당 규약 기초, 당증발행, 전조선당대회 소집과 같은 중요한 의제들을 내놓도록 하는 등 김일성을 지원하였다. 당시 북한의 지도자 선정과 관련하여 스티코프, 레베데프 등 소련 군부는 김일성을 지지했고, 소련군 제25군사령부 직속 정보참모팀 발라사노프(G. A. Balasanov) 대좌, 서울주재 소련대사관 부영사를 지내다 1946년 7월 2일 동 대사관이 철수하면서 정보참모팀

---

라디보스토크·나호트카·우수리스크·아르쫌 등의 도시를 포함하고 있다. 고대에는 발해의 통치(698~926)를 받기도 했으나, 중국의 지배를 받아오다가 1860년 베이징조약에 의해 러시아영토로 바뀌었다. 대부분의 주민은 러시아인이나 한국인·중국인 등 여러 소수민족들이 살고 있다.

28) 북한의 '당 건설' 초기에 대표적인 권력경쟁은 김일성과 오기섭 사이에서 일어났다. 김일성과 오기섭은 무엇보다도 '민족통일전선 대 인민전선'과 '당 우위와 당적 지도 대 직업동맹 독립성'이라는 정치노선에서 충돌했다: 백학순(2010), pp. 43~44.

에 합류한 샤브신(A. I. Shabshin) 등은 박헌영을 지지했다. 그러나 소련은 결국 김일성을 선택했다. 김일성은 1950년 1월 17일 북한외무성에서 평양주재 소련대사관 사람들과 대화하면서 "나는 공산주의자이고 규율이 바른 사람이기 때문에 나에게 있어서 스탈린동지의 명령은 법"이라고 말하기도 했다. 그리고 레베데프는 "김일성은 완전히 내 손안에 있었으며, 소련이 좌로 가라고 하면 좌로 가고 우로 가라고 하면 우로 갔다"고 증언하고 있다.[29]

앞에서 살펴본 것처럼 북한 초기 헌법과 당 규약에는 마르크스-레닌주의 이데올로기가 명시되지 않았는데, 그렇다면 당시 이데올로기는 무엇인가? "북한의 유일적 지배정당인 조선노동당은 그 전신인 조선공산당 북부조선 분국이 1945년 10월 결성된 이래 주체사상이 고창되는 1960년대 중반까지 실제적으로는 마르크스-레닌주의를 유일적 지도사상으로 삼아왔다. 스탈린은 1945년 9월 20일 북한에 '부르주아 민주주의 정권'을 창설할 것과 '민족통일전선'을 구축하여 운용할 것을 지령했다. 이에 따라 김일성이 주도한 조선노동당은 민족통일 전선을 중시하여 전술적인 차원에서 대외적으로 스스로를 마르크스-레닌주의 정당으로 표방하지 않고, 진보적 대중정당으로 정체를 위장하였다."[30] 그러나 실질적인 이데올로기는 마르크스-레닌주의였다.

김일성은 1955년 4월 1일 한 논문에서 "우리의 많은 당 단체들은 통일전선 정책을 고려한다하여 매 시기와 매 계단에 있어서 당 앞에 제기되는 과업들과 국내외에서 일어나는 사변들의 계급적 본질을 당원들에게 충분히 알려주지 않았으며, 그들의 계급적 각성을 높이는 교양사업을 매우 미약하게 진행하였습니다"라고 위장사실을 시인한 바 있다.[31] 백학순은 "김일성이 처음부터 조선노동당을 마르크스-레닌주의당이라고 명확히 규정하고 그것을 의식

---

29) 백학순(2010), pp. 39~52에서 발췌 인용.
30) 이종석(2000), pp. 143~144.
31) 김일성, "당원들 속에서 계급교양을 더욱 강화할 데 대하여(1955.4.1),"『김일성저작집 9』(평양: 조선로동당출판사, 1980), p. 9, p. 255.; 이종석(2000), p. 144. 각주 49) 재인용.

하면서 사업했다"고 주장하면서, "1979년에 발간된 『김일성저작집 1』을 보면 김일성은 1945년 10월 10일 북조선공산당 중앙조직위원회 창립대회에서 '동지들! 우리는 오늘 로동계급의 영광스러운 전위대인 마르크스-레닌주의 당을 창건하기 위하여 이 자리에 모였습니다'라는 보고를 했다"[32]고 설명하고 있다.

이상의 정권성립 과정에서 살펴본 것처럼 북한은 아무런 정치적 준비과정 없이 소련 스탈린의 완전한 영향력 아래에서 김일성이 주도하는 노동당정권을 출범하면서 소련식 사회주의를 혁명이데올로기로 받아들였다. 그러나 사회주의 혁명이데올로기는 당시 북한에 많이 남아있던 봉건적 요소들과 결합되어 점차 왕이 통치하는 것과 같은 봉건적 군주제 지배이데올로기로 전변(轉變)되었다. 김일성은 노동당정권을 진보적 정권으로 위장하기 위해 초기 헌법이나 당 규약에 마르크스-레닌주의를 명시하지는 않았으나 마르크스-레닌주의, 즉 사회주의 정권임을 표방하였다. 그러나 실질적인 면에 있어서는 이데올로기의 출발점부터 마르크스-레닌식 사회주의가 아니라 스탈린식 사회주의를 채택했다.

마르크스-레닌식 사회주의와 스탈린식 사회주의는 노동계급이 가장 선진적인 계급이기 때문에 전체 사회를 대표하여 독재를 하고 공산당이 전위부대로서 독재를 해야 한다는 점에서는 공통적이다. 하지만 스탈린식 사회주의는 공산당원 중에서 가장 탁월한 당원인 수령이 공산당을 대표해서 독재를 실시할 수 있다고 하는 점에서 마르크스-레닌주의와 다르다. 다시 말해 마르크스-레닌주의자들은 적대계급에 대해서는 독재를 해야 한다고 했지만, 노동계급과 공산당 안에서는 민주주의를 지켜야 한다고 했다. 반면에 스탈린은 수령론을 주장하고 수령에 대한 숭배와 개인독재를 허용하도록 했다는 점에서 차이가 있다.

김일성일가정권은 스탈린 사망 후 수령 격하운동이 벌어진 가운데도 주체

---

[32] 백학순(2010), p. 24.

사상과 사회정치적 생명체론33)을 활용하여 스탈린의 수령론을 '뇌수론'34) 으로 진전시키면서 '유일사상체계확립 10대원칙'이라는 강령을 만들어 내 고, 김일성주의에 민족주의 가면을 씌워 점차 김일성민족주의로 전화(轉化) 시켜 지배이데올로기로 삼은 것이다. 북한의 지배이데올로기는 김일성주의 (주체사상)와 애국주의(가면민족주의)',35) 그리고 유일사상체계(봉건사상) 가 결합한 구조로 형성되었다.

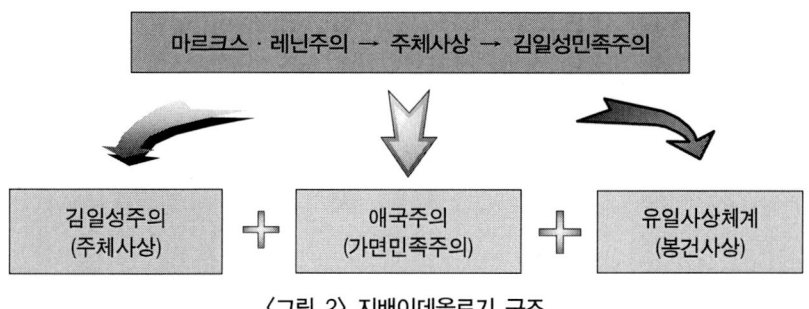

〈그림 2〉 지배이데올로기 구조

---

33) 사회정치적 생명은 영원한 것으로서 사람은 개인적 존재로서의 육체적 생명과 사회적 존재로서의 정치적 생명을 가지고 있으며, 개인은 집단 구성원으로서 그 집단의 운명을 개척하는 데 있어 일정한 역할을 하는 자만이 사회정치적 생명을 가질 수 있다고 주장한다.
34) 사회정치적 생명체는 '수령+당 조직+인민대중'으로 구성되는데 이를 인간에 비유하면 수령=뇌수, 당 조직=신경계, 인민대중=육체적 기관과 같은 것이며, 사회정치적 생명체가 자주성을 가지려면 뇌수인 수령이 신경계인 당 조직과 육체적 기관인 인민대중을 영도하고 통제해야 한다는 주장이다.
35) 이 책에서 '가면민족주의' 용어는 '민족주의로 위장한 애국주의'를 의미하는 것으로서, 실질적으로는 북한정권이 '민족'과 '민족주의'를 구호로 내세워 수령과 정권에 대한 절대적인 충성을 요구하는 것을 표현하는 개념으로 사용한다. 북한에서 최근 사용하는 '김정일애국주의'와 내용적으로 유사하다.

## 3. 김일성민족주의 실천기반 구축

북한은 1945년 8월 우리민족이 일본으로부터 해방된 후 사회주의 소련의 조종을 받은 김일성의 주도하에 한반도 북부지역에서 '반제반봉건(反帝反封建)' 구호를 앞세우고 마르크스-레닌주의와 스탈린주의를 기본으로 사회주의 계획경제시스템을 도입해 민주주의인민공화국으로 출범하였다. 그러나 주체사상을 내세워 김일성 유일독재체제를 강화해오던 북한정권은 1980년대 후반부터 동구사회주의 국가들에서 동요가 일어나고 세계정세가 급변하자 정치이데올로기의 변화를 도모하지 않을 수 없었고, 그에 따라 마르크스-레닌의 계급주의로부터 '가면(假面)민족주의', 즉 '민족주의로 위장한 김일성주의'로의 전환을 추진하였다. 본래 김일성정권은 마르크스-레닌주의를 바탕으로 노동자들의 국제연대와 단결을 통한 자본주의 타파와 노동착취가 없는 노동자천국 건설을 혁명이데올로기로 하여 출범하였으나, 점차 유일독재체제를 강화하면서 지배이데올로기인 김일성민족주의로 전환시켜 온 것이다.

그 과정을 좀 더 자세히 살펴보면, 북한정권이 정식 출범하기 전부터 내적으로 조선노동당을 이끌어온 마르크스-레닌주의는 1956년 4월 29일 조선노동당 제3차 대회 마지막 날에 개정된 당 규약에서 공식화 되었고, 주체사상은 1970년 11월 13일 조선노동당 제5차 대회에서 당 규약 개정을 통해 마르크스-레닌주의와 함께 공식 지도사상으로 규정되었다. 1980년 10월 13일 조선노동당 제6차 대회에서 개정된 당 규약에서는 "조선로동당은 주체형의 마르크스-레닌주의당", "마르크스-레닌주의의 순결성을 고수하기 위하여 견결히 투쟁한다. (중략) 조선로동당의 당면목적은 공화국북반부에서 사회주의의 완전한 승리를 이룩하여 전국적 범위에서 민족해방과 인민민주주의 혁명과업을 완수하는 데 있으며, 최종목적은 온 사회의 주체사상화와 공산주의 사회를 건설하는 데 있다"라고 마르크스-레닌주의를 지향하고 있었다. 그러면서도 "조선로동당은 오직 위대한 수령 김일성동지의 주체사상, 혁명사상에 의해 지도된다", "조선로동당은 당의 유일사상체계를 세우는 것을 당건설과 당활동의 기본원칙으로 삼는다"라고 규정함으로써 마르크스-레닌주의로부터 주체사상을 기본으로 한 김일성주의로 이데올로기의 변화를 꾀했다.

한편, 김일성의 조선노동당은 이때 "남조선에서 미제국주의 침략군대를 몰아내고 식민지통치를 청산하며 그리고 일본 군국주의의 재침기도를 좌절시키기 위한 투쟁을 전개하고, 남조선 인민들의 사회민주화와 생존권투쟁을 적극지원하고, 자주적 평화적으로 민족대단결의 원칙에 기초하여 조국통일을 이룩하며, 나라와 민족의 통일적 발전을 이룩하기 위해 투쟁한다"고 선언했다. 또한 1980년 당 규약에서 "조선로동당은 오직 위대한 수령 김일성 동지의 주체사상, 혁명사상에 의해 지도된다"라고 규정하여 김일성사상이 유일적 지배이데올로기임을 강조하였다.

〈표 1〉 헌법과 당 규약에 나타난 이데올로기 변화 과정

| 구분 | 이데올로기 | 주요내용 | 비고 |
|---|---|---|---|
| 제헌헌법(1948년) | 마르크스-레닌주의와 스탈린주의 | 반제반봉건혁명 사회주의국가 건설 | 비공식 이데올로기 |
| 제3차 당대회 (1956년 4월) | 마르크스-레닌주의 | 상동 | 이데올로기 공식화 |
| 제5차 당대회 (1970년 11월) | 마르크스-레닌주의와 주체사상 | 마르크스-레닌주의의 창조적 적용 | |
| 1972년 헌법 | 상동 | 상동 | |
| 제6차 당대회 (1980년 10월) | 주체혁명사상, 유일사상 | 온사회의 주체사상화, 공산주의사회 건설 | 김일성주의 |
| 1992년 헌법 | 주체사상, 우리식사회주의 | 마르크스-레닌주의 이념과 프롤레타리아 국제주의원칙 폐기 | 김정일 후계체제 구축 |
| 1998년 헌법 | 주체사상, 유일사상 | 김일성의 사상과 업적 옹호고수, 주체혁명위업 달성 | 김일성헌법 (김일성을 시조로 규정) |
| 2009년 헌법 | 주체사상, 선군사상 | 공산주의 폐기, 강성대국 건설 | 김정일 애국주의 |

| 구분 | 이데올로기 | 주요내용 | 비고 |
|---|---|---|---|
| 제3차 당대표자회 (2010년 9월) | 김일성주의, 애국주의, 유일사상 | 주체성 민족성 고수, 애국적 민주역량과 통일전선 강화, '우리민족끼리' 합쳐 투쟁 | 김일성민족주의 (김일성당) |
| 2012년 헌법 | 김일성-김정일주의, 주체사상과 선군사상 | 김일성과 김정일의 사상과 업적 옹호고수, 주체혁명위업 완수 | 김일성-김정일 헌법 |
| 제4차 당대표자회 (2012년4월) | 김일성-김정일주의 | 김정은의 영도 밑에 온사회 김일성민족주의화 | 김일성-김정일 의당 |

그 후 더 나아가 2010년 9월 28일 제3차 당대표자회36)에서 개정한 당 규약에서는 "조선로동당은 위대한 수령 김일성동지의 당이다"라고 규정함으로 '마르크스-레닌주의당'에서 '김일성당'으로 바뀌었음을 분명히 하였다. 그리고 "조선로동당은 위대한 수령 김일성동지의 혁명사상, 주체사상을 유일한 지도사상으로 하는 주체형의 혁명적 당이다"라고 규정하여 기존의 '김일성사상 유일지배' 기조를 유지했다. 그런 가운데 "조선로동당은 혁명과 건설을 령도하는 데서 로동계급적 원칙, 사회주의 원칙을 견지하며 주체성과 민족성을 고수한다"는 표현을 새로이 첨가하여 점차 김일성민족주의로의 지배이데올로기 변형을 시도했다. 즉, 김일성당인 노동당은 마르크스-레닌주의적 원칙을 견지한다고 표방하면서도 김일성민족주의를 지향한다는 선언을 하고 있다. 특기할 것은 "애국적 민주력량과의 통일전선을 강화한다"고 하면서 "우리민족끼리 힘을 합쳐 자주, 평화통일, 민족대단결의 원칙에서 조국을

---

36) 2010년 9월 개정한 당 규약 제3장(당의 중앙조직) 30조에는 "당중앙위원회는 당대회와 당대회 사이에 당대표자회를 소집할 수 있다. 당대표자회 대표자 선출비율과 대표자선거절차는 당중앙위원회가 규정한다. 당대표자회는 당의 로선과 정책, 전략전술의 중요한 문제들을 토의결정하며 당중앙지도기관 성원들을 소환하고 보선한다. 당대표자회는 조선로동당 최고지도기관을 선거하거나 당 규약을 수정보충할 수 있다"고 규정되어 있다. 그 전의 당 규약(1980년 개정 당 규약)에서는 당대회를 5년에 1회 개최하는 것을 원칙으로 했으나 2010년 개정 당 규약에서 '당대회' 개최 기한을 없앰으로써 '당대표자회' 소집기한도 자동적으로 없어졌다.

통일하고 나라와 민족의 통일적 발전을 이룩하기 위해 투쟁한다"고 선언하고 있는 점이다. 6.15공동선언문에 채용된 '우리민족끼리'가 애국주의에 기반한 통일전선 전략전술 강화의 일환임을 공표하고 있는 것이다.

2012년 4월 11일 제4차 당대표자회에서는 당 규약 개정안을 의결하고, 조선노동당을 '김일성-김정일주의를 유일한 지도사상으로 하는 김일성-김정일주의 당, 김일성과 김정일의 당'이라고 규정하였다. 그리고 김정일을 '당의 영원한 총비서, 당과 인민의 영원한 수령'으로 규정하여 김일성과 동일한 지위에 올려놓았다. 또한 김정은도 '김일성과 김정일의 혁명위업을 승리로 이끄는 당과 인민의 위대한 령도자'로 규정하여 김일성·김정일이 생전에 누렸던 것과 같은 권위를 부여하였다. 그리고 "당의 당면목적은 북반부에서 사회주의강성국가를 건설하며 전국적 범위에서 민족해방민주주의 혁명의 과업을 수행하는데 있으며, 최종목적은 온 사회를 김일성-김정일주의화하여 인민대중의 자주성을 완전히 실현하는 데 있다"고 규정함으로써 대남전략의 궁극적 목적이 '김일성민족주의체제로 통일'하는 데 있음을 명백히 하고 있다. 이를 실현하기 위해 "전 조선의 애국적 민주역량과의 통일전선 강화와 남조선인민들의 투쟁을 적극 지지성원하며 '우리민족끼리' 힘을 합쳐 자주, 평화통일, 민족대단결의 원칙에서 투쟁한다"고 밝히고 있다.

헌법적 측면에서 살펴보면, 1948년 최초 헌법에서는 마르크스-레닌주의에 대한 표현이 없었는데, 1972년에 개정된 헌법에서는 제4조에 "마르크스-레닌주의를 우리나라의 현실에 창조적으로 적용한 조선로동당의 주체사상을 자기 활동의 지도적 지침으로 삼는다"고 규정했다. 그러나 20년만인 1992년 4월 9일 개정한 헌법에서는 마르크스-레닌주의를 완전히 삭제하고 주체사상과 우리식 사회주의를 내세우기 시작했다.

1992년 헌법은 우리식 사회수의의 구현을 위한 개성삭업이며, 한마니도 주체사상을 구현한 '우리식 사회주의'의 이론과 사상을 내용으로 한 것으로 시대적 상황변화, 국제환경의 변화, 경제난 타개의 과제해결, 체제고수를 위한 주민통제의 강화, 김정일체제의 공고화 등을 위한 법적 대응책을 마련하고 있다는 데 그 특색이 있다.37) 이 헌법은 주체사상의 독자성 강조와 우리식 사회주의 강화 필요성에 따라 마르크스-레닌주의 이념과 프롤레타리아 국제주의 원칙(1972년 헌법 제3조, 제17조)규정을 폐기하고, "주체사상을 자기 활동의 지도적 지침으로 삼는다(제3조)", "당의 지도를 국가활동의 기본원칙으로 삼는다(제11조)" 등을 규정하였다.

1998년 9월 5일 최고인민회의 제10기 제1차 회의에서 개정한 헌법에서는 서문을 새로 마련하여 '위대한 수령 김일성동지의 사상과 령도를 구현한 주체의 사회주의', '영생불멸의 주체사상', '공화국을 인민대중중심의 사회주의 나라로, 자주, 자립, 자위의 사회주의국가로 강화발전', "조선민주주의인민공화국과 조선인민은 조선로동당의 령도 밑에 위대한 수령 김일성동지를 공화국의 영원한 주석으로 높이 모시며 김일성동지의 사상과 업적을 옹호고수하고 계승 발전시켜 주체혁명위업을 끝까지 완성하여나갈 것" 등 현란한 문장을 기술하고, 김일성을 '공화국의 영원한 주석'으로 표현하면서 '국가의 시조(始祖)'로 최초 규정하고 헌법을 '김일성헌법'이라고 명명하였다.

또한 2009년 4월 제12기 최고인민회의에서 개정한 헌법은 기존의 98년 헌법에 3차례나 명문화되어 있던 '공산주의' 단어를 완전히 삭제하고 대신에 '선군사상'을 이데올로기로 추가하였다. 그리고 국방위원장에게 국가최고영도자의 지위를 부여하여 소위 강성대국 건설의 기반을 마련했다.

김정은정권이 등장한 이후인 2012년 4월 13일 개정된 헌법에서는 김일성을 영원한 주석으로, 김정일을 영원한 국방위원장으로 규정하고, "김일성과 김정일의 사상과 업적을 옹호고수 하고 계승발전시켜 주체혁명위업을 끝까지 완성하여 나갈 것"이라면서 북한 헌법을 '김일성-김정일헌법'이라고 규정했다. 이로써 '김일성민족주의체제'가 헌법적으로도 확고히 기반을 다지게 되었다.

---

37) 윤대규, "북한사회의 변천과 헌법의 변화," 『2009년 북한헌법 개정과 북한체제 변화』 (서울: 국가안보전략연구소, 2009), pp. 16~19에서 발췌 인용.

## 제2절  김일성민족주의 이론

### 1. 주체사상과 민족주의

1965년 4월 17일자 북한 노동신문에는 "조선민주주의인민공화국에서의 사회주의 건설과 남조선혁명에 대하여"라는 논문이 실렸는데, 당시 반둥회의 10주년을 기념하여 인도네시아를 방문 중이던 김일성은 알리 아르함 사회과학원에서 한 연설에서 주체확립과 관련하여 "사상에서의 주체 · 정치에서의 자주 · 경제에서의 자립 · 국방에서의 자위, 이것이 우리당이 일관되게 견지하고 있는 입장"이라고 설명한 것으로 소개하고 있다. 이것으로 보아 주체사상에 대한 최초의 정식화는 1965년 4월에 이루어졌다.[38]

김정일은 1982년에 '주체사상에 대하여'라는 논문을 발표했는데, 그의 주장에 의하면 주체사상은 철학적 원리 · 사회역사원리 · 지도원칙 등의 3개 부분으로 구성된다. 철학적 원리는 일명 '인민대중중심의 철학'으로 불리는 것으로 한마디로 "인민대중이 모든 것의 주인이며 모든 것을 결정한다"는 것이고, 사회역사원리는 "혁명과 건설의 주인은 인민대중이며 혁명과 건설을 추동하는 힘도 인민대중에게 있다"는 논리이다. 또한 지도원칙은 혁명과 건설에서 '주인다운 태도'를 가질 것을 요구하는데, 이는 자주적 입장과 창조적 입장을 견지하는 것을 의미한다. 여기에서 자주적 입장을 견지하기 위한 지도적 지침은 사상에서 주체 · 정치에서 자주 · 경제에서 자립 · 국방에서 자위 등을 구현하는 것이고, 창조적 입장을 견지하는 지도적 지침은 '인민대중에 의거하는 방법' · '실정에 맞게 하는 방법' 등[39]이라고 설명하고 있다. 또

---

[38] 이종석(2000), p. 133, 각주 16)에서 인용.
[39] 인민대중에 의거하는 방법은 "인민대중의 요구와 지향에 맞게 인민대중의 창조력에 의거하여 모든 것을 풀어가는 것"이고, 실정에 맞게 하는 방법은 "혁명과 건설에서 나서는 모든 이론과 실천적 문제들을 변화 발전하는 현실에 맞게 풀어 나가며 모든 문제를 매개 나라의 구체적 실정에 맞게 하는 것"으로 규정하고 있다. 『주체사상의 지도적 원칙』(평양: 사회과학출판사, 1985), p. 168, p. 191.

한 김정일은 "김일성이 1930년 6월 중국 지린성(吉林省) 창춘현(長春縣) 카룬(卡倫)에서 열린 '공청 및 반제청년동맹' 지도간부회의에서 주체사상의 원리를 처음 천명했으며 조선혁명의 주체적 노선을 밝혔다"고 주장하고 있다.

이종석은 "주체사상의 내용이 이원적 구조, 즉 좁은 의미의 주체사상과 넓은 의미의 주체사상 구조로 되어 있고 이 이원적 구조는 이론과 역사 모두에서 드러난다"고 주장하면서, "1950년대 '주체'개념이 등장한 이래 지금까지 크게 1950년대, 1960년대 초중반, 1960년대 후반~1970년대 초반, 1970년대 중반 이후의 4단계를 거치면서 발전하여 왔다"고 설명한다.[40] 또 "좁은 의미의 주체사상은 김정일이 1982년에 발표한 '주체사상에 대하여'라는 논문에서 체계화한 것을 뜻하는 것이고, 넓은 의미의 주체사상은 김일성주의, 즉 김일성의 혁명사상을 의미하는 것"이라고 설명하면서 김일성주의가 등장하기 시작한 것은 1973년경부터라고 추측[41]하고 있다. 그뿐만 아니라 "넓은 의미의 주체사상, 즉 김일성주의는 좁은 의미의 주체사상을 정수로 하여, 포괄적인 사상·이론·방법의 전일적 체계로 제시되고 있기 때문에 이 사상의 전 면모를 이해하기 위해서는 주체사상 외에 혁명이론과 영도방법에 대해서도 알 필요가 있다"고 주장한다. 그러면서 "오늘날 김일성주의의 구성부분이 된 혁명이론으로는 반제반봉건민주주의 혁명론,[42] 사회주의 혁명이론, 사회주의·공산주의 건설이론, 인간개조이론, 사회주의경제건설이론, 사회주의문화건설이론 등이 있고, 영도방법으로는 영도체계와 영도예술이 있다"고 주장하고 있다.

---

40) 이종석(2000), pp. 127~170.
41) 통일혁명당이나 재일조총련 등 당 외곽단체가 1973년부터 김일성혁명사상을 김일성주의로 명명하기 시작했다. 『로동신문』 1973년 1월 4일자.
42) 북한사회 각 부분에 남아 있던 일제의 식민지적 잔재와 전통적 봉건요소들을 척결한다는 명분으로 동원된 이론으로서, 핵심내용은 친일파 숙청과 토지개혁(1946년 3월)이라고 할 수 있다. 북한에서 민주개혁이라고도 부르는 "반제반봉건민주주의혁명"은 1946년도에 집중적으로 이루어졌으며 대체로 1946년 말에 외형적으로 어느 정도 완결되었다. 이종석(2000), p. 61.

주체사상의 이론적 체계화에 결정적 기여를 했다고 하는 황장엽에 의하면, 주체사상의 철학적 원리는 2가지 명제로 구성되어 있는데, 첫 번째 명제는 세계를 인간과 자연(물질, 환경)으로 구성된 것으로 전제하고, "인간은 자연의 영향을 받아 피동적으로 움직이는 존재가 아니라 자연과 인간을 모두 포함한 세계를 주동적으로 개조하고 세계의 운명을 결정하는 주인"이라는 주장으로서, 인간이 세계에서 차지하는 지위와 역할을 규정한 것이다. 세계가 태초에는 자연 하나로 존재하다가 자연의 진화과정에서 인간이 발생하였으며, 인간은 자연과의 관계에서 상대적 독자성을 가진 존재로서 자연과 운명을 같이 하는 것이 아니라 자연을 자기의 요구에 맞게 개조하면서 자체의 창조적 힘에 의거하여 자기의 운명을 개척해 나간다고 한다.[43] 이때의 인간은 개별적 인간을 의미하는 것이 아니라 자연적 존재와 대비되는 사회적 존재로서의 인간을 의미하는 것이다. 이것은 "사회적 존재인 인간이 발생함으로써 자연 하나로 존재하던 세계가 자연적 존재와 사회적 존재의 두 부문으로 상대적으로 갈라지게 되었으며 세계 발전의 주도권을 사회적 존재인 인간이 장악하게 되었다"고 하는 것이다. 두 번째 명제는 인간의 본성과 관련된 것으로서, '인간은 본질적으로 자주성·창조성·의식성을 가진 존재'라고 하는 것이다. 인간이 이러한 본질적 특성을 갖고 있기 때문에 사회적 존재로서의 인간이 세계에서 주인으로서의 특별한 지위와 역할을 차지할 수 있다고 한다. "인간은 개별적으로는 불연속적인 존재(개별적인 인간)이지만, 동시에 전체적으로는 객관화·사회화된 연속적인 존재(객관화·사회화된 인간)로서 정신적 생명력·물질적 생명력·사회협조적 생명력의 3대 생명력을 갖고 있다.[44] 인간의 3대 생명력이 강화 발전되는데 따라 세계에 대한

---

43) 황장엽, 『인간중심철학원론』(서울: 시대정신, 2008), pp. 18~19.
44) 연속적인 존재로서의 인간은 사회적 존재로서의 인간을 말하며, 정신적 생명력은 사회적 의식형태로 또는 정신문화적 재부로 객관화·사회화 되고 있고, 물질적 생명력은 물질적 재부로 객관화·사회화 되고 있으며, 사회협조적 생명력은 사회적 관계 또는 사회제도로서 객관화·사회화 되고 있기 때문에 과학기술 이론과 기계기술수단을

인간의 자주적이며 창조적인 작용이 높아지게 되며, 따라서 세계에서 차지하는 인간의 자주적 지위와 창조적 역할이 높아지게 된다"고 한다. 그러나 황장엽은 자신이 연구하여 김일성에게 제시한 '인간중심철학'이 김정일에 의해 주체사상에 활용되면서 왜곡되어 김일성유일독재체제 강화에 이용되었다고 비판한다.

김정일은 1930년 장춘 카룬회의에서 김일성이 주체사상을 천명했다고 주장하고 있지만, 이종석은 "김일성이 1955년 12월 28일 당 선전선동원들에게 '사상사업에서 교조주의와 형식주의를 퇴치하고 주체를 확립할 데 대하여'를 주제로 한 연설에서 처음으로 주체문제를 공식 언급했고, 주체사상이란 용어가 처음 쓰여진 것은 1962년 12월 로동신문에 실린 무기명논설이며, 1965년 4월 최초로 주체사상 정식화가 이루어졌다"고 주장하고 있다. 한편, 김일성은 1967년 3월 '당사업을 개선하며 당대표자회 결정을 관철할 데 대하여'라는 발표문에서 "당은 사대주의가 우리 혁명에 끼치는 엄중한 해독을 간파하고 1955년부터 사대주의를 반대하고 주체를 세우기 위한 투쟁을 힘 있게 벌렸습니다"라고 언급한 바 있어 1955년이 '주체확립' 개시기임을 주장하고 있다.

그러나 이 시기의 주체확립은 당시 북한이 관계하고 있던 소련이나 중국 등 외국으로부터 자주성을 지키자는 대외적 주체가 아니라, 파벌 경쟁을 벌이던 정권 경쟁자들과의 권력투쟁과정에서 나타난 정치구호이다. 소련이 해방직후 파벌싸움을 억제시키면서 김일성을 후견하여 그를 북한의 지도자로 키워낸 과정이나 김일성정권이 수립된 이후 끼친 소련의 영향력을 고려해 보면, 김일성의 주체확립 주장 목적이 내부 권력투쟁에서의 승리, 즉 권력 경쟁자들을 사대주의자, 종파분자로 몰아 처단하고 자신의 권력기반을 확고히 하는 데 있다는 것이 명백해진다. 김일성이 주체확립을 주장했지만 당

---

비롯한 물질적인 사회적 재부와 사회적 협조관계 같은 것도 다 객관화되고 사회화된 인간의 생명력이라고 본다.

시까지 대외적으로 그의 주체적 자율성이 결코 높지 않다는 증거들이 있다.

〈표 2〉 주체사상 형성과정

| 구분 | 내용 | 비고 |
| --- | --- | --- |
| 주체확립 필요성 인식 (1945년 가을) | 소련군사령관이 평양 진주한 첫날 "조선인민은 자체가 반드시 자기의 행복을 창조하는 자가 되어야 할 것"이라는 연설에서 힌트 얻음 | 김일성이 1955년 12월 28일 당선전원들에게 한 연설에서 밝힘 |
| 주체확립 방향 설정 (1952년 12월) | 당중앙위 제5차 전원회의에서 주체확립을 위한 사상과 정체성의 방향전환 강화 시작 | '주체' 표현 사용하지 않음 |
| 주체확립 주장 (1955년 12월) | 김일성이 당선선동원들에게 '사상사업에서 교조주의와 형식주의를 퇴치하고 주체를 확립할 데 대하여' 연설 | 권력투쟁 구호로 '주체확립' 문제 최초 공식 언급 |
| 주체사상 용어 사용 (1962년 12월) | 노동신문 무기명 논설에서 '주체사상'이라는 용어 최초 사용 | 사상에서 주체 표현 사용 |
| 주체사상 공식화 (1965년 4월) | 김일성 인도네시아 방문 중 "사상에서 주체, 정치에서 자주, 경제에서 자립, 국방에서 자위" 주장 | |
| 김일성주의 등장 (1973년) | 통일혁명당, 재일조총련 등 당 외곽단체에서 사용 | 넓은 의미의 주체사상 |
| 김일성주의 정식화 (1974년 2월) | 전국 당 선전일군강습회에서 '온 사회의 김일성주의화'를 기본임무로 제시하고 최고 강령으로 선포 | |
| 주체사상 체계화 (1982년) | 김정일, '주체사상에 대하여' 논문 발표, 주체사상은 철학적 원리·사회역사원리·지도원칙 등 3부분으로 구성된다고 설명 | 좁은 의미의 주체사상 |

김일성은 중국 동북지방에서 항일 빨치산 투쟁에 참가하였으나 일본 토벌대의 공격으로 활동을 계속할 수 없게 되자 1940년 말에 소련 극동지방으로 넘어갔으며, 그 후 소련군이 조직한 극동군 88특별교도여단에서 조선인으로 구성된 대대의 대대장으로 복무하던 중 일제가 패망한 후 1945년 9월 18일 원산항을 통해 입국하여 '김영환'이라는 가명으로 활동하다가, 1945년 10월 24일에 비로소 '김일성장군'의 이름으로 군중 앞에 나타나게 되었다. 88특별교도여단은 4개 대대로 구성되어 있었는데 2개 대대는 중국인 부대였

고, 다른 2개 대대중 1개 대대는 중국인과 조선인 혼성부대였으며, 나머지 1개 대대는 조선인만의 부대였는데 김일성이 지휘한 부대가 바로 이 대대인 것이다.45)

해방직후 소련의 북한정치에 대한 개입은 주요 현안에서 구체적이고 직접적이었다. 예컨대 1946년 11월 3일에 실시된 '북조선 도·시·군 인민위원회 선거'를 기획하고 이행한 과정, 그리고 1947년 2월 '북조선 도·시·군 인민위원회 대회'를 개최하여 북조선인민회의와 북조선인민위원회를 구성하는 과정을 보면, 평양의 소련군정은 1946년 12월에 북조선인민회의의 정당별·출신성분별·성별 분포까지 포함해서 모든 것을 모스크바에 보내 승인을 받은 후 1947년 1월에 가서야 형식적으로 김일성과 상의하는 형식을 취했다. 그리고 1948년 4월 24일에는 크렘린에서 '조선의 상황'을 논의하기 위해 스탈린, 스티코프(T. E. Shtykov), 즈다노프(A. A. Zhdanov), 몰로토프(B. M. Молотов) 등이 참석한 특별모임이 열렸는데, 소련 지도부는 여기서 '조선민주주의인민공화국 헌법' 초안을 토론하고, 북한에 단독국가를 정식으로 수립하되 전 조선인민을 상대로 한 선거를 통해 최고인민회의를 구성하여 이를 근거로 조선민주주의인민공화국을 전 조선민족의 정부로 내세우기로 결정했다. 이 모임에서 스탈린 자신이 북한의 헌법조항을 직접 수정하기도 했으며, 소련공산당 정치위원회는 위 모임의 결정에 따라 바로 당일에 모든 결정을 공식 승인했다.46)

실제적으로 1945년 9월 20일 소련 연해주군관구와 25군 사령관에게 하달된 스탈린의 지시에 의해 스티코프가 북한의 민간행정에 대한 지도를 총괄하게 되었다. 레베데프의 회고에 의하면 해방직후 북한에서 이루어진 일들 가운데 스티코프가 관여하지 않은 일은 하나도 없을 정도였다고 한다. 스티

---

45) 황장엽, 『민주주의와 공산주의』(서울: 도서출판 시대정신, 2009), pp. 296~297.
46) Andrei Nikolaevich Lankov, *From Stalin to Kim Il Sung*(London: Hurst and Co., 2002), pp. 35~43.

코프를 중심으로 한 소련점령당국은 정책결정과정에서 주도적이면서도 최종적인 권한을 행사했다. 그 과정은 스티코프의 책상에서 기획되어 연해주군관구와 소련군사령부 지도자들 회의에서 확정되면 모스크바의 재가를 얻은 후 북한 지도부에 전달되었다. 이처럼 소련점령당국의 북한 정책결정 과정에의 개입은 전면적이고 직접적이었으므로[47] 1948년 소련 군대가 북한에서 철수하기 전까지 군정기간에는 김일성에게 실권이 없었다.

소련 군대가 철수한 다음에도 북한의 당과 정권기관의 주요 부문에는 예외 없이 소련 고문들이 배치되어 사업전반을 장악하고 지도하였을 뿐만 아니라 소련 정부가 파견한 허가이 등 소련국적의 조선인들이 기관의 요직을 차지하고 모든 일을 소련의 의도에 맞게 소련식으로 해 나갔다. 그러므로 적어도 6.25전쟁 전까지는 김일성이 소련의 예속에서 벗어나는 것은 생각조차 할 수 없는 일이었다.

6.25전쟁은 김일성이 소련의 전면적인 예속에서 벗어나 자기의 독재체제를 세우는데 좋은 계기가 되었다. 김일성은 전쟁기간 동안 북한군의 최고사령관으로서 군권을 장악하게 되었고, 자신을 중심으로 한 '패권적 연합질서'[48]를 구축하는 데 유리한 정치기회구조를 적극적으로 활용하여 새로운 권력구조를 만드는 데 성공했다. 김일성은 조선민주주의인민공화국 군사위원회 위원장을 맡아 전시 단일권력을 장악하고 1950년 12월부터 1953년 8월까지 조선노동당 중앙위원회 제3차, 제4차, 제5차, 제6차 전원회의를 개최하여 연안파 무정, 소련파 허가이, 국내파 박헌영 등을 각각 '전시에 저지른 개인적 과오', '당 장성을 방해한 죄', '종파-간첩행위' 등의 죄목을 씌워 숙청했

---

[47] 전현수 편저, 『쉬띄꼬프 일기 1946~1948』해외사료총서 10(서울: 국사편찬위원회, 2004).

[48] 이종석은 6.25전쟁 이전 남북 노동당의 합당을 통해 창당된 조선노동당에서 소련파와 박헌영파의 힘이 상대적으로 커진 권력구조를 '1949년 6월 질서'로 명명하고 있는데, 백학순은 6.25전쟁 기간 중 확립된 김일성중심의 권력구조를 '김일성중심의 패권적 연합질서'로 명명하고 있다.

다. 이는 6.25전쟁을 지나면서 김일성중심의 새로운 시대가 열리게 되었음을 의미하는 것이다. 김일성은 서서히 독재의 길을 열기 시작하였고, 수령으로 불리게 되면서 주체확립을 구실로 소련의 영향력에서 벗어나고자 했다.

김일성이 북한에서 최초로 수령으로 표기된 것은 최용달이 1946년 9월 19일자 로동신문에 기고한 '조선의 해방과 인민위원회의 결성'이라는 글에서 수령이라는 표현을 쓴 것이다. 북한 매체들은 당시 김일성을 보통 '우리민족의 위대한 령도자'로 불렀지만, 김일성의 개인숭배는 벌써 시작되어 『우리의 태양: 김일성장군 찬양특집』을 출판하기도 했다.49) 김일성이 공식회의에서 처음 수령으로 호칭된 것은 1952년 12월 15일에 개최된 당 중앙위원회 제5차 전원회의 때였다. 김일성의 보고가 끝나자 참석자 전원이 기립하여 "우리의 경애하는 수령 김일성동지에게 영광이 있으라!"고 외치는 소리가 장내를 뒤흔들었다고 한다.50)

김일성은 1952년 12월 당 중앙위원회 제5차 전원회의에서 '로동당의 조직적 사상적 강화는 우리 승리의 기초'라는 보고를 통해 당 조직사업의 개선과 사상사업의 강화 노력의 일환으로 박헌영파에 종파주의-간첩행위의 혐의를 씌움으로써 자신의 정체성을 더욱 애국적이고 주체적인 것으로 부각시켰다. 김일성이 아직 주체라는 표현을 사용하고 있지는 않지만 혁명과 건설에서 주체를 확립하는 방향으로 사상과 정체성의 방향전환을 강화하기 시작한 것이다.51)

한편, 김일성은 1955년 12월 28일 '사상사업에서 교조주의와 형식주의를 퇴치하고 주체를 확립할 데 대하여'라는 당 선전선동일군들 앞에서 한 연설에서 "우리가 이 문제를 오늘 비로소 제기하는 것이 아닙니다. 우리는 해방

---

49) 김학준, 『북한의 역사 제2권: 미소냉전과 소련군정아래서의 조선민주주의인민공화국 건국 1946년 1월~1948년 9월』(서울: 서울대학교출판부, 2008), pp. 402~404.
50) 김일성, "현 정세와 당면과업," 『김일성선집 3』(평양: 조선로동당출판사, 1953), p. 337.
51) 백학순(2010), pp. 94~186에서 발췌 인용.

직후인 1945년 가을에 벌써 우리 민족의 투쟁력사를 연구하며 그 우수한 전통을 계승할 데 대하여 강조하였습니다. 나는 제2차 당대회 보고에서 소련군이 우리 조국에 진주한 첫날에 '조선인민들이여, (중략) 행복은 당신들의 손에 있다. (중략) 조선인민은 자체가 반드시 자기의 행복을 창조하는 자로 되어야 할 것이다'라고 한 소련군사령관의 선언을 인용한 바 있습니다"라고 언급하여 '주체확립'의 필요성을 인식하기 시작한 것은 해방직후였으며 '소련군사령관의 선언'에서 힌트를 얻었다는 것을 암시하는 주장을 하고 있다. 그런데 '주체확립'의 과정은 곧바로 김일성 개인숭배 및 독재체제 구축과 연결되어 있다.

그렇다면 북한의 민족주의 구호는 어떤 기능을 했으며, 주체사상은 민족주의에 어떤 영향을 미쳤을까? 북한은 정권수립 자체를 전적으로 스탈린의 영향하에 진행했기 때문에 민족개념도 초기에는 스탈린의 정의를 그대로 따라 했다. 스탈린은 1913년 1월 『마르크스주의와 민족문제』라는 책을 저술하고 "민족이란 언어・지역・경제생활 및 문화의 공통성에서 나타나는 심리상태의 공통성을 기초로 하여 생긴 역사적으로 구성된 사람들의 견고한 공동체"라고 정의한 바 있는데,[52] 북한은 1973년 12월 발행한 『정치사전』에서 민족개념을 "언어・지역・경제생활・혈통과 문화, 심리 등에서 공통성을 가진 역사적으로 구성된 사람들의 공고한 집단"이라고 '혈통'과 '심리'를 추가하여 약간 수정하기[53] 전까지 스탈린의 정의를 그대로 반영하고 있었다.

북한이 스탈린식 민족개념에 '혈통'을 추가하였다고 해서 '혈통'이 같으면 같은 민족에 속한다는 주장은 아니다. 김일성은 "핏줄이 같고 한 영토 안에 살아도 언어가 다르면 하나의 민족이라고 말 할 수 없습니다"라고 주장한 바 있다. 북한은 이때까지 민족개념을 이론적으로 체계화하지 못한 채 민족을

---

[52] J. Staline, *Le Marxisme et la Question Nationale*(Paris: Editions du Centenaire, 1978), p. 15.
[53] 사회과학연구원, 『정치사전』(평양: 사회과학출판사, 1973), p. 423.

'부르주아민족'과 '사회주의민족(프롤레타리아민족)'으로 분류하고 소유에 기초한 노동자·농민·근로인텔리를 의미하는 '인민'의 한 표현으로 사용하고 있었다.

그러나 김일성이 1985년 갑자기 "조선민족은 한 핏줄을 이어받으면서 하나의 문화와 하나의 언어를 가지고 몇 천 년 동안 한 강토 위에서 살아온 단일민족입니다"54)라고 교시함으로써 '핏줄·언어·지역'으로 민족개념의 중심요소를 바꾸었고, 김정일은 "민족성을 이루는 기본징표는 핏줄·언어·지역의 공통성이며 이 가운데서도 핏줄과 언어의 공통성은 민족을 특징짓는 가장 중요한 징표로 됩니다"55)라고 정의함으로써 북한의 민족개념은 이전의 계급론에 바탕한 사회주의민족과는 다른 개념으로 변하였다. 북한이 발행한 『조선말대사전』에는 민족을 "핏줄, 언어, 문화, 지역의 공통성에 기초하여 역사적으로 형성된 사회생활단위이며 사람들의 공고한 운명공동체"라고 규정56)하고 있다. 그리고 민족주의에 대해서는 "① 민족의 이익을 옹호하는 진보적인 사상. 봉건주의를 반대하는 부르주아민족운동시기에는 인민대중의 이익과 함께 신흥 부르주아지의 이익까지 포괄하는 민족공동의 이익을 반영한다. 단일 민족국가인 우리나라에서 진정한 민족주의는 곧 애국주의로 된다 ② 삼민주의의 하나. 외래제국주의를 반대하고 각 민족의 평등을 주장하는 주의 ③ 프롤레타리아제국주의 원칙과는 어긋나게 자기 민족의 이익을 위한다는 구실 밑에 다른 민족을 멸시하고 배격함으로써 민족들 사이의 불화와 반목을 조성하는 반동적 사상"이라고 기술되어 있다.

북한의 『정치사전』에는 "민족주의는 계급적 이익으로 가장하고 자기민

---

54) 김일성, 『주체사상을 구현하기 위한 조선인민의 투쟁에 대하여』(평양: 노동당 출판사, 1985), p.47.
55) "정론: 민족의 징표," 『남조선문제』(평양: 1985년, 10월), p. 14; 서재진, "북한의 민족주의: 주체사상의 이론적 변용을 중심으로," 『통일연구논총』(서울: 민족통일연구원, 1993), p. 90에서 재인용.
56) 『조선말대사전 1』(평양: 사회과학출판사, 1992), p. 1229.

족의 우수성을 내세우면서 다른 민족을 멸시하고 증오하며 민족들 사이의 불화와 적대를 일삼고 언제나 부르주아적 성격을 띤다"라고 서술되어 있다.[57] 이를 '조선민족제일주의', '김일성민족' 구호와 관련지어 보면, '김일성민족주의는 프롤레타리아계급의 이익으로 가장하고 김일성민족의 우수성을 내세우면서 다른 민족을 멸시하고 증오하며 민족들 사이의 불화와 적대를 일삼고 언제나 김일성주의적 성격을 띤다'는 김일성민족주의의 본질을 예고한 것처럼 해석할 수도 있는 서술이다.

원래 공산주의는 노동자계급의 국제연대를 추구하기 때문에 민족주의를 극복의 대상으로 보며, 김일성도 처음에는 민족주의에 대해 부정적인 인식을 가지고 있었다. 김일성은 1950년대 후반 "민족주의는 인민들 간의 친선관계를 파괴할 뿐만 아니라 자기나라 자체의 민족적 이익과 근로대중의 계급적 이익에도 배치됩니다"[58]라고 밝힌 바 있다. 김일성은 이처럼 민족주의를 부정하다가 1980년대에 들어와서 표면적 인식변화를 보이기 시작했는데, 1980년 10월 평양에서 개최된 조선노동당 제6차 대회에서 대남비서인 김중린을 통해 "민족문제의 해결은 계급해방이나 인간해방 문제의 해결에 앞서

〈표 3〉 김일성의 민족주의 관련 주장

| 구 분 | 주 장 내 용 |
|---|---|
| 1950년대 후반 | 민족주의는 인민들 간 친선관계 파괴. 민족적 이익과 계급적 이익에 배치 |
| 1980년대 | 인민대중의 자주성 실현을 위해서는 민족의 자주성을 실현해야. 민족주의를 하던 공산주의를 하던 나라의 자주성을 지켜야(주체사상 강화에 활용) |
| 1990년대 | 원래 민족주의는 민족의 이익을 옹호하는 진보적 사상이나 자본주의 발달로 자본가 계급의 이익을 옹호. 자기민족을 위해 유익한 일을 하는 사람은 참다운 민족주의자. 단일민족국가의 진정한 민족주의는 곧 애국주의 |

---

57) 『정치사전』(평양: 사회과학출판사, 1973), p. 430.
58) 김일성, "사회주의진영의 통일과 국제공산주의 운동의 새로운 단계," 『김일성저작집 11』(평양: 조선로동당출판사, 1981), p. 410.

야 하며 인민대중의 자주성을 실현하기 위해서는 무엇보다도 민족의 자주성을 실현하여야 한다. 민족이 있고서야 혁명과 건설도 있을 수 있고, 사상과 이념도 있을 수 있으며, 민족을 떠나서는 그것이 다 무의미한 것이다. 그러므로 민족주의를 하던 공산주의를 하던 그 어떤 사상과 이념을 신봉하던지 간에 무엇보다 먼저 민족을 찾아야 하며, 나라의 자주성을 지켜야 한다"고 당의 근본입장을 설명하도록 함59)으로써 민족주의 구호를 주체사상체제 강화에 활용하기 시작했다. 주체사상이 프롤레타리아민족주의관을 초월하는 계기로 삼은 것이다.

김일성은 1991년 '우리민족의 대단결을 이룩하자'60)는 노동신문 기고문에서 '진정한 민족주의'라는 개념을 동원하고, 동 개념은 자본주의사회에서의 민족주의와 다르다고 주장함으로써 민족주의와 국제공산주의61) 사이의 모순을 극복할 수 있는 해법을 모색하였다. 김일성은 동 기고문에서 "원래 민족주의는 민족의 이익을 옹호하는 진보적 사상으로 발생하였습니다. (중략) 자본주의가 발달하고 부르주아가 반동적 지배계급으로 되면서 민족주의는 자본가계급의 이익을 옹호하는 참다운 민족주의와는 대치되는 사상입니다. (중략) 정신노동을 하던 육체노동을 하던 자기 민족을 위하여 유익한 일을 하는 사람이라야 참다운 민족주의자가 될 수 있습니다. 단일민족국가인 우리나라에 있어서 진정한 민족주의는 곧 애국주의로 됩니다"라면서 자신을 공산주의자인 동시에 민족주의자인 것처럼 표현하였다.

북한의 민족주의 강조는 김정일이 1986년 '조선민족제일주의'를 주장하면서 그 정점에 이르게 되었는데, 북한이 주창하는 '우리민족끼리' 개념도 조선민족제일주의와 구분해서 생각할 수 없다. 김정일은 북한에 외부세계의

---

59) 국토통일원, 『조선노동당대회 자료집 4권』(국토통일원 조사연구실, 1988), p. 322.
60) 『로동신문』 1991년 8월 5일자.
61) 북한헌법 제17조 세 번째 항목에서는 "국가는 자주성을 옹호하는 세계인민들과 단결하며 온갖 형태의 침략과 내정간섭을 반대하고 나라의 자주권과 민족적, 계급적 해방을 실현하기 위한 모든 나라 인민들의 투쟁을 적극 지지성원한다"고 기술하고 있다.

변화풍조가 스며들어 주민을 동요시키는 것을 막고 정권을 수호하기 위하여 지배이데올로기 구호로써 '조선민족제일주의'를 내세웠다. 김정일의 발언을 잘 살펴보면 조선민족제일주의는 민족주의를 주장하는 것이 아니라, 민족이라는 단어의 의미를 활용한 '주체혁명 선전선동 구호'라는 것을 알 수 있다. 김정일은 조선민족제일주의를 주장하면서도 "우리 공산주의자들이 민족주의자로 될 수는 없습니다. 공산주의자들은 참다운 애국주의자인 동시에 참다운 국제주의자입니다"라고 민족주의를 부정하면서 주체사상으로 무장하여 공산주의 혁명활동을 강화할 것, 즉 애국과 정권에 대한 충성을 강조했다.[62] 이와 같이 북한의 민족주의 개념은 시대의 흐름과 정치환경의 변화에 따라 최초 스탈린적 민족주의로부터 최근의 김일성민족주의로까지 꾸준히 변해 왔다. 스탈린적 민족주의, 즉 프롤레타리아민족주의가 김일성민족주의로 변모할 수 있었던 것은 주체사상이 민족주의에 영향을 주었기 때문에 가능했던 것이다.

### 2. 조선민족제일주의

조선민족제일주의는 1986년 7월 15일 김정일이 당 중앙위원회 책임일꾼들 앞에서 한 담화 '주체사상 교양에서 제기되는 몇 가지 문제에 대하여'에서 처음 등장하였다. 이후 1989년 12월 당 중앙위원회 책임일꾼들에게 행한 김정일의 연설 '조선민족제일주의 정신을 높이 발양시키자'에서 본격 강조되었으며, 1990년대 들어서는 북한주민들에게 집중적으로 교육되었다. 조선민족제일주의는 동구 사회주의권 국가들이 1980년대 중반이후 소련의 개혁·개방 조치 등의 영향으로 대변혁을 겪는 과정에서, 김정일이 변혁물결의 침투로 김일성정권유지가 위협받을 가능성을 느꼈기 때문에 주민들의 사

---

[62] 김정일, "주체사상교양에서 제기되는 몇 가지 문제에 대하여-조선노동당 중앙위원회 책임일군들과 한 담화 1986년 7월 15일," 『김정일선집 8』(평양: 조선로동당출판사, 1998), p. 444.

상적 동요를 막고 체제결속을 도모하기 위해 정권의 이데올로기로 내세운 것이다. 조선민족제일주의는 김일성 1인 독재정치를 합리화하는 수단이자 김정일 후계체제 공고화 작업 및 사회주의 이념 공백을 메울 수 있는 사상적 대안 모색[63]이라고 하는 주장도 있고, 김일성주의를 강화하기 위해 도입된 이론으로서 주체사상의 본질에 대한 최고의 이론화작업[64]으로 이루어진 것이라는 주장도 있다.

김일성주의가 지배하고 있는 북한에서는 조선민족제일주의를 어떻게 설명하고 있을까? 북한은 "조선민족제일주의는 조선민족의 위대성에 대한 긍지와 자부심에 기초한 민족주의이며, 민족의 위대성을 빛내어 나가려는 자각과 의지로 발현되는 민족주의"라고 주장하고 있다. 김정일은 "민족제일주의영예를 지니자면 사회생활의 기본분야를 비롯한 여러 분야에서 자랑할 만한 특출한 성과가 있어야 합니다. 우리 당은 세상 사람들이 다 인정하고 있는 우리 인민의 고상한 사상정신적 풍모와 사회주의 건설의 위대한 성과에 기초하여 당원들과 근로자들 속에서 조선민족제일주의 교양을 강화할 데 대한 문제를 내세웠습니다"라고 언급했다.[65]

북한 선전선동원들은 이를 가지고 김정일이 '조선민족의 위대성에 대한 긍지와 자부심에 기초한 민족주의'를 제시했다는 근거로 선전하고 있다. 그러면서 "조선민족이 세상에서 제일이라는 민족적 긍지와 자부심을 가지게 하는 근본 요인은 ① 세상 사람들이 한결같이 흠모하며 따르는 불세출의 위인들을 민족의 수령으로 높이 받들어 모신 데 있다. ② 위대한 주체사상을 지도사상으로 받들어 나가고 있는 데 있다. ③ 나라와 민족, 인민대중의 운명을 믿음직하게 수호하고 주체혁명위업을 완성하는 주력군인 강유력한 인민군대가 있다. ④ 세상에서 가장 우월한 사회주의제도를 가지고 있다. ⑤ 다

---

63) 전상인, 『북한민족주의 연구』(서울: 민족통일연구원, 1994), pp. 5~6.
64) 서재진, "북한의 민족주의: 주체사상의 이론적 변용을 중심으로," 『통일연구논총』 제2권 1호, 서울: 민족통일연구원, 1993, pp. 71~96.
65) 김정일, 『김정일선집 9』(평양: 조선로동당출판사, 1997), pp. 443~444.

른 민족에 대한 침략과 약탈을 부추기는 부르주아민족주의를 철저히 배격한다 등에 있다"고 주장한다. 조선민족제일주의는 결국 "위대한 수령, 위대한 영도자를 모시고 위대한 주체사상을 지도사상으로 삼으며 강유력한 혁명군대를 가지고 가장 우월한 사회주의제도에서 살면서 침탈적 부르주아민족주의를 배격하는 크나큰 긍지와 자부심"이라는 주장인 것이다.

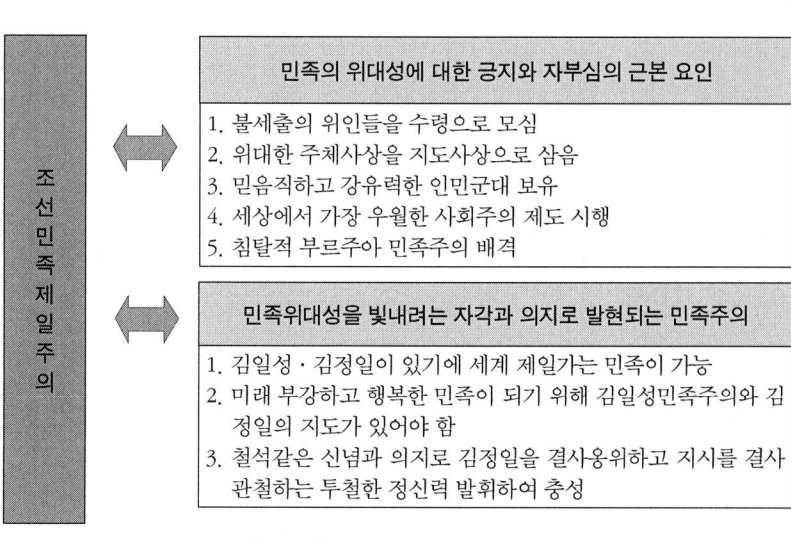

〈그림 3〉 조선민족제일주의 구조

김정일은 또한 "우리가 조선민족제일주의를 내세우는 목적은 단순히 우리 민족에 대한 긍지와 자부심을 가지도록 하자는 데만 있는 것이 아니라 자체의 힘으로 사회주의 건설을 더 잘하여 민족의 존엄과 영예를 더욱 높이 떨치도록 하자는 데 있습니다"라고 주장했다.[66] 북한은 이 김정일의 언급을 '민족의 위대성을 빛내어 나가려는 자각과 의지로 발현되는 민족주의'의 근거라고 선전하면서 주민들에게 애국과 지도부에 대한 충성을 요구하고 있다.

---

66) 김정일(1997a), p. 452.

북한 이데올로그들은 "김정일의 말은 자기 민족이 남만 못지않다는 자존심을 가지는 것도 중요하지만 자기 운명을 남만 못지않게 개척해 나가려는 자각과 의지를 가지는 것이 더 중요하다는 것"이라면서, "김일성민족의 존엄과 영예를 더 높이 떨쳐 나가려는 우리 인민의 숭고한 자각과 의지는 무엇보다도 위대한 수령님을 사회주의조선의 시조로, 김일성민족의 영원한 어버이로 높이 받들어 모시고 경애하는 김정일동지의 두리에 일심단결하여 주체혁명위업완성의 길로 억세게 싸워 나가려는 우리 인민의 드팀없는 신념과 의지에서 뚜렷이 나타나고 있다"고 선전하고 있다.

"수령은 민족의 존엄과 영예의 상징이기 때문에 수령을 어떻게 받들어 모시는가 하는 데 따라 민족의 흥망과 미래가 결정된다"면서 김정일이 지침을 준 대로 "우리 인민과 군대는 위대한 수령님을 천세만세 받들어 모시고 그이의 사상과 업적을 빛나게 계승하여 김일성민족의 존엄과 영예를 더욱 높이 떨쳐 나갈 수 있는 근본비결은 위대한 영도자 김정일동지를 더 잘 받들어 모시는 데 있다는 철석같은 신념과 의지를 가다듬으며 경애하는 장군님을 끝없이 흠모하고 결사옹위하며 장군님의 지시를 결사 관철하는 투철한 정신력을 높이 발휘하고 있다"고 선동함으로 김정일에 대한 무한충성을 요구하고 있는 것이다.[67] 조선민족제일주의는 결국 김일성·김정일이 있기 때문에 조선민족이 세계에서 제일가는 민족이 될 수 있었으며, 미래에 부강하고 행복한 민족이 되기 위해서는 김일성민족주의와 김정일의 지도가 있어야만 한다는 궤변이며, 김일성민족주의를 확립하고 김일성일가의 통치권세습 기반 마련을 위한 대국민 기만 술책에 불과하다. "조선민족제일주의는 제기 당시 붕괴위기로 치닫고 있던 사회주의권의 여타 국가와 차별성을 부각시킴으로써 내부적으로 주민들의 사상적 동요를 막고 체제결속을 도모하기 위해 제창된 하위 통치이념의 하나"[68]였으나, 김일성일가정권은 김일성민족주의

---

67) 인민대학습당, "조선민족제일주의"(평양: 인민대학습당, 2011), pp. 126~136.
68) 북한자료센타) 통일·북한정보) 북한개요) 정치이념) 각종하위통치이념:

체제 강화에 근본 목적을 두고 있었기 때문에 김정일시대에는 조선민족제일주의를 강성대국론이나 선군정치론을 뒷받침하는 데 활용하였고, 김정은시대에도 김일성민족주의체제 유지를 위한 선전선동 구호로써 여전히 유효하게 활용되고 있는 것이다.

### 3. 김일성민족주의

김일성민족주의는 민족이라는 구호를 앞세운 김일성주의의 다른 표현이며 민족주의로 위장한 '김일성국가'의 정치이데올로기이다. 1973년부터 김일성 밑에서 당 선전선동담당비서를 맡아 주체사상의 해석권을 갖게 된 김정일은 1974년 2월 19일 '온 사회를 김일성주의화하기 위한 당사상사업의 당면한 몇 가지 과업에 대하여'를 발표하고 주체사상을 핵심으로 하는 김일성주의를 제시함[69]으로써 처음으로 김일성민족주의의 씨앗을 뿌렸다.

김정일은 북한주민들을 '김일성민족'이라고 규정했다. 김일성민족이라는 표현은 1994년 10월 김정일이 김일성사망 100일을 맞아 '당중앙일꾼들에게 한 담화'에서 "해외동포들은 조선민족을 김일성민족이라고 하고 있습니다"[70]라고 한 데서 비롯되었으며, 1995년부터 김일성우상화 작업의 일환으로 노동신문 등 선전매체에서 공개적으로 사용되기 시작했고, 1997년부터는 김일성민족과 동의어로 '태양민족'이라는 말도 혼용되고 있다.

북한은 1998년 9월 5일 최고인민회의 제10기 제1차 회의에서 헌법을 개정하면서 처음으로 '서문'을 두고, 국가의 성격·김일성의 위상과 업적·김일성사상의 지위·헌법의 성격 등을 규정한 이래 2010년 4월 9일 개정 헌법까

---

http://munibook.unikorea.go.kr/?sub_name=information&cate=1&state=view&idx=72&page=1&ste=(검색일: 2012.12.19).
69) 김정일, "온 사회를 김일성주의화하기 위한 당사상사업의 당면한 몇 가지 과업에 대하여," 『주체혁명위업의 완성을 위하여』(평양: 조선로동당출판사, 1987), p. 9.
70) 『김정일선집 13』(평양: 조선로동당출판사, 2000), p. 428.

지 그대로 유지하여 왔다. 그러다가 김정은정권 출범 후인 2012년 4월 13일 제12기 제5차최고인민회의에서 개정된 헌법 서문에서는 김정일 업적을 함께 명시하면서 헌법의 성격을 '김일성헌법'에서 '김일성-김정일헌법'으로 공식화하여 김일성-김정일-김정은으로 이어지는 혈통에 의한 권력세습, 이른바 수령의 혁명전통을 계승한 '백두혈통'의 권력승계를 정당화하였다. 북한 헌법 서문에 의하면 북한이라는 나라는 '김일성의 국가'요, 헌법은 '김일성-김정일 헌법'이며, 김일성과 김정일은 '민족의 태양'·'통일의 구성'이고, 김일성은 북한의 창건자이자 '시조(始祖)'로서 영원한 주석이며, 김정일은 영원한 국방위원회 위원장이라고 되어 있다.

북한의 헌법보다 상위규범으로 알려진 당 규약도 2012년 4월 11일 개정하여, 그동안 '김일성의 당(2010년 9월 28일 개정 당 규약)'이라고 규정되어 있던 것을 '김일성-김정일의 당'으로 변경 규정해 놓았다. 또한 개정된 서문에는 "경애하는 김정은동지는 위대한 김일성동지와 김정일동지의 혁명위업을 승리에로 이끄시는 조선로동당과 조선인민의 위대한 령도자이시다"며 "조선로동당은 위대한 김일성동지와 김정일동지를 영원히 높이 모시고 경애하는 김정은동지를 중심으로 하여 조직 사상적으로 공고하게 결합된 로동계급과 근로인민대중의 핵심부대, 전위부대이다"라고 김정은의 이름과 지위를 명시했다. 이와 같은 사실들은 북한 정치체제가 김일성일가정권 유지를 위한 김일성민족주의를 추구하고 있다는 명백한 증거라고 볼 수 있다.

당 규약과 헌법은 물론 2013년 개정된 것으로 알려진 '당의 유일영도체계확립 10대원칙'[71])의 내용을 통해서도 김일성민족주의의 공고화 현상을 인식할 수 있다. 김정은정권은 2013년 6월 '당의 유일사상체계확립 10대원칙(1974년 제정)'을 39년 만에 개정하여 '당의 유일영도체계확립 10대원칙'으로 명칭을 바꾸고, 김일성민족주의와 3대 권력세습을 정당화하는 방향으로

---

71) "北, 공산주의 표현 없애고 김씨王朝 세습 명문화," 『동아닷컴』, 2013년 8월 12일자: http://mlbpark.donga.com/mbs/articleV.php?mbsC=bullpen&mbsIdx=2800023 (검색일:2013.12.12)

부분 개정하였다. 동 '10대원칙'은 제1조에서 '온 사회를 김일성-김정일주의화'할 것을 목적으로 내세우고, 북한정권의 기본성격을 나타내던 '프롤레타리아 독재정권'과 '공산주의 위업완성을 위하여 투쟁'이라는 용어를 삭제하는 대신 '주체혁명위업의 완성을 위해 투쟁'이라는 표현을 사용하였고, 제10조에서 "우리 당과 혁명의 명맥을 백두의 혈통으로 영원히 이어나가며 (중략) 순결성을 고수해 나가야 한다"고 규정함으로써 사실상 '김일성민족주의 · 봉건적 군주제' 국가임을 선언한 것이나 다름없다.

  그뿐만 아니다. 간부 및 군중을 대상으로 한 강연에서도 '김일성조선', '김일성민족'이라는 표현을 쓰면서 선전선동을 하고, 노동신문 등 언론매체를 통해 북한주민들을 '김일성후손'으로 호칭한다. 예를 들면 2006년 10월 북한에서 발행된 간부 및 군중강연 자료인 '우리나라에서의 핵시험성공은 반만년 민족사와 세계 정치사에 특기할 사변이다'에서는 핵실험이 가지는 의의를 설명하면서 "첫째 김일성조선, 김일성민족의 무궁한 번영을 위한 강위력한 무기를 마련한 민족적 사변이라는데 있다"라고 선전했으며,[72] 노동신문은 2010년 10월 4일 김정일의 직접 재가를 받는다는 편집국논설을 통해 "김일성동지의 후손들이라는 자각을 한시도 잊지 말고 싸워나가야 한다. 김일성동지의 후손이라는 자각을 갖고 살며 투쟁한다는 것은 수령님의 은덕을 순간도 잊지 않고 수령님의 숭고한 이상을 실현하기 위해 몸 바쳐 싸운다는 것"이라고 강조했다.[73] 그리고 모든 문서에는 김일성이 출생한 해(1912년)를 기준으로 주체 연호(年號)를 쓸 뿐만 아니라 각종 기록물에서 **'김일성'**이나 **'김정일'**의 이름은 보는 바와 같이 돋움체로 표현해야만 한다.

---

72) 한기범, "북한 정책결정과정의 조직행태와 관료정치: 경제개혁 확대 및 후퇴를 중심으로(2000~09)" (경남대학교 박사학위논문, 2009), p. 156. 각주 228)에서 재인용.
73) "北신문, 김일성동지의 후손, 영도자중심 단결해야,"『연합뉴스』, 2010년 10월 4일자.

〈표 4〉 김일성민족주의 대두와 전개 사례

| 구분 | 주요내용 |
|---|---|
| 김일성주의 태동<br>(1974년 2월) | 김정일이 '온 사회를 김일성주의화하기 위한 당 사상사업의 몇 가지 문제에 대하여' 발표, 김일성민족주의 태동 |
| 김일성민족 공식화<br>(1994년 10월) | 김정일, 김일성 사망 100일을 맞아 '당 중앙일꾼들에게 한 담화'에서 "해외동포들은 조선민족을 김일성민족이라고 한다"고 언급. 이후 각종 언론매체에서 '김일성민족' 개념 빈번 사용 |
| 전개사례 | • 1998년 9월 헌법을 개정, 김일성헌법으로 명명<br>• 2000년 6월 '6.15남북공동선언'에 '우리민족끼리' 개념 삽입, 대남 정치전략에 활용<br>• 2006년 10월 군중강연자료에서 "핵시험은 김일성조선, 김일성민족의 무궁한 번영을 위한 강력한 무기를 마련한 민족적 사변"이라 선전<br>• 2010년 4월 노동신문 편집국논설은 "인민들은 김일성동지의 후손이라는 자각을 한시도 잊지 말고 싸워야 한다" 선동<br>• 2010년 9월 당규개정, 노동당을 김일성의 당으로 명명<br>• 2012년 4월 헌법개정, 김일성-김정일헌법으로 개명. 혈통에 의한 권력세습 정당화<br>• 2012년 4월 당규개정, 당을 김일성-김정일의 당(김일성일가의 당)으로 규정하고 김일성-김정일주의를 유일한 지도사상·활동의 지도적 지침으로 기술, 주체사상을 김일성-김정일주의로 대체<br>• 김정은, 2013년 1월 신년사에서 "우리 혁명의 백전백승의 기치는 위대한 김일성-김정일주의, (중략) 김정일애국주의는 김일성민족의 영원한 넋이고 숨결이며 부강조국건설 원동력" 주장<br>• 2013년 6월 '당의 유일사상체계확립 10대원칙'을 39년 만에 '당의 유일영도체계확립 10대원칙'으로 명칭을 바꾸면서, '프롤레타리아 독재정권', '공산주의 위업' 표현을 삭제하는 대신 '주체혁명 위업'을 강조하고, 혁명명맥을 '백두혈통'으로 영원히 이어나갈 것을 규정하여 정권세습 정당화 |

북한의 민족개념이 최초 '사회주의와 결합한 스탈린식 민족주의(사회주의적 민족주의)'에서 1986년 김정일이 주장한 '조선민족제일주의(주체형의 사회민족주의)'를 거쳐 1994년 '김일성민족주의'로 나타났다가 2000년 '우리민족끼리(조상을 같이하는 민족주의)'로 변화된 것처럼 보이지만, 여기에 사용된 민족이라는 단어는 모두가 주체사상을 기본으로 한 '김일성민족주의·봉건적 군주제'국가 실현을 위한 선동구호라는 맥을 이어가고 있다. 특히 가장 최근에 등장한 '우리민족끼리'는 북한이 김일성민족주의를 바탕으로 한

국내 동조세력의 활동공간 확대와 '반외세, 민족공조'를 선동하기 위해 전술적 투쟁도구로 활용하고 있는 개념으로서, '김일성민족주의자와 그에 동조하는 사람들끼리'라는 구호로 보는 것이 타당하다. 6.15선언 이후 남북교류를 활발하게 진행하면서도 한국 내 보수세력을 적대세력으로 규정하고 '반보수 대연합 투쟁'을 선동해 온 것을 보면 북한식 '우리민족끼리'가 조상을 같이하는 민족주의인 한민족(韓民族)끼리를 의미하는 것이 아님을 알 수 있다.[74] 북한의 김일성민족주의는 남북갈등의 근원이고, '우리민족끼리'는 남남갈등 주요원인 중의 하나가 되고 있다.[75]

## 제3절 민족주의 정치전략

### 1. '남조선혁명' 전략과 민족주의

전략이란 목적과 수단을 연계시키는 개념으로서 목적과 수단 사이의 관계에서 취할 수 있는 어떠한 선택, 즉 수단을 운용하는 방법을 의미한다.[76] 더 간략하게 설명하면 '어떤 목적을 달성하기 위한 최적의 방법 또는 책략'을 의미한다. 따라서 정치전략이란 정치적 목적 달성을 위한 최적의 방법 또는 책략이고, 혁명전략이란 혁명을 성공적으로 수행하기 위한 책략이라고 할 수

---

74) 김광철(2011), pp. 13~16.
75) 갈등의 개념과 유형은 "둘 이상의 당사자가 동일한 시간과 지역 내에서 양립 불가능한 목표나 가치(관념)를 추구함으로써 발생하는 모든 종류의 상호작용을 갈등으로 폭넓게 규정할 수 있고, ① 충돌 및 적극적인 제재 조치가 이뤄지는 갈등(고강도 갈등) ② 강압과 설득이 동반된 갈등(중강도 갈등) ③ 설득과 협상이 병행된 갈등(저강도 갈등)으로 분류하여 설명할 수 있다": 문순보, "박정희시대의 한미갈등-관념, 제도, 정책의 분석적 관점에서-," (성균관대학교 대학원 박사학위논문, 2007), pp. 46~51.
76) Carl H. Builder, *The Masks of War: American Military Styles in Strategy and Analysis*(Baltimore: The Johns Hopkins University Press, 1989), p. 50.

있다. 북한은 정권수립 초기 마르크스-레닌주의를 이데올로기로 하여 사회주의 사회를 건설한다는 목적을 표명했다. 그러므로 당시 북한의 대남혁명전략의 핵심은 북한을 소위 '민주기지'로 하여 대한민국에 친북정권을 수립한 후 민족대통합을 명분으로 '공산화통일'을 이룩하는 것이었다. 그러나 점차 김일성-김정일-김정은으로 3대에 걸친 권력세습이 이루어지고 김일성민족주의체제가 확고히 구축 된 오늘날에 이르러서는 북한의 대남혁명 전략의 목적은 '전한반도의 김일성민족화'라고 할 수 있다. 실질적으로는 전한반도를 김일성일가정권이 지배하여 김일성주의를 실현하는 것이다.

2012년 4월 개정된 당 규약 서문에 "당면목적은 공화국 북반부에서 사회주의 강성국가를 건설하고, 전국적 범위에서 민족해방민주주의혁명의 과업을 완수하는데 있으며, 최종목적은 온 사회를 김일성-김정일주의화하여 인민대중의 자주성을 완전히 실현하는데 있다", "당 안에 사상과 영도의 유일성을 보장하고 당이 인민대중과 혼연일체를 이루며, 당 건설에서 계승성을 보장하는 것을 당건설의 기본원칙으로 한다"라고 규정한 것이 이를 증명한다.

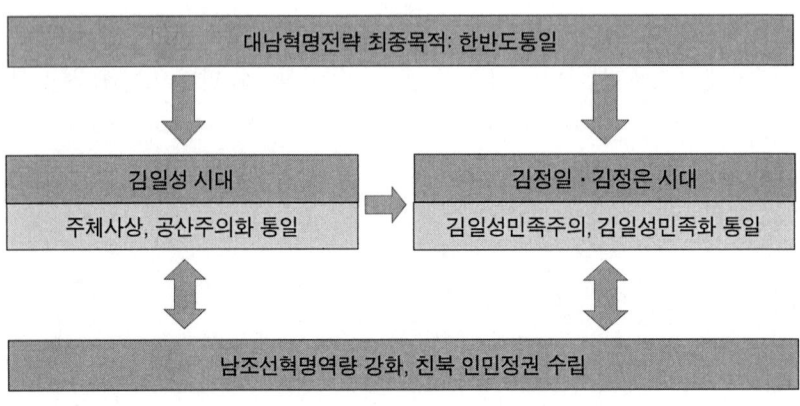

〈그림 4〉 대남 혁명전략 목적 변화

대구법(對句法)으로 더 설명하면 '최종목적은 전 한반도를 김일성민족주의화(김일성-김정일주의화)하여 김일성국가를 만드는(인민대중의 자주성을 완전히 실현하는) 데 있다. 김일성주의를 핵심으로(사상과 영도의 유일성을 보장) 하고, 사회정치적 생명체(당이 인민대중과 혼연일체)를 이루어, 김일성일가 권력을 세습(계승성 보장)하도록 하는 것을 당의 사명(당건설의 기본원칙)으로 한다'라고 규정하고 있는 것이다.

그러면 북한의 대남혁명 전략과 민족주의는 어떤 관계인가? 북한은 대남혁명 전략차원에서 민족 또는 민족주의라는 표현을 자주 사용하고 있지만 북한에서의 그것은 민족주의 앞에 어떤 수식어를 붙이든 혁명선동의 구호일 뿐 진정한 민족주의가 아니다. 심지어 '진정한 민족주의', '참다운 민족주의'라는 표현도 동원하고 있지만, 그들이 추구하는 것은 대한민국 국민들이 생각하는 그런 진정한 의미의 민족주의가 아니다. 김정일은 김일성민족을 내세우기 전에도 조선민족제일주의를 주장하면서 민족주의 구호를 표방하였으나 "우리 공산주의자들이 민족주의자로 될 수는 없습니다. 공산주의자들은 참다운 애국주의자인 동시에 참다운 국제주의자입니다"라고 민족주의를 부정하면서 주체사상으로 무장하여 혁명활동을 강화할 것을 강조했음은 앞에서도 지적한 바 있다.

일반적으로 민족주의는 그 종류가 다양하고 구성원의 범위를 정하는 기준이 여러 가지임에도 불구하고, 어느 것이든 '동족(同族)이라는 정체성'을 가진 공동체의 이익을 핵심가치로 한다는 점에서는 모두 공통성이 있는 이념이다. 이때 '공동체의 이익(구호는 '민족이익')'이라고 하는 것은 실질적으로는 민족정체성에 공감하고 있는 구성원 전체가 번영을 누리고 잘 사는 데에 도움이 되는 것을 의미한다. 그런데 북한의 대남전략상 민족주의는 대한민국 국민을 같은 민족으로서 공동번영을 추구해야 할 동족으로 간주하는 것이 아니라, 자기편이냐 아니냐를 기준으로 민족적인지 반민족적인지를 판가름하는 것이기 때문에 신성한 의미의 민족주의라고 할 수 없는 것이다.

북한의 대남혁명 전략과 민족주의의 관계를 파악하려면 북한에서 민족을 어떻게 개념화하여 사용하고 있는가를 좀 더 구체적으로 알아볼 필요가 있다. 북한에서는 민족이라는 개념을 경우에 따라 인민, 국가, 그리고 동족이라는 3가지 개념으로 각각 구분하여 활용하기도 하고, 어떤 때는 복합적 의미로 쓰기도 한다. 예를 들면 1948년 발효된 북한의 최초 헌법 '제8장 민족보위'라는 대목에서는 "조선민주주의인민공화국을 보위하기 위하여 조선인민군을 조직한다. 조선인민군의 사명은 조국의 자주권 및 인민의 자유를 옹호함에 있다"라고 규정하고 있는데, 이때 '민족보위'에서의 민족이라는 표현은 국가와 인민이라는 뜻으로 쓰인 것이다. 동 헌법 제5조에는 "조선민주주의인민공화국은 북반부에서 사회주의의 완전한 승리를 이룩하며 전국적 범위에서 외세를 물리치고 민주주의적 기초 우에서 조국을 평화적으로 통일하며 완전한 민족적 독립을 달성하기 위하여 투쟁한다"라고 규정되어 있는데, 이때 쓰인 '민족적'이란 표현은 동족이라는 의미로 해석할 수 있는 대목이다.

2010년 개정된 헌법 제26조는 "조선민주주의인민공화국에 마련된 자립적 민족경제는 인민의 행복한 사회주의 생활과 조국의 륭성번영을 위한 튼튼한 밑천이다. 국가는 사회주의 자립적 민족경제 건설로선을 틀어쥐고 인민경제의 주체화, 현대화, 과학화를 다그쳐 인민경제를 고도로 발전된 주체적인 경제로 만들며 완전한 사회주의사회에 맞는 물질기술적 토대를 쌓기 위하여 투쟁한다"라고 규정했는데 이때 쓰인 '민족경제'는 국가경제 또는 인민경제를 의미하는 것이다.

그런데 북한은 예나 지금이나 변함없이 헌법에 '인민민주주의'라고 표현하고 있다. 북한 헌법상의 인민이라는 표현의 개념은 대한민국의 국민과 유사해 보이지만 실질적으로 내포(內包)하고 있는 의미는 완전히 같지 않다. 예를 들면, 북한의 '1948년 헌법(최초헌법)' 제2조는 "조선민주주의인민공화국의 주권은 인민에게 있다. 주권은 인민이 최고주권기관인 최고인민회의와 지방주권기관인 인민위원회를 근거로 하여 행사한다"고 규정하고 있고, '사회주의헌법'이라고 이름 붙여진 '1972년 헌법' 제7조는 "조선민주주의인민공화국의 주권은 로동자, 농민, 병사, 근로인테리에게 있다. 근로인민은 자기의 대표기관인 최고인민회의와 지방 각급 인민회의를 통하여 주권을 행사한다"고 규정했으며, 최근 헌법(2012년 개정헌법) 제4조는 "조선민주주의

인민공화국의 주권은 로동자, 농민, 군인, 근로인테리를 비롯한 근로인민에게 있다. 근로인민은 자기의 대표기관인 최고인민회의와 지방 각급 인민회의를 통하여 주권을 행사한다"라고 규정하고 있다.

여기서 주목할 점은 주권을 행사하는 인민은 노동자, 농민, 군인, 근로인텔리를 비롯한 근로인민만 해당한다는 관념이다. 그러므로 북한의 관점에서 보면 대한민국의 국민들 중 근로인민에 해당하는 사람들을 제외하고는 모두 '혁명의 대상'에 속하는 것으로 간주된다.

대남혁명 전략상 '민족대단결'이라는 구호 속에 감추어진 대한민국 내 단결대상 민족은 대한민국 전체국민을 의미하는 것이 아니라 북한의 인민에 해당하는, 즉 김일성민족에 포함시킬 수 있는 부류의 국민을 의미하는 것이다. 그러나 외형적으로는 마치 대한민국 국민 전체를 민족대단결의 대상인 양 포장하여 민족구호를 외치고 있다. 여기서 김정일이 주장하는 민족대단결의 내용을 좀 더 자세히 살펴볼 필요가 있다.

〈표 5〉 김정일의 민족대단결론

| 구분 | 내용 |
|---|---|
| 구호 | 민족대단결, 자주적 평화통일 |
| 정의 | 주체사상을 민족문제에 구현한 철저한 민족자주 사상이며, 숭고한 애국애족 사상 |
| 의의 | 나라와 민족의 운명을 자주적으로 개척할 수 있는 위력한 사상정신적 무기 |
| 비판 | 1. 민족대단결을 목적으로 보지 않고, 혁명투쟁 수단으로 간주<br>2. 조선사람들은 어디서 살든 같은 피와 넋을 지닌 하나의 민족이라고 주장, 김일성민족 주장과 모순<br>3. 외세와 결탁한 민족반역자들, 반통일세력을 반대하여 투쟁할 것을 선동, 민족분열 조장<br>4. 온 민족이 단결하여 투쟁함으로써 김일성의 통일유훈을 지켜 조국통일의 역사적 위업 실현을 주장, 김일성민족주의체제로 통일해야 한다는 선동에 불과 |

김정일은 1998년 4월 18일 남북 정당·사회단체 대표자 연석회의 50돌 기념 중앙연구토론회에 '온 민족이 대단결하여 조국의 자주적 평화통일을 이

룩하자' 제하의 서한을 보내 민족대단결을 강조하고 그 전략적 의의와 범위 등을 장황하게 설명했다.77) 그는 김일성의 주도로 1948년 4월 있었던 남북연석회의에 대해 "해방직후의 복잡다단한 정치정세 속에서 극소수 민족반역자들을 내놓고는 남조선의 거의 모든 정당·사회단체 대표들과 완고한 반공민족주의자들까지 참가한 폭넓은 민족적 대회합이 마련되고, 일치한 합의를 이룩하여 거족적인 애국투쟁을 벌이게 된 것은 수령님의 자주적인 조국통일로선과 민족대단결 사상의 빛나는 결실이었으며, 통일애국역량이 이룩한 역사적인 첫 승리"라고 평가하고, "민족대단결사상은 주체사상을 민족문제에 구현하여 내놓은 철저한 민족자주의 사상, 숭고한 애국애족의 사상"이라고 정의하고 있다. 이어서 "김일성이 주체의 민족대단결사상을 내놓음으로써 우리 민족은 온 민족의 대단결을 이룩하며 나라와 민족의 운명을 자주적으로 개척해 나갈 수 있는 위력한 사상정신적 무기를 가지게 되었다"고 함으로써 '민족대단결'이 근본 목적이 아니라 '혁명투쟁의 수단'임을 명확히 하고, "북과 남의 화합과 민족의 대단결을 떠나서는 조국의 자주적 통일에 대해 생각할 수 없다. 온 민족의 대단결은 곧 조국통일이다"라고 함으로써 '민족대단결' 구호는 '김일성민족화통일'이라는 전략목적 달성에 필수적임을 주장하고 있다.

한편, "북과 남에는 서로 다른 두 개 민족이 대치되어 있는 것이 아니라 하나의 민족이 한 조국강토 안에서 외세에 의하여 인위적으로 갈라져 있다. 조선민족은 수천 년을 내려오면서 하나의 혈통을 이어받고 같은 말을 하며 한 강토에서 살아 온 하나의 민족이다. 모든 조선사람들은 북에서 살건 남에서 살건 해외에서 살건 다 같이 조선민족의 피와 넋을 지닌 하나의 민족이며, 민족공동의 이익과 공통된 민족적 심리와 감정으로 뗄 수 없이 연결되어 있다. 그 어떤 힘도 유구한 역사를 통해 형성 발전된 단일한 조선민족을 영원히 둘로 갈라놓을 수 없으며 우리 민족과 민족성을 말살할 수 없다"라고 하여 남북

---

77) 『로동신문』, 1998년 4월 29일자.

한 국민 모두가 다 '하나의 민족' 구성원이라고 주장하는 것처럼 기만하고 있다. 이는 김일성일가정권이 주민들을 '김일성민족'이나 '김일성후손' 등으로 주장하는 것과 정면 배치된다. 그리고 구성주의적 관점에서 보더라도 대한민국 국민이 '김일성민족'일 수 없음은 명백하므로 김정일이 주장하는 '하나의 민족' 주장은 진정으로 민족주의적 입장에서 하는 것이 아님을 알 수 있다.

그뿐만 아니라 김정일은 연설 뒷부분에서 "우리 민족의 대단결을 위해서는 외세의 지배와 간섭을 반대하고 외세와 결탁한 민족반역자들, 반통일세력을 반대하여 투쟁하여야 한다"고 주장하면서 "북과 남 해외의 모든 정당·단체들·각계각층 동포들은 조국통일을 위한 투쟁에서 서로 지지하고 보조를 같이 하면서 공동행동을 힘 있게 벌려야 한다. (중략) 북과 남 해외의 온 민족이 굳게 단결하여 투쟁함으로써 위대한 수령 김일성동지의 조국통일유훈을 지켜 우리 대에 조국통일의 역사적 위업을 실현하리라고 확신한다"고 밝히고 있다. 이것은 '북한과 대한민국 및 해외에 있는 김일성민족주의 동조세력들이 통일전선을 형성하여 투쟁'해야 하고, 그럼으로써 '김일성의 유훈대로 통일을 실현할 수 있다'는 주장을 하고 있는 것이다.

## 2. 김일성시대 대남전략

북한의 대남전략 목적이 무엇인가 하는 것은 헌법과 당 규약에 기술된 내용, 그리고 북한정권이 보여 온 대남 전략전술적 행태로 파악할 수 있다. 김일성시대 북한의 최고 규범은 1946년 제정된 최초의 노동당 규약과 1980년 10월 13일 제6차 당대회에서 개정된 당 규약이며, 동 규약을 보면 서문에 "조선로동당의 당면목적은 공화국북반부에서 (중략) 민족해방과 인민민주주의 혁명과업을 완수하는 데 있으며, 최종목적은 온 사회의 주체사상화와 공산주의사회를 건설하는 데 있다. 조선로동당은 남조선에서 미제국주의 침략군대를 몰아내고 식민지통치를 청산하며 그리고 일본 군국주의의 재침기도를 좌절시키기 위한 투쟁을 전개하고 남조선 인민들의 사회민주화와 생존권투쟁을 적극 지원하고 조국을 자주적 평화적으로 민족대단결의 원칙에 기초하여 통일을 이룩하고 나라와 민족의 통일적 발전을 이룩하기 위해 투쟁한다"라고 규정되어 있다. 즉, 대남전략의 목적은 '온 사회의 주체사상화와 공산주의사회 건설'이고, 이를 달성하기 위한 하위 목적은 대한민국 내 '미군철수·반제국주의 투쟁', '반일본군국주의 투쟁', '반정부 투쟁', '친북통일 투쟁' 등임을 명시하고 있다.

1948년 제정된 제헌헌법에는 대남전략과 관련한 규정이 없었으나, 1972년 개정헌법에서는 "제5조 조선민주주의인민공화국은 북반부에서 사회주의의 완전한 승리를 이룩하며 전국적 범위에서 외세를 물리치고 민주주의적 기초 위에서 조국을 평화적으로 통일하며 완전한 민족적 독립을 달성하기 위하여 투쟁한다"라고 규정하여 '반외세 투쟁', '자주통일 투쟁'을 제시하고 있다. 또한 김일성은 전한반도를 지배하기 위해 소련 스탈린의 지원을 받아 1950년 6월 25일 새벽 평온하던 대한민국을 무력으로 기습 침공하였고, 그 결과 남북한 공히 무수한 국민들이 사상당하는 '동족상잔(同族相殘)'의 피해를 입은 사실이 역사적 기록들에 의해 밝혀진 바 있다. 이것은 김일성의 전략적 목적이 민족번영에 있는 것이 아니라 '전 한반도를 지배'하는데 있었다는 것을 보여주는 명확한 증거인 것이다.

이들을 종합적으로 요약하면, 김일성시대 대남전략의 목적은 주체사상을 기초로 한 '공산화통일'이라고 할 수 있다. 전략목적 실현을 위해 ① 공작망을 대한민국 내부에 은밀하게 침투시켜 결정적인 시기에 무장투쟁을 주도할 지하당을 구축하는 전술, ② 국내외 반국가세력과 연합전선을 형성하는 통일전선 전술, ③ 북한체제를 선전하고 대한민국 내에 불안과 계층 간 갈등을 조장하는 심리전술, ④ 공산화통일 장애요인 제거와 경제적 실리 확보를 위해 공개적·합법적으로 추진하는 대화전술과 위장·기만 전술 등을 남북한 주변정세와 북한정권의 내부사정에 따라 수시로 변경하면서, 때로는 몇 가지를 배합해서 구사해왔다. 대남전략에 따른 전술은 시기별로 좀 더 세분해 정리해 볼 수 있는데, 국가정보원은 ① 남침준비기(1945.8~1950.5), ②

6.25남침기(1950.6~1953.7), ③ 전후 복구기(1953.8~1961.5), ④ 폭력혁명추진기(1961.6~1970.12), ⑤화전(和戰)양면전술기(1971.1~1993.2)로 구분하여 설명하고 있다.[78]

　남침준비기는 무력통일 준비를 강화하는 한편, 그 기도를 은폐하기 위해 위장평화 공세를 적극 전개한 시기를 말하고, 6.25남침기는 대한민국을 무력통일 하기 위해 실제로 공격을 감행한 시기이며, 전후복구기는 6.25전쟁 때 입은 피해복구에 주력하면서 1956년 11월 '남북한 병력 10만 감축', 1960년 8월 '남북연방제'를 제의하는 등 위장 평화공세를 벌였던 시기다. 폭력혁명추진기는 대한민국에 5.16혁명으로 강력한 반공이데올로기 정권이 등장함에 따라 대남 폭력혁명 노선을 채택했던 시기로, 북한은 1968년 1월 21일 무장공비를 남파하여 청와대기습공격을 감행[79]하다 저지되었고, 같은 해 10월 30일~11월 2일 강원도 울진·삼척 지역에 무장공비 120명을 침투시켜 양민을 학살하는 등 사회혼란조성과 대한민국 정부 전복을 목적으로 무장폭력 공작을 공공연하게 전개했다. 화전양면전술기는 화해전술과 폭력전술을 배합하여 대남전략을 구사했던 시기로, 1972년 7월 대한민국과 '7.4남북공동성명'을 채택하고 1980년 10월에는 '고려민주연방공화국 창립방안'을 제의하여 대화하자고 하는가 하면, 1990년부터 1992년까지 '남북고위급회담'에 호응하는 등 화해전술을 구사하는 한편, 1983년 10월 버마를 방문 중이던 대한민국 대통령을 비롯한 정부요인 암살을 위해 '아웅산묘소폭파사건'[80]을 일으키고, 1987년 11월에는 중동건설 현장에서 일하다 귀국하는 노

---

78) http://www.nis.go.kr/svc/affair.do?method=content&cmid=11333(검색일: 2013.3.17) 참조.
79) 1968년 1월 21일 북한의 민부성 정찰국 124군부대 소속 무장공비 31명이 박정희 전 대통령암살을 목적으로 한국군 특수요원신분을 가장하고 청와대인근의 세검동까지 침투했으나 경찰의 검문에 걸려 무산된 사건으로 1.21사태 또는 김신조사건으로도 불린다. 침투공작원 31명중 1명 생포, 28명 사살, 2명 도주했고 우리 측은 최규식 전 종로경찰서장과 민간인 5명이 피살되는 피해를 입었다.
80) 1983년 10월 9일 미얀마의 수도 양곤에 있는 아웅산묘소에서 은밀 잠입한 북한 테러

동자를 태운 '대한항공858기 폭파사건'[81]을 일으켰으며, 1992년 10월에 적발된 '남한조선노동당사건'을 전개하는 등 폭력테러 및 지하당구축 공작을 병행했다.

### 3. 김정일시대 대남전략

김정일시대의 대남전략 목적은 한반도의 '김일성민족화통일'이라고 할 수 있다. 북한은 1980년 당 규약 개정 후 30년만인 2010년 9월 28일 제3차 당대표자회에서 '조선로동당 규약'을 개정했는데 당 규약 서문에 "조선로동당은 (중략) 주체혁명 위업의 승리를 위하여 투쟁한다. 당면목적은 (중략) 전국적 범위에서 민족해방과 인민민주주의 혁명의 과업을 수행하는데 있으며, 최종목적은 온 사회를 주체사상화하여 인민대중의 자주성을 완전히 실현하는데 있다"라고 기술하고 있다. 김정일이 1990년대 중반부터 북한의 정체성을 김일성민족으로 규정하고 있는 점과 2010년 개정된 당 규약 서문에 있는 "최종목적은 온 사회를 주체사상화하여 인민대중의 자주성을 완전히 실현하는데 있다"는 내용을 감안해서 판단해보면, 김정일시대 대남전략의 최종목적은 '한반도를 김일성민족주의체제로 통일'한다는 것임을 알 수 있다. 또한 2012년 4월 개정된 당 규약 서문에 김정일의 업적을 설명하면서 "위대한 영도자 김정일동지는 온 사회의 김일성주의화를 당의 최고 강령으로 내세우시

---

분자의 폭파암살로 발생한 사건으로서 전두환 전 대통령의 아웅산묘소 참배 행사를 위하여 미리 대기 중이던 부총리 서석준 등 정부요인과 취재기자 17명이 사망하고, 합참의장 이기백 등 13명이 중경상을 입는 세계 외교사상 유례없는 요인암살 테러사건이다.
81) 1987년 11월 28일 밤 승객, 승무원 등 115명을 태우고 이라크의 바그다드를 출발한 방콕행 대한항공 858기가 미얀마의 벵골만 상공에서 공중폭파되어 탑승자 전원이 실종된 사건으로, 조사결과 태국해안에서 여객기 잔해가 발견되었고 북한 공작기관인 대외정보조사부 소속 2인조 공작원이 기내에 설치한 폭발물에 의해 공중에서 분해된 것으로 확인되었다. 범인들은 증거인멸을 위해 검거되는 순간 독약앰플을 입에서 깨물고 자살을 기도했으나 1명은 죽고 1명은 응급처치로 생존하였다.

고 혁명과 건설의 모든 분야에서 기적과 변화의 새 역사를 창조하시었으며 (후략)"라고 기술하고 있는 것에서도 김정일의 정치전략 목적이 무엇인지 분명해진다.

　이와 같이 김정일시대의 북한체제는 정통 공산주의체제가 아니라 완전히 김일성일가 유일독재 군주체제로 전환되었기 때문에 김일성시대 북한의 대남전략 최종목적을 '공산화통일' 또는 '적화통일'이라고 하는 것과는 달리, 김정일시대 대남전략의 최종목적은 '김일성민족화통일'이라고 하는 것이 더 사실에 부합한다. 그것은 김정일이 북한을 공산사회주의를 지향하는 국가체제에서 김일성일가 군주체제로 전환을 도모했다는 점에서 그 근거가 명백해진다. 예를 들면 2000년 10월 평양을 방문하여 김정일과 2차례 회담을 가진 바 있는 전 미국무장관 '올브라이트'는 회고록 『마담 세크리터리(Madam Secretary)』에서 북한체제와 관련하여 다음과 같은 기록을 남기고 있다. "나는 그(김정일)에게 경제개방을 고려할 것인지 물었고, 그는 이렇게 대답했다. '개방이라는 것이 무슨 뜻입니까? 우린 먼저 개방이란 용어부터 정의해야 합니다. 왜냐하면 개방이란 나라에 따라 서로 다른 것을 의미하니까요. 우린 서구와 같은 개방은 수락하지 않습니다. 개방이 우리의 전통을 훼손해선 안 됩니다.' 그는 자유시장과 사회주의를 혼합하는 중국식 모델에는 관심이 없다고 덧붙였다. 대신 스웨덴식 모델이 마음에 끌리는데, 그는 스웨덴 모델이 기본적으로 사회적이라고 말했다. 스웨덴과 같은 북한이라는 얘기에 대해 곰곰이 생각하다가, 나는 다른 모델은 없느냐고 물었다. 그는 '태국은 강한 전통적 왕실을 유지하면서도, 긴 격동의 역사에서 독립을 보존해왔고, 그러면서도 시장경제를 유지하고 있습니다'라고 말했다. 나는 마음속으로, 그에게 가장 매력적인 부분이 태국의 경제부분일까, 아니면 왕실의 보존일까 하고 생각했다."[82] 오늘날 변실된 북한의 이네올로기와 제체의 성격을

---

82) 매들린 올브라이트, 김승욱·백영미·이원경 옮김, 『마담세크리터리 매들린 올브라이트 2』(서울: 황금가지, 2003), p. 572.

감안해보면, 김정일의 속셈은 '왕실의 보존', 즉 '김일성민족주의·봉건적 군주제 완성'에 있었음이 분명하다.

한편, 국가정보원은 김정일시대 대남전략의 전술적 특징을 시기별로 ① 통미봉남(通美封南)전술기(1993. 3~1998. 2), ② 수세적 대남(對南)실리확보기(1998. 3~2000. 6), ③ 공세적 위장평화전술기(2000. 6~2008. 2), ④ 모험적 무력도발기(2008. 2~현재)로 구분하여 설명하고 있다. 국가정보원이 웹사이트에 공개한 자료에 따르면, '통미봉남전술기'에는 북한이 1993년 3월 'NPT탈퇴선언', 1994년 10월 미·북 기본합의서 채택을 계기로 미국과 평화협정 체결 시도, 1996년 4월 '비무장지대(DMZ) 불인정선언' 등을 통해 한반도문제를 미국과 직접 해결하려는 기도를 보였으며, 1995년 10월 부여에 무장간첩을 남파하고, 1996년 9월 강릉해안에 잠수함을 이용한 20여 명의 무장공비를 침투시켰고,[83] 1997년 10월에는 부부간첩을 남파하는 등 직접침투 및 지하당구축 공작전술을 구사하였다. '수세적 대남실리 확보기'에는 김일성 사망 후 극심한 식량난 등 소위 고난의 행군을 겪으면서 정권세습 여부가 불안정했던 김정일은 1998년 6월 강원도 속초에 잠수정을 침투시키고, 1999년 6월 제1연평해전[84]을 저질렀으며, '민족민주혁명당사건(1999년 9월 검거)'을 일으키는 등 긴장조성과 간첩침투·지하당구축 공작을 병행하였다. 2000년 6월 15일 제1차 남북정상회담을 시작으로 전개된 공세적 위장평화전술기에는 '햇볕정책 역이용 전략'[85]을 이용하여 '우리민족끼리'

---

83) 1996년 9월 18일 새벽 북한 인민무력부 정찰국 소속 무장공작요원 25명을 태운 잠수함 한 척이 강원도 강릉시 강동면 안인진리 해안으로 침투한 사건으로서 49일간에 걸친 우리의 대간첩작전 결과 육지에 상륙한 공작원 14명중 1명 생포, 13명은 사살하고 잠수함 내에 남아 있던 공작요원 11명은 자폭한 시체로 발견되었다. 우리 측도 군인 11명, 민간인 4명 등 15명이 사망하는 피해를 입은 사건이다.

84) 1999년 6월 15일 오전 서해 연평도 인근 해상에서 벌어진 남북 함정간의 해전. 이 사건은 수십 년 동안 남북한 양쪽 모두가 한반도 동서 해상의 실질적인 경계선으로 인정하여 그 동안 한국의 관할구역으로 인식되어 왔던 북방한계선(NLL)을 무시하고, 12해리 영해를 주장함으로써 영해문제를 다시금 부각시키려는 북한의 전술적 의도를 드러낸 것이다.

를 명분으로 내세우면서 '화해·협력'을 빙자한 남북 당국·민간 교류를 적극적으로 활용하고 경제적 실리를 획득하면서 은밀히 지하당구축 공작을 벌였다. 그러면서 우리정부와 국민들에게 공공연히 '민족공조·외세배격'을 요구하고 통일전선전술을 적극적으로 구사하였다. 김정일은 포용정책을 전개했던 김대중정부에 대해 6.15정상회담 이후 적극적인 대남 유화태도를 취하면서 다른 한편으로는 2002년 6월 제2연평해전[86]을 일으키고, 여러 차례의 한반도비핵화합의[87]를 무시한 채 2005년 2월 핵보유를 선언하였으며, 2006년 10월과 2009년 5월에는 각각 1·2차 핵실험을 강행했고, '일심회간첩단사건(2006년 10월 검거)'을 일으키는 등 평화를 위장하여 핵무기개발을 진행하는 기만전술을 구사했다. '모험적 무력도발기'에는 3대 김정은으로의 정권세습을 위한 체제를 구축하고, 이명박정부에 대해 '6.15선언'과 '10.4선언' 이행을 요구하였으나 뜻이 관철되지 않게 되자 정규·비정규전을 혼합한 모험적 군사도발을 감행하는가 하면, 핵무기개발을 가속화 하여 비대칭전력에서 절대적인 우위를 점하게 되었다. 2010년 3월에는 '천안함폭침사건'을 저질렀고, 2010년 11월에는 연평도를 포격하였으며, 2010년 2회,

---

85) 1998년 김정일의 지시에 따라 북한 통일전선사업부가 주도한 대남전략으로서, 대외적으로는 '우리민족끼리'로 표현하고 있으며, 핵심은 북한의 경제난을 인정하고 정세가 성숙할 때까지 대한민국의 경제를 북한의 발전에 이용한다는 전략이다. 그러나 대내적으로는 적들과는 '끼리'할 수 없다는 원칙을 내세워 '햇볕정책 역이용 전략'으로 명명되었다; 강철헌, "북한의 통일전선사업부 해부," 『북한조사연구』(서울: 국가안보전략연구소, 2007. 6).

86) 서울에서 개최된 제17회 월드컵축구대회 폐막을 하루 앞둔 2002년 6월 29일 북한 경비정이 서해상 북방 한계선(NLL)을 넘어와 한국 경비정에 기습 선제포격하여 벌어진 교전으로서 북한 측의 피해는 정확히 알려지지 않았으나 우리 측은 해군 6명이 사망하고 19명이 부상당한 인명피해와 교속정 1척이 침몰하는 피해를 입었다.

87) 북한은 1992년 1월 22일 대한민국과 '한반도의 비핵화에 관한 공동선언'에 합의하였으나 이행하지 아니하였고, 1994년 10월 21일 미국과 '제네바 합의'를 체결하고 2003년 파기, 2005년 9월 19일 6자회담에서 '9.19공동선언' 합의후 2006년 10월 9일 1차 핵실험을 하여 파기하였으며, 이외 2007년 '2.13합의,' '10.3합의' 등이 있었으나 모두 파기했다.

2011년 1회 등 요인암살을 위한 테러간첩을 침투시켰다가 사전 적발되기도 했다.

특히 주목할 것은 김정일이 대한민국에서 2000년 6.15공동선언 이래 봇물처럼 터져 나온 좌경민족주의와 친북 민중사관론을 소위 연북(聯北) 통일전선 전략전술을 추진할 수 있는 절호의 기회로 인식하고 대남 혁명역량강화에 총력을 펼쳐 왔다는 점이다. 그래서 김정일정권은 이때부터 대한민국 내에 광범위한 지하망구축에 역점을 두고 재야 운동권단체들을 선동하고 나오기 시작했으며, 연이은 김대중·노무현 좌파정권 등장을 주목하고 이를 대한민국 국민들의 자발적인 반미·반일 민족주의 발로로 받아들여 통일전선 전략전술을 통해 '남조선흔들기'를 강화하였다[88])는 주장도 있다.

### 4. 김정은시대 대남전략

북한은 2010년 9월 28일 김정일이 주재한 노동당대표자회와 중앙위원회 전원회의에서 김정은을 당 중앙위원과 당 중앙군사위원회 부위원장의 지위에 앉힘으로써 김정은시대의 개막을 시사했고, 노동신문은 김정일 사망(2011년 11월 17일) 한 달여 후인 2011년 12월 22일 1면 사설을 통해 김정은을 '혁명위업의 계승자, 인민의 영도자'로 명시하여 김정은시대의 개막을 공식 선언했다. 노동신문은 또한 "김정일동지의 유훈을 지켜 주체혁명, 선군혁명의 길을 꿋꿋이 걸어 나가야 한다"고 하면서, 김정일의 유훈을 내세워 강성국가건설, 통일정책, 대외정책 등을 기술함으로써 당분간 유훈통치가 이어질 것임을 예고했다.

김정은이 최고권좌에 등극한 과정을 간략히 정리하면, 당초 장남 김정남이나 차남 김정철이 후계자로 유력하다는 소문과 달리, 김정일은 2009년초 당시 26세인 김정은(1983년 1월 8일생)을 후계자로 지명한 것으로 외부세계

---

88) 남주홍(2006), pp. 211~219.

에 처음 알려지기 시작했다. 그리고 김정은은 2010년 9월 27일 인민군 대장, 다음날인 28일 당 중앙위원 및 당 중앙군사위원회 부위원장으로 임명되었고, 김정일 사망 후 2011년 12월 29일 조선인민군 최고사령관, 2012년 4월 11일 노동당 제1비서, 이틀 후인 13일 국방위원회 제1위원장으로 추대된 데이어, 같은 해 7월 18일 당중앙위원회·당중앙군사위원회·국방위원회·최고인민회의상임위원회에 의해 '조선민주주의인민공화국 원수' 칭호를 수여받아 명실상부한 최고권력자의 자리를 확고히 세습했다.

북한에서는 2012년 4월 김정은에게 실권이 주어지면서 당 규약과 헌법 개정 작업이 동시에 이루어졌다. 우선 김정일시대와 달라진 당 규약 서문의 내용을 보면, 김정일을 '혁명의 탁월한 영도자·당의 영원한 총비서·인민의 영원한 수령'이라고 규정하여 김일성과 마찬가지의 수령지위를 부여함으로써 김정은의 권위도 함께 높이는 효과를 노렸다. 김일성과 김정일을 동열에 올려놓은 것은 그뿐만이 아니다. "위대한 김일성동지와 김정일동지는 천재적인 예지와 비범한 영도력, 불굴의 의지와 인민에 대한 열렬한 사랑을 지니시고 한평생을 오로지 당의 강화발전과 인민의 행복을 위하여 모든 것을 다 바치신 탁월한 사상이론가, 걸출한 영도자, 인민의 자애로운 어버이시다"라고 규정하여 과장선전을 하고 있다. 또한 '김일성-김정일주의'를 당의 유일한 지도사상이고, 당 활동의 지도적 지침이라고 기술하여 과거의 주체사상을 '김일성-김정일주의'로 대체하고 있다. 대남전략과 관련해서는 "당면목적은 공화국북반부에서 사회주의 강성국가를 건설하고 전국적 범위에서 민족해방민주주의혁명의 과업을 수행하는 데 있으며, 최종목적은 온 사회를 김일성-김정일주의화하여 인민대중의 자주성을 완전히 실현하는 데 있다"라고 규정하여 김일성민족주의를 앞세운 김정일시대의 대남전략을 고수하고 있음을 알 수 있다.

또한 북한의 2012년 개정헌법 서문을 보면 북한이라는 나라는 '주체의 사회주의 조국'이고, 김일성은 나라의 '시조'이며, 김정일은 북한을 '김일성동지의 국가'로 강화 발전시켰으며, '조선혁명의 명맥(권력세습)'을 굳건히 이어놓았다고 기술하고, 북한은 "김일성과 김정일의 사상과 업적을 옹호고수하고 계승 발전시켜 주체혁명위업을 끝까지 완성하여 나갈 것"이라고 선언하고 있다. 뿐만 아니라 '핵보유국'임을 선언하는 문구를 삽입하여 '한반도비핵화합의'를 완전히 묵살했다.

김정은정권은 김정일유훈을 내세워 2013년 2월 12일 제3차 핵실험을 강행 하였고, 이후 새로 출범한 대한민국 박근혜정부에 대해서 2013년 3월에는 한미합동군사훈련인 키리졸브를 트집 잡아 '정전협정백지화'[89]를 선언하는가 하면, 핵무기보유를 바탕으로 갖가지 선전수단을 동원해서 무력도발 가능성을 공연히 시위하면서 군사도발 위협을 한층 강화하고 있다. 이는 김정은시대의 대남전략에는 자신들의 의도를 관철시키기 위한 군사적 위협[90] 전술이 추가되었음을 설명해준다. 이를 증명하는 사례는 많지만 몇 가지만 살펴보자.

북한은 2013년 3월 30일 조선중앙통신을 통해 '정부·정당·단체 특별성명'을 발표했는데, 그 내용은 "기다리고 기다리던 결전의 최후시각은 왔다. 조선반도에서 평화도 전쟁도 아닌 상태는 끝장났다. 미국과 괴뢰패당이 군사적 도발을 일으킨다면 그것은 국지전으로 한정되지 않고 핵전쟁으로 번지게 될 것이다. (중략) 남조선주둔 미군기지는 물론 청와대와 괴뢰군기지도 동시에 초토화 될 것이다. (중략) 김정은시대에는 모든 것이 다르다는 것을

---

[89] 북한은 2013년 3월 5일 3차 핵실험에 대한 유엔의 대북제재와 한미합동군사훈련 움직임에 대응해서 최고사령부 명의로 "정전협정백지화"와 "판문점대표부활동 전면중지"를 선언했고, 노동신문은 같은 달 11일 한미합동 "키리졸브" 군사훈련이 개시되자 "3월 11일, 바로 오늘부터 이 땅에 간신히 존재해오던 조선정전협정이 완전히 백지화됐다"고 보도했다; "북, '오늘부터 정전협정 백지화… 최후 결전의 시각'," 『연합뉴스』, 2013년 3월 11일자.

[90] 군사적 위협은 '전쟁위협'을 의미하는 것으로, 북한정권이 대한민국에 대해 전쟁을 일으키겠다고 겁을 주는 언술 자체로 전략효과를 노리는 것을 말한다. 대개 위협이 효과를 발휘하려면 전쟁을 실행할 수 있는 정치적 의지와 군사적 능력이 뒷받침 되어야 하는데, 군사도발 위협을 일삼아 온 북한은 핵무기개발에 성공함으로써 위협역량을 크게 향상시켰다고 평가할 수 있다.

똑바로 알아야 한다. 이제 적대세력은 조선이 없는 지구는 존재할 수 없다는 백두영장의 의지와 담력, 무서운 본때를 몸서리치게 맛보게 될 것이다"라며 북한의 3차 핵무기실험 후 강화된 한미합동군사훈련을 구실로 위협하는 것이었다.

북한 외무성은 2013년 4월 5일 평양주재 24개국 대사관에 "4월 10일 이후에는 북한에 있는 대사관과 국제기구 직원의 안전을 보장할 수 없다. 전쟁발발 시 철수계획을 통보해 달라"고 요청하여 국제사회에 대해서도 한반도에서 전쟁 가능성이 있음을 위협했고, '조국평화통일위원회(이하 '조평통'으로 표기)'는 4월 17일 자신들이 운영하는 '우리민족끼리' 웹사이트에 '피하는 것이 상책' 제하의 글을 싣고 "연평도, 백령도 등 서해 5개 섬과 군사분계선 지구에 사는 주민은 피난 가는 것이 상책이다"라고 위협했다.

북한은 2013년 4월 16일 조선중앙통신을 통해 최고사령부 명의의 '최후통첩장'을 발표했는데, "백주에 서울 한복판에서 반공 깡패무리들이 반공화국집회라는 것을 벌여놓고 우리 최고존엄(김정은)의 상징인 초상화를 불태우는 천인공노할 만행을 저질렀다. 이제부터 우리의 예고 없는 보복행동이 개시될 것이다. (중략) 보복대상에는 최고존엄을 훼손시키는 데 직접 또는 간접적으로 가담한 자들, 그것을 부추기고 묵인한 놈과 해당 당국 기관 및 부서들이 포함될 것이다. 최고존엄을 어떻게 받들어 모시고 지키는가를 보여주기 위한 우리 혁명무력의 정정당당한 군사적 시위행동이 즉시에 개시될 것이다"라면서 국내 보수단체 회원들이 4월 15일 김정은 화형식 퍼포먼스를 한 것을 문제 삼아 군사적으로 보복하겠다고 위협했다.

북한의 이런 위협전술은 전라남도의 한 초등학교에서 근무하던 미국적 원어민 여교사가 2013년 4월 '북한의 위협에 따른 불안감'을 이유로 학교 측과 사전 상의나 통보도 없이 무단 출국해버리는 해프닝도 있었긴 하시만,[91] 우리 국민들이나 국제사회에는 큰 영향을 미치지 못한 것으로 평가된다. 여론

---

91) "전쟁불안 원어민 여교사 무단출국 '당혹'," 『뉴시스』, 2013년 4월 10일자.

조사기관인 한국갤럽이 2013년 4월 10일 공개한 여론조사결과를 보면 "북한이 도발할 것이라는 응답이 24%, 도발하지 않을 것이라는 응답은 67%"인 것으로 나타났고, 평양주재 외국 대사관들도 북한의 요청에 별다른 반응을 보이지 않은 것으로 나타났기 때문이다.

김정은시대의 대남전략은 김정은이 직접 낭독한 2013년 신년사에서도 파악해 볼 수 있다. 신년사에서 언급된 일부 내용을 보면 "김일성과 김정일을 당과 인민의 영원한 수령으로 모시고 수령영생위업을 실현함으로써 김일성-김정일주의 기치따라 새로운 주체 100년대를 주체혁명위업 완성을 위한 승리와 영광의 연대로 빛내어 나갈 수 있게 되었다. (중략) 우리 당과 인민이 나아갈 불변의 진로는 오직 주체의 한 길이며 우리 혁명의 백전백승의 기치는 위대한 김일성-김정일주의다. (중략) 김정일애국주의를 실천활동에 철저히 구현하는 데 당 사업의 화력을 집중해야 한다. 김정일애국주의는 김일성민족의 영원한 넋이고 숨결이며 부강조국건설의 원동력이다. (중략) 올해에 온 민족이 단합하여 거족적인 통일애국투쟁으로 조국통일의 새로운 국면을 열어놓아야 한다. (중략) 북과 남 해외의 온 겨레는 새 세기 민족공동의 통일대강이며 평화번영의 이정표인 6.15 공동선언과 10.4선언을 철저히 이행하기 위한 투쟁을 적극 벌려나가야 한다. 북과 남 해외의 전체 조선민족은 민족우선·민족중시·민족단합의 입장에서 조국통일의 대의에 모든 것을 복종시키고 지향시켜나가야 한다. (중략) 모두 다 김일성-김정일주의 기치를 높이 들고 당의 두리에 굳게 뭉쳐 내 나라 내 조국의 부강번영을 위해 힘차게 싸워 나가자"고 연설했다. 이 연설문 내용을 통해 김정은은 김일성-김정일주의와 김정일애국주의, 즉 김일성민족주의를 기치로 6.15공동선언과 10.4선언 이행을 대한민국 정부에 압박하는 전략을 적극 전개하는 한편 군사위협 전술을 병행하여 대남전략을 추구하고 있음을 알 수 있다.

# 김일성민족주의와 지배체제

## 제1절 김일성민족주의 이론 분석

### 1. 이념변동: 계급주의에서 김일성민족주의로

이데올로기는 현대정치에서 정치체제 형성과 운영에 있어 핵심 개념으로서 중요한 기능을 담당한다. 특히, 김일성일가정권처럼 절대권력을 행사하는 유일독재체제에서는 이데올로기가 개인의 생활까지 통제하는 기능을 한다. 이데올로기라는 용어는 프랑스 국립학술원에서 활동했던 '데스뛰 드 트라시(Destutt de Tracy)'가 1797년 의식적인 사상과 관념의 기원을 밝히고자 하는 목적에서 '형이상학'과 구별하기 위해 처음 사용한 것이다.[92] 그는 자신의 관념학에서 개발된 지식인 이데올로기를 구현함으로써 사회적·정치적 개선을 실현할 수 있다고 판단했다.[93] 데스뛰 드 트라시를 포함하여 이데올로기 주창자들은 과거 잘못된 철학적 개념들이 '형이상학'에서 기인한 것이므로 오류를 피하기 위해서는 과학의 확실성을 바탕으로 미래의 사회질서

---

92) 앤드류 헤이우드, 조현수 옮김, 『정치학』(서울: 성균관대학교 출판부, 2006), p. 91.
93) Leon P. Baradat, *Political Ideologies*(Englewood Cliffs: Prentice-Hall, 1979), p. 6.

를 구축해야 한다고 주장했다.

당시 이데올로기는 낡은 제도를 파괴하고 새로운 사회질서를 구축하려는 관념이었기 때문에 진보적이고 긍정적인 개념으로 사용되었다. 그렇지만, 가톨릭교회와 결탁한 나폴레옹이 이데올로기 연구자들을 경멸적 의미를 담아 '이데올로그'라고 부르면서 부정적 의미를 갖게 되었다. 마르크스도 이데올로기를 부정적·경멸적 의미로 사용했는데, 사회적 존재가 사회적 의식을 규정한다는 유물론적 입장에서 어느 시대든지 지배계급의 이데올로기가 지배이데올로기가 된다고 주장했다.[94] 마르크스는 이데올로기를 '지배계급의 허위의식' 또는 '계급의 이익에 봉사하도록 기능하는 방법'이라고 규정했고, 부르주아 이데올로기는 지배계급을 자신들의 이익의 방향으로 유도하는 부르주아의 발전과 권력의 강령이라고 정의했다.[95] 그는 대부분의 계급사회가 지배계급의 이익을 위해 기능하는 일련의 이데올로기체계를 가지고 있고, 지배이데올로기를 받아들인 피지배계급은 지배계급에 대해 효과적인 반대 이데올로기체계를 형성하지 못한다고 주장했다.[96]

반면에 레닌은 자본주의를 철폐하고 공산혁명에 성공하기 위해서는 혁명을 주도하는 당이 노동자계급에게 공산사회주의 이데올로기를 유포해야 한다고 믿고[97] 긍정적 개념과 부정적 개념을 모두 사용했다. 이처럼 이데올로기 개념은 데스뛰 드 트라시가 처음 긍정적 의미에서 사용하기 시작한 이후 마르크스 등을 거치면서 긍정적인 것부터 부정적인 것까지 함의의 진폭을 갖게 되었다.[98]

---

94) Karl Heinrich Marx and Friedrich Engels, *The German Ideology*(New York: International Publishers, 1978), p. 47, p. 64.; Howard Williams, *Concepts of Ideology*(New York; Wheatsheaf books, 1988), p. 12.
95) 헨리 M. 드러커, 김영수 옮김(1983), pp. 35~38.
96) Nicholas Abercrombie and Bryan S. Turner, "The Dominant Ideology Thesis," *British Journal of Sociology*, Vol. 29, No. 2, 1978, pp. 149~150.
97) Andrew Vincent, *Modern Political Ideologies*(Cambridge: Blackwell Publishers, 1992), p. 7.

그러나 최근 사회학·심리학·정치학 등 여러 학문분야의 대부분 연구는 구조와 기능에 주목하여 이데올로기를 '일련의 신념체계'라는 중립적 개념으로 많이 사용한다.99) 해밀턴(Malcolm B. Hamilton)은 정치학 분야에서 사용된 이데올로기 개념들 중에서 27개의 다른 개념적 요소들과 기준을 선별하여 분석하고 이데올로기 개념의 보편화를 시도했다. 그는 이데올로기를 "특정한 사회적 관계와 제도를 옹호하고, 그 지지자들이 촉진·실현·실행·유지하려고 하는 특정한 행동방식을 정당화하는 것을 목적으로 하는, 규범적이고 통설적인 실제의 사상·신념·태도를 집단적으로 유지하려는 시스템"이라고 정의했다.100)

로버트(Erikson S. Robert)와 켄트(Tedin L. Kent)는 "이데올로기는 사회의 적절한 질서에 관한 일련의 신념이고 어떻게 그것을 달성할 수 있는가에 관한 것"101)이라고 주장했다. "정치이데올로기는 핵심가치를 실현하기 위해 정치체계에 영향을 미치기 때문에 안정성과 유연성이 있어야 지속될 수 있다. 그러므로 정치이데올로기는 변화된 사회·경제적 조건에 맞게 적응하거나 지배자의 철학 또는 의도에 따라 변화할 수 있다"고 한다. 캐쓸린 나이트(Kathleen Knight)는 "일반적으로 이데올로기의 기능은 일련의 신념을 달성하는 방식 또는 개인이나 사회 등 시스템이 그 자체를 합리화하는 방식으로 정의할 수 있다"102)고 설명한다.

---

98) 데이비드 맥렐런, 구승회 옮김(2002), p 23
99) John T. Jost, Christopher M. Federico, and Jaime L. Napier, "Political Ideology: Its Structure, Functions, and Elective Affinities," *The Annual Review of Psychology*, 2009, p. 60, p. 309; Teun A. Van Dijk, "Ideology and Discourse Analysis," *Journal of Political Ideologies*, (June 2006), 11(2), p. 116.
100) Malcolm B. Hamilton, "The Elements of the Concept of Ideology," *Political Studies*, XXXV(1987), p. 619.
101) Erikson S. Robert, and Tedin L. Kent, *American Public Opinion*. 6th ed. (New York: Longman, 2003), p. 64.
102) Kathleen Knight, "Transformations of the Concept of Ideology in the Twentieth Century," *The American Political Science Review*, Vol. 100, No. 4, 2006, p. 625.

매크리디스(Roy C. Macridis)는 정치이데올로기의 기능을 연대성과 동원·조직·의사표현·조작·커뮤니케이션·정서적인 영향 등으로 구분하여 설명하고 있다. ① 연대성과 동원의 예를 들면, 과거 소련의 공산주의 이데올로기는 자본주의 세계를 적으로 낙인찍음으로써 이 이데올로기를 따르는 사람을 굳게 뭉치게 했고, 이데올로기로서의 민족주의는 민족국가를 형성하게 하고 그것을 유지하기 위한 결속력을 마련해준다. ② 구성원들에게 공동의 목적을 갖도록 하고 이미 꾸며놓은 과제를 수행하도록 유도하는 조직적 기능을 한다. ③ 표현의 형태를 제공할 수도 있고, 비슷한 생각을 가진 사람들을 결합하게 한다. 그래서 자유민주주의는 가진 자의 이익을 옹호하는 것으로 간주되고, 마르크시즘은 못가진 자의 요구를 만족시켜주는 도구로 생각되어 비슷한 생각을 가진 사람끼리는 결속하고 다른 생각을 가진 사람들과는 갈등을 겪는 것이다. ④ 관념을 조작하는 기능을 하기도 한다. 전쟁을 시작하기 위해 평화를, 권위적 체제를 수립하기 위해 자유를, 재산가의 지위와 특권을 강화하기 위해 사회주의를 약속할 수도 있다. ⑤ 같은 이데올로기를 가진 사람들 간에는 커뮤니케이션이 원활해진다. 특수한 용어를 일반화시켜 커뮤니케이션을 단순화하고, 이데올로기를 받아들이는 사람을 위해 공동의 노력을 더욱 쉽게 한다. ⑥ 사람들이 공동행위의 친밀감에 싸여 행복과 안전을 느끼게 되는 감성적 속성을 마련해준다.[103]

허버트 왈처(Herbert Waltzer)는 인지구조 제공, 개인적·집단적 행동과 판단에 대한 처방 제공, 갈등관리와 통합 지원, 자아 일체의식(self-identification) 지원, 인간의 개인적·집단적 생활에서 역동적 힘의 지원 등을 이데올로기의 기능 이라고 주장하고,[104] 모스타파 레자이(Mostafa Rejai)

---

103) R. C. 매크리디스 저, 이은호·이신일 공역, 『현대정치사상』(서울: 박영사, 1999), pp. 8~11에서 발췌 인용.
104) Reo M. Christenson, Alan S. Engel, Dan N. Jacobs, Mostafa Rejai, Herbert Waltzer, *Ideologies and Modern Politics*(New York: Harper & Row Publishers, 1981), pp. 12~15.

는 사회적·정치적 현실에 대한 관점 제공과 신봉자들의 일관된 행동 요구, 개인의 정체성과 속성(belonging) 제공, 사회적 연대와 응집력 제공, 낙관주의 유발, 정치적 레짐의 유지나 파괴에 기여, 대중 조작과 통제의 도구 제공, 자기유지 기능 등을 정치이데올로기의 기능으로 제시했다.[105] 또한 "정치이데올로기는 사람들에게 세계관 확립을 위한 인지구조를 제공하고, 지배자의 권위와 통치행위를 정당화하며, 정치체제 유지에 기여하고, 대중을 동원하거나 여론을 조작하고 통제하는데 유용한 기능을 수행한다"[106]고 볼 수 있다.

본래 "마르크스주의자들은 무산계급이 집단주의를 지지하고 유산계급이 개인주의를 지지하는 경향성을 가진다는 것을 근거로 하여 마치 무산계급의 계급적 본성이 집단주의이고 유산계급의 계급적 본성이 개인주의인 것처럼 주장한다. 그래서 집단주의 사상과 개인주의 사상이 무산계급과 유산계급의 계급적 대립의 산물인 것처럼 주장하며, 더 나아가 사회의 모든 이해관계의 대립은 계급적 대립을 기초로 하고 있으며 모든 사상은 계급적 이익을 반영한 사상인 것처럼 주장하는 계급주의적 사회역사관을 내놓았다."[107]

마르크스주의자들은 계급이 없던 원시공동체내에서 개인의 소유가 인정되기 시작하면서 서로의 경쟁이 심해진 결과 부자가 가난한 사람을 예속하는 계급적 지배와 복종의 관계가 발생하였으며, 국가라는 것도 지배계급이 불평등한 계급적 이익을 유지하기 위한 폭력조직으로 생겨나게 되었다고 주장한다. 그들은 사유재산의 발생과 계급의 발생, 국가의 발생을 일련의 사안으로 간주하고 개인적 소유권을 없애는 것과 계급을 없애는 것, 국가를 초월하여 무산계급이 단결하는 것을 같은 것으로 보았다.

계급적 이익을 위해 지킬 것이 아무것도 없는 무산계급이 단결하여 투쟁

---

105) Mostafa Rejai, *Political Ideologies*(New York: M E. Sharpe, 1991), pp. 17~18.
106) 오경섭, "주체사상의 구조와 정치적 기능의 변화,"『세종정책연구』 2012-17(성남: 세종연구소, 2012), p. 16.
107) 황장엽,『민주주의와 공산주의』(서울: 시대정신, 2009), p. 48.

하면 모든 것의 주인으로 될 수 있고 완전히 공평한 사회를 건설할 수 있다고 하는 것이 프롤레타리아 계급주의이고, "만국의 무산계급이여 단결하라!"는 계급적 연대와 혁명투쟁의 구호도 바로 이 프롤레타리아 계급주의에서 나온 것이다. 이것이 마르크스의 무산계급 독재론과 무산계급을 대표하는 공산당 독재론의 기초이며, "스탈린은 공산당뿐만 아니라 가장 탁월한 공산당원인 '수령(지도자)'도 공산당의 이익을 대표하여 정권을 장악하고 노동계급의 이름으로 독재할 권한을 가진다고 주장했다. 이때부터 공산당 지도자(수령)의 개인독재가 허용되는 수령론이 등장하였고 수령에 대한 개인숭배의 역사가 시작되었다." 그리고 "공산주의자들은 자기들의 국가를 조국으로 생각하지 않고 소련을 사회주의 조국으로 인정하였으며 소련을 중심으로 전 세계적인 무산계급 독재체제를 수립하는 것을 국제공산주의 운동의 목적으로 삼았다."108)

북한정권은 김일성시대에 정적숙청을 통해 집권기반을 안정화시키고 주체사상과 민족주의 구호를 내세워 유일독재를 강화하기 시작하면서 혁명이데올로기를 김일성일가 중심의 지배이데올로기로 전환하였다. 북한정권의 지도이념이 인민중심의 계급주의로부터 독재자 김일성일가 중심의 김일성민족주의로 변동된 것이다.

북한체제는 소련 스탈린의 지원을 받은 국가건설기, 권력투쟁을 통해 김일성 독재체제가 확립된 체제강화기, 김일성일가 군주체제를 굳힌 세습체제구축기 등의 역사적 과정을 거쳐 오늘에 이르렀다. 김일성도 국가건설기에는 국제공산주의자로서 민족을 경시하고 민족주의를 부정하는 입장이었으나 체제강화기에 들어서서 주체사상과 '민족자주', '민족대단결' 구호를 앞세워 민족주의를 강조했다. 북한은 마르크스-레닌주의를 바탕으로 하는 공산사회주의 국가 건설 기치하에 출발했지만, 지금은 당 규약이나 헌법에서도 마르크스-레닌주의를 삭제하고 김일성-김정일주의 이데올로기, 즉 김일

---

108) 황장엽(2009), p. 244, p. 249.

성민족주의를 제시한 상태다.

예를 들면, 2012년 4월 개정된 당 규약 서문에서는 "조선로동당은 위대한 김일성-김정일주의를 유일한 지도사상으로 하는 김일성-김정일주의 당, 주체형의 혁명적 당이다. 위대한 김일성-김정일주의를 당 건설과 당 활동의 출발점으로, 당의 조직사상적 공고화의 기초로, 혁명과 건설을 령도하는 데서 지도적 지침으로 한다"라고 기술하고 있다. 또한 같은 시기에 개정한 헌법 서문에 "조선민주주의인민공화국과 조선인민은 조선로동당의 령도 밑에 위대한 수령 김일성동지를 공화국의 영원한 주석으로, 위대한 령도자 김정일동지를 공화국의 영원한 국방위원회 위원장으로 높이 모시며 김일성동지와 김정일동지의 사상과 업적을 옹호고수하고 계승발전시켜 주체혁명위업을 끝까지 완성하여 나갈 것이다"라고 규정하고 있다.

이상의 예에서 보았듯이 김일성일가정권은 이데올로기를 마르크스-레닌주의적 혁명이데올로기인 계급주의로부터 김일성일가의 유일독재 지배이데올로기인 김일성민족주의로 바꾼 것이다. 이와 같은 이념변동이 북한체제의 성격을 사회주의 인민공화국으로부터 '김일성민족주의·봉건적 군주제'로 본질적으로 변화할 수 있게 했던 원동력이라고 할 수 있다. 이데올로기의 기능적 변화가 체제성격을 근본적으로 바꾸는 데 결정적인 역할을 한 것이다.

김일성은 소련을 비롯한 다른 대부분의 사회주의국가들과 마찬가지로 인민대중을 위한다는 명분으로 전체주의를 추구했다. 전체주의 이데올로기는 모든 것을 이데올로기에 종속시키고, 미리 설정된 이데올로기적 목적을 중심으로 사회를 재구성한다.[109] 전체주의 지도자들은 지배의 정통성 추구 및 강화, 도덕적 의식 마취 행위, 동원의 수단 등으로 활용하기 위해 이데올로기를 독점한다.[110] 특히 사회주의 이데올로기는 기존 정치체제의 권위와 권력

---

109) R. C. 매크리디스 저, 이은호·이신일 공역(1999), pp. 101~102.
110) 레오나드 샤피로 지음, 장정수 옮김, 『전체주의 연구』(서울: 종로서적, 1983), p. 45,

행사를 정당화하고 사회적 총동원을 합리화시킨다.[111] 따라서 변질된 현재의 북한체제를 제대로 알고 북한정권의 정치전략을 파악하려면 김일성민족주의의 이론 구조와 본질을 정확히 인식하는 일을 우선할 필요가 있다.

## 2. 김일성민족주의 이론 구조

김일성민족주의는 김정일에 의해 오랜 기간에 걸쳐 창조된 것으로, 그 구조는 '김일성주의'와 '가면(假面)민족주의'의 결합이다. 그리고 김일성주의는 '김일성 혁명사상과 김일성일가의 유일적 영도를 지지 옹호하고 이의 실천을 신념으로 하는 지배이데올로기'이며, 북한의 민족주의는 김일성일가정권에 대한 충성과 애국주의를 강요하는 의도를 숨긴 채 민족적 감성을 이용하는 전술적 구호다.

북한의 『조선말대사전』에는 김일성혁명사상을 "김일성이 창시한 우리시대 노동계급의 혁명사상, 주체사상과 그에 의하여 밝혀진 혁명이론과 영도방법의 전일적인 체계. 이 사상은 역사의 새 시대, 주체시대의 요구를 반영하여 나온 새롭고 독창적인 사상이며, 노동계급의 혁명사상발전의 가장 높은 단계를 이루는 위대한 사상이다. 김일성혁명사상에서 진수를 이루는 주체사상은 사람위주의 철학적 세계관과 근로인민대중을 중심에 놓고 전개한 사회역사관, 혁명과 건설의 지도원칙을 포괄하고 있다. 혁명사상에서 주요 구성부분을 이루는 주체의 혁명이론은 인민대중을 중심에 놓고 전개한 혁명이론이며 근로인민대중의 역할에 기초한 혁명의 전략전술이다. 그것은 민족해방과 계급해방을 위한 투쟁, 사회주의, 공산주의 건설. 세계혁명과 남조선혁명 등이 제기하는 모든 문제들에 전면적인 해답을 준 백과전서적인 혁명이론이며 전략전술이다. 김일성혁명사상의 중요구성부분의 다른 하나인

---

pp. 50~53.
111) 정치교육연구회 편, 『공산주의: 체제와 이데올로기 비판』(서울: 문우사, 1981), pp. 77~78.

주체의 영도방법은 근로인민 대중으로 하여금 혁명과 건설의 주인으로서의 입장을 지키고 주인으로서의 역할을 다하게 하는 영도방법이다. 김일성의 혁명사상은 노동계급을 비롯한 근로인민대중의 자주성을 위한 투쟁의 가장 과학적이며 혁명적인 지도사상, 지도이론, 지도방법이다"라고 설명하고 있다.112) 요약하면 김일성혁명사상은 ① 주체사상, ② 주체의 혁명이론, ③ 주체의 영도방법으로 구성되어 있다.

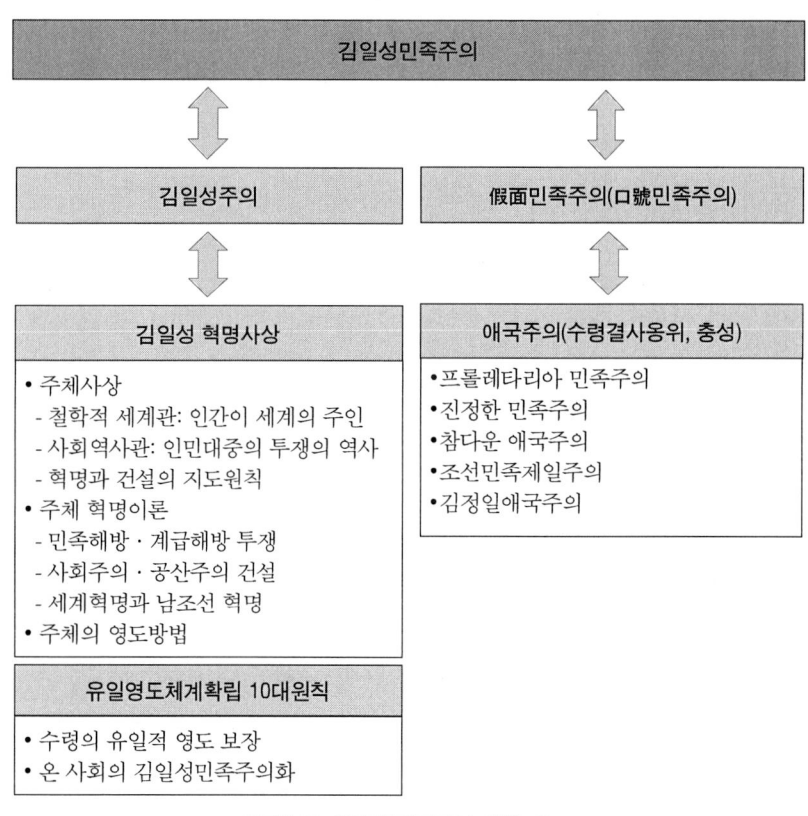

〈그림 5〉 김일성민족주의 이론 구조

---

112) 『조선말대사전 1』(1992), p. 453.

김정일은 후계자로 결정된 후 채 1주일도 안 된 1974년 2월 19일 전국 당 선전일군강습회에서 '온 사회의 김일성주의화'를 당 사상사업의 기본임무로 제시하고 이를 당의 최고 강령으로 선포했다.

바로 이 '2월선언'에 의해 주체사상이 '김일성주의'로 규정되고, 당의 유일사상체계를 세우는 사업의 '새로운 높은 단계'로서 '온 사회의 김일성주의화'가 선언된 것이다.113) '김일성일가의 유일적 영도'를 보장하는 것은 앞서 설명한 바 있는 '유일사상체계확립 10대원칙'이 강령으로 제도화된 것을 말한다.

북한의 민족과 민족주의 논리는 여러 가지 면에서 이중적인 구조와 기만성을 내포하고 있다. 예를 들면 첫째, 민족의 발생에 대해서는 '반만년 유구한 역사'를 강조하는 발생론적 입장을 취하지만 민족주의에 대해서는 발전론적 입장을 강조한다. '민족'의 오랜 실체를 강조함으로써 민족적 결합에 대한 정당성을 확인하고, 이를 단위로 하여 미래를 개척해야 한다는 현실적 필요성이 결국 '민족주의의 진보성'을 강조하고, 사회주의적 미래 지향과 결합시키고 있는 것이다. 둘째, 민족개념을 체제논리에 활용할 때는 인민 또는 국가를 의미하여 '애국주의' 또는 '국가주의'와 결합하고, 통일논리에 활용할 때는 동족을 의미하여 '반외세 민족공조'와 결합한다. 북한의 민족주의는 2000년 6.15남북공동선언이 채택되고 2002년 10월 제2차 북핵위기가 발생하면서 일대변화과정을 겪었다.114) 셋째, 조선민족제일주의도 체제통합 이데올로기로 활용할 때는 '주체사상으로 혁명화된 조선민족이 최고다'라는 의미이고, 전략전술상 대외적으로 활용할 때는 '민족이 제일 우선한다'는 의미이다. 북한은 2004년 신년공동사설에서 '북한인민', '주체형의 사회주의민족'에만 국한하였던 '조선민족제일주의'를 대한민국까지 포함하는 의미로 재해석하기도 하였다.115)

---

113) 백학순(2010), p. 630.
114) 김갑식, "북한 민족주의의 전개와 발전: 민족공조론을 중심으로," 『통일문제연구』, 통권 제45호(서울: 평화문제연구소, 2006), p. 150.
115) 정영철, "북한 민족주의의 이중구조 연구," 『통일문제연구』 통권 제53호(서울: 평화

김정일이 1994년부터 '김일성민족'을 주창하기 시작했지만 수천 년의 장구한 민족사적 정통성을 간직한 한반도에 1912년에 출생한 김일성을 시조로 하는 민족의 존재는 인정할 여지가 없다. 그리고 자신의 지배하에 있는 백성들 중 수백만을 굶겨 죽이고 인권을 말살할 뿐만 아니라, 평화롭게 번영을 구가하고 있는 대한민국 수천만 국민들에게 수시로 가공할 파괴 위협을 일삼는 유일독재 세습정권에게 '민족애(民族愛)'는 없으며, 민족의 가면을 쓴 민족주의, 즉 '민족'과 '민족주의' 구호가 있을 뿐이다. 동족을 파멸로 몰고 가려 하고 다수 민족구성원의 번영과 행복을 무시하고 파괴하는 민족주의, 김일성민족주의는 진정한 의미의 민족주의라고 할 수 없다. 김일성·김정일은 '참다운 민족주의' '진정한 민족주의' 구호를 제시하기는 했지만 그것은 민족의 이익을 우선하는 민족주의가 아니라 자신들에게 충성을 요구하는 국가주의, 애국주의의 다른 표현에 불과하다.

그러면 북한 내에서 민족과 민족주의 논리가 이중적인 구조와 기만성을 갖고도 유지되는 원인은 어디에 있을까? 그 원인은 정권담당자들에 의한 무자비한 폭압통치와 주민들의 시민적 민족주의 무경험 때문이다. 북한에는 국가적민족주의에 기초한 민족주의 구호만 있을 뿐 근대적 의미의 시민적 민족주의가 없다. 북한지역을 지배한 권력은 이씨조선의 왕조권력 → 일제식민지 권력 → 김일성 일가의 절대군주적 독재 권력으로 변화해 왔다. 김일성일가 독재권력의 바탕에는 김일성민족주의가 자리하고 있으며, 김일성민족주의는 주체사상과 유일사상체계확립 10대 원칙이 뒷받침하고 있다. 이상을 종합적으로 다시 정리하면 김일성민족주의는 ① 김일성주의와 ② 애국주의(가면민족주의)로 구성되어 김일성일가의 권력세습을 위한 지배이데올로기로 기능하고 있고, 김일성주의는 ① 김일성혁명사상과 ② 유일사상체계확립 10대원칙으로 구성되어 있으며, 김일성 혁명사상은 ① 주체사상과 ② 주체의 혁명이론 ③ 주체의 영도방법으로 구성되어 있다.

---

문제연구소, 2010), p. 31.

### 3. 김일성민족주의 본질: '민족주의로 위장한 애국주의'

김일성민족주의의 본질은 '가면민족주의'이다. 가면민족주의는 민족주의로 위장한 애국주의를 말한다. 앞장에서 상세히 설명한 것처럼 김일성은 정권수립 초기에는 국제공산주의 관점에서 민족주의를 부정하였다. 민족주의를 부정해오던 김일성이 나중에는 왜 민족주의를 인정하는 듯한 태도를 가지게 되었는지 그 이유를 알 수 있는 자료가 있다. 김일성의 회고록으로 알려진 『세기와 더불어』 제1권 '차광수가 찾은 길'에는 다음과 같은 구절이 있다.

김일성은 일제시기인 1930년대부터 중국 연변에서 항일운동을 함께 했던 차광수를 두 번째 만났을 때 "우리는 부르주아민족주의는 반대하고 경계하지만 참다운 민족주의에 대해서는 지지하고 환영한다. 왜냐하면 참다운 민족주의의 기초를 이루는 사상감정이 애국에 바탕을 두고 있기 때문이다. 애국심은 공산주의자들과 민족주의자들이 다같이 소유하고 있는 공통적인 사상감정이며 공산주의자들과 민족주의자들이 민족을 위한 하나의 궤도에서 서로 화합하고 단결하고 협력할 수 있게 하는 최대공약수이다. 애국애족은 공산주의를 참다운 민족주의와 련결시켜 주는 대동맥이며 참다운 민족주의를 련공의 길로 이끌어 주는 원동력이다. 단일민족국가인 우리나라에 있어서 진정한 민족주의가 곧 애국주의로 된다는 것은 움직일 수 없는 하나의 원리이다. 이런 원리로부터 출발하여 나는 애국적인 진정한 민족주의자들과의 단결과 협력을 언제나 중시하였고, 그것을 우리 혁명승리의 확고한 담보로 보았다"라고 설명한다. 다시 말해, 일반적으로 민족주의자들은 국가적 감성보다 민족적 감성이 많기 때문에 자기편에 세울 수 있는 민족주의자라면 이들의 애족심을 혁명사업에 활용하기 위해 손을 잡아야 한다는 설명인 것이다.

1960년대 후반 김일성에 대한 개인숭배를 강화하면서 민족문화와 역사에 대한 억압정책을 펴오다 1980년대 중반 이후 김정일후계체제가 공고화되면서 민족문화를 강조하기 시작한 북한의 민족주의 강조는 2000년 6.15공동선언에 '우리민족끼리' 개념이 삽입되면서 대남전략전술에 적극적 선동수단으로 활용되었다. 그로 인해 대한민국 내에도 소위 '종북세력' 내지는 '김일성민족주의 동조세력', 즉 북한 김일성일가정권의 선전선동에 동조하는 세력들이 많이 등장했다. 북한정권의 입장에서 보면 이들은 김일성일가정권 유지에 유리한 '우호세력'이고, 반미투쟁과 대남전략전술 수행을 위한 통일전선체의 구성원으로서 후원세력이라고 할 수 있다.

김정일정권은 대한민국 내 '동조세력'을 활용하기 위해 "우리는 하나다" 등의 구호를 앞세워 민족감성을 자극했다. 그들이 필요했던 것은 한민족 전체의 공동번영을 위한 민족주의가 아니라 북한정권의 입장을 지지하고 성원해 줄 동조세력이었다. 그것은 김정일이 1986년 7월 15일 '주체사상교양에서 제기되는 몇 가지 문제에 대하여-조선노동당 중앙위원회 책임일군들과 한 담화'에서 "우리 공산주의자들이 민족주의자로 될 수는 없습니다. 공산주의자들은 참다운 애국주의자인 동시에 참다운 국제주의자입니다"라고 한 발언이 잘 설명해준다.

북한은 2005년 9월 13일 평양 인민문화궁전에서 김정일의 논문 '민족주의에 대한 올바른 이해를 가질데 대하여'116)를 주제로 중앙연구토론회를 개최하고, 그동안 논란이 되어온 '민족주의와 공산주의, 국제주의와의 모순'은 없다는 주장을 확산시키려고 했다. 이는 역설적으로 이전까지는 공산주의를 내세우면서 다른 한편으로 민족주의를 내세우는 것이 얼마나 곤혹스러운 일이었는가를 단적으로 설명해주는 사례라고 볼 수 있다.

예를 들면, 김정일은 논문에서 "위대한 수령님께서는 역사상 처음으로 민족주의에 대하여 올바른 해명을 주시였으며 나라와 민족의 운명을 개척하는 혁명실천에서 공산주의와 민족주의, 공산주의자와 민족주의자의 관계를 빛나게 해설하시였습니다. (중략) 영생불멸의 주체사상을 창시하시고 그에 기초하여 주체의 민족관을 정립하시였으며 민족주의의 본질과 진보성을 과학

---

116) 김정일이 2002년 2월 당 중앙위원회 책임일꾼들과 한 담화를 정리한 논문을 말한다.

적으로 밝히시였습니다. 수령님께서는 계급성과 민족성, 사회주의와 민족의 운명을 가장 올바르게 결합시키시여 공산주의자들과 민족주의자들의 련합을 실현하시고 우리나라 사회주의의 계급적 지반과 민족적 지반을 튼튼히 다지시였으며 민족주의자들을 사회주의건설과 조국통일의 한길로 이끌어주시었습니다. 위대한 수령님의 한없이 넓은 도량과 고매한 인품에 이끌려 수많은 민족주의자들이 떳떳하지 못한 과거와 결별하고 민족적 단합과 조국통일을 위한 애국의 길에 나섰습니다. 한생을 반공으로 살아온 김구도 인생말년에 련공으로 인생전환을 하여 애국의 길에 나섰고 최덕신과 같은 민족주의자도 수령님의 품에 안겨 애국자로서의 삶을 빛내일 수 있었습니다. 위대한 수령님은 가장 견결한 공산주의자이시면서 절세의 애국자, 진정한 민족주의자이시였으며 국제주의자의 귀감이시였습니다"라고 주장하고 있다.

또한 토론자로 나선 김일성종합대학 부총장 조철은 김정일의 논문을 '민족주의에 대한 전면적이고 완벽한 해답을 준 불후의 고전적 노작'이라고 평가하고, 사회과학원 부원장 김정영은 "김정일이 참다운 민족주의와 공산주의, 국제주의는 배치되지 않는다는 독창적인 사상을 내놨다"고 강조했으며, 조국통일연구원장 리종혁은 "장군님(김정일)께서 민족주의는 국제주의와 모순되지 않으며 민족주의가 국제주의에 전적으로 부합된다는 것을 명백히 밝혀줌으로써 우리 민족은 반통일 세력들의 외세와의 공조책동을 단호히 짓부셔 나갈 수 있는 위력한 사상이론적 무기를 가지게 됐다"고 설명한 것117)도 그 한 예이다.

김일성·김정일이 주장한 '참다운 민족주의' 또는 '진정한 민족주의'는 '주체의 민족관'을 가진 김일성민족주의, 계급성과 민족성을 결합한 프롤레타리아 민족주의를 말하는 것으로, 이는 곧 '김일성국가'에 대한 애국주의, 국가주의를 의미하는 것이다. 김일성주의자가 민족주의 구호를 내세울 때 민족주의는 김일성국가, 즉 북한을 중심으로 한 애국주의를 의미하는 것이고,

---

117) "북, 민족주의에 관한 김정일 논문 토론회,"『통일뉴스』, 2005년 9월 14일자.

김일성일가 세습정권에 대한 충성을 요구하는 것이다.

왜 참다운 민족주의, 진정한 민족주의를 내세우는가? 김일성, 김정일은 그렇게 함으로써 국제주의자 또는 공산주의자라는 개념과 민족주의자라는 개념사이의 모순을 피할 수 있고 주민들에게 충성을 강요할 수 있기 때문이다. 김일성·김정일이 국제주의자 또는 공산주의자이면서 민족주의자라는 주장을 가능하게 하는 것이다. 이처럼 김일성·김정일이 말하는 '진정한 민족주의', '참다운 민족주의'는 보통사람들이 갖고 있는 민족주의 감성—즉, 각 개인이 자신과 동일시 할 수 있는 민족정체성—을 혁명역량 결집과 충성 강요에 활용하기 위해 사용한 애국주의, 김일성일가 세습정권을 위한 국가주의를 의미하는 것이다. 그들이 전략전술적으로 어휘를 사용할 때는 통상 '민족'이나 '민족주의'라는 단어만 사용하여 우리가 인식하고 있는 민족주의와 동일한 것으로 느끼게 만드는 '가면(假面)민족주의'인 것이다.

이러한 가면민족주의는 김정은시대에 들어서서 '진정한 민족주의' 또는 '참다운 민족주의'로부터 '김정일애국주의'라는 표현으로 바뀌었다. 김정은은 2012년 7월 26일 당 간부들과 한 담화[118])에서 김정일애국주의를 '사회주의적 애국주의의 최고 정화'라고 규정하고, "누구나 김정일의 숭고한 애국애족의 이념을 받들어 조국을 통일하기 위한 정의의 투쟁에 과감히 떨쳐나서야 한다"고 주장했다. 김일성민족주의 구호의 새로운 형태로 '김정일애국주의'가 등장한 것이다. 김정은은 "부강조국 건설을 위해 김정일이 몸소 실천한 애국주의를 따라 배워야 한다"고 주장하면서 주민들에게 실천적 충성을 요구하고 있다. 그는 이 담화에서 "김정일은 조국과 인민에 대한 사랑으로 조국의 부강번영과 인민의 행복을 위해 희생적인 헌신을 했다"고 강변하면서 김정일애국주의는 일반적인 애국주의가 아니라 '숭고한 조국관에 기초한 참다운 애국주의'라고 주장한다. 그러면서 "우리 인민에게 있어서 조국은 곧

---

118) "김정은 제1위원장 '김정일애국주의' 관련 담화 발표," 『통일뉴스』, 2012년 8월 3일자: http://www.tongilnews.com/news/articleView.html?idxno=99363(검색일: 2013.12.16).

수령이고 조국의 품은 수령의 품이며, 조국은 단순히 태를 묻고 나서 자란 고향산천이 아니라 수령에 의해서만 마련되는 곳이다", "조국과 인민의 운명은 수령과 떼어놓고 생각할 수 없으며 수령에 의해서만 조국과 인민의 운명이 지켜지고 담보된다. 그렇기 때문에 조국을 위해 헌신하는 것이 곧 수령에게 충실하는 것이고, 수령에 대한 충실성은 곧 애국심의 발현으로 애국주의의 최고 표현으로 된다"고 선동하고 있다. 수령이 국가와 인민의 운명을 움켜쥐고 있으므로 알아서 애국하고 충성하라는 협박과 다름없다. 김정일애국주의는 애국주의를 가장한 김일성민족주의의 또 다른 형태라고 할 수 있다. 2013년 1월 1일 김정은의 신년사에서도 '김정일애국주의'가 특별히 강조되었다.

집단주의와 애국주의를 강조하는 북한에서 애국의 대상은 무엇인가? 애국의 대상은 '김일성국가'이고 '김일성일가정권'이다. 북한은 그들의 헌법에 표현되어 있는 것처럼 실질적인 면에서도 김일성국가로, 그 구성원은 김일성민족으로 변환되었다. 북한에서의 민족주의는 김일성민족주의를 의미하는 것이다. 이것은 앞에서 살펴본 것처럼 북한체제를 이끌어 온 김일성일가 지배세력의 주장에 의해 설명된다. 이에 따라 북한지배세력은 김일성일가 군주체제 구축을 위한 소위 '혁명활동'에 기여하는 사람을 민족주의자로, 협력을 거부하는 사람을 민족반역자로 부른다.

북한에서 우리나라의 독립운동가 김구, 전(前) 대통령 김대중·노무현이 민족주의자로 불리는 것은 김일성·김정일과 호응하여 협상에 나섰기 때문이며, 월북한 최홍희, 오익제 등이나 자본주의자 정주영, 통일교 창시자 문선명 등이 민족의 화해와 협력에 기여한 민족주의자로 불리는 것도 김일성민족주의의 입장에서 보면 자신들에게 적극 협력한 애국주의자들로 간주하기 때문이다. 종교를 마약과 같은 것이라고 탄압하는 북한이 미국 시민권자이자 기독교 목사인 김진경을 민족주의자라고 부르며 '명예 평양시민증'을 내주는 것이나 목사 문익환, 한상렬을 민족주의자로 부르는 것도 김일성민족주의체제에 애국한 공로를 인정했기 때문이다.

〈표 6〉 김일성민족주의 주장과 본질 비판

| 김일성일가정권의 주장 | 본질 비판 |
|---|---|
| • 부르주아민족주의는 반대하고 경계, 참다운 민족주의는 지지하고 환영<br>• 참다운 민족주의 기초적 사상감정은 애국에 바탕. 애국심은 공산주의와 민족주의의 최대 공약수<br>• 애국애족은 공산주의를 참다운 민족주의와 연결시켜 주는 대동맥, 참다운 민족주의를 연공의 길로 이끌어 주는 원동력<br>• 진정한 민족주의가 곧 애국주의로 된다는 것은 움직일 수 없는 하나의 원리<br>• 애국적인 진정한 민족주의자들과의 단결과 협력을 언제나 중시, 그것을 혁명승리의 확고한 담보로 간주<br>• 애국심은 공산주의자와 민족주의자들이 다 같이 소유하고 있는 공통적인 사상감정 | • 2000년 이후 '우리민족끼리' 개념을 통일전선전술 수단으로 활용, 국내 종북세력과 동조세력 확산<br>• 민족감성을 혁명역량 결집과 충성강요에 활용하기 위한 이데올로기<br>• 김일성일가 세습정권(봉건적 군주제)을 위한 국가주의<br>• '민족'이나 '민족주의'라는 구호 사용, 우리의 시민민족주의와 같은 것으로 혼동시키는 가면민족주의<br>• 김정일애국주의(참다운 애국주의자인 동시에 참다운 국제주의자)로 진화<br>• 북한정권 기여자를 민족주의자, 반대자를 민족반역자 취급 |

반대로 김일성일가 지배세력은 정권유지에 역행하면 가차없이 민족반역자로 부르며 테러도 서슴지 않을 것임을 공개적으로 위협한다. 북한에서 주체사상체계 확립에 기여했던 황장엽이 1997년 한국으로 귀순하자 그를 '민족반역자', '만고역적', '황구(黃狗)'로 부르며 테러위협을 했으며, 한국의 보수정권과 보수세력을 반민족세력이라고 부르면서 공격하고, 미국과 관계개선을 끈질기게 요구하면서도 '민족의 철천지원수'로 부르는 것 등이 그 예이다.

북한에서의 민족주의는 세계화시대에 함께 할 수 있는 열린 민족주의가 아니라 폐쇄적 민속주의 가면을 쓴 김일성주의다. 김일성은 사회주의구호를 내세워 정권을 수립하였지만 3대에 걸친 세습정권은 공산사회주의 정권도 아니고 민족주의 정권도 아닌 봉건적 군주제로 변한 가면민족주의 정권이다. 국민들이 굶어 죽도록 방치하고 억압하는 정권의 이익을 위해 봉사하는 민족주의는 진정한 민족주의라고 할 수 없다.

김일성민족주의가 민족주의 가면을 쓴 김일성주의라는 근거는 김일성 · 김정일 · 김정은이 주장한 민족주의가 어떤 것인가를 살펴보면 확인이 가능하다. 김일성·김정일은 민족주의를 부정하면서도 '민족' 또는 '민족주의'라는 표현을 자주 동원하고 민족적 감성을 체제강화와 대남 정치전략에 활용했다.

> 김정일애국주의: 애국주의로 위장한 김일성민족주의

> 진정한 민족주의·참다운 민족주의 등의 구호를 내세워 애국주의·국가주의를 민족주의로 위장, 충성강요

〈그림 6〉 가면(假面)민족주의 정체

그들은 민족적 감성을 활용하여 정권에 대한 충성을 요구하면서 참다운 민족주의, 진정한 민족주의를 주창하다가 '김정일애국주의'를 주장하기 시작했다. 민족주의는 때때로 국가주의, 애국주의라는 말과도 혼용된다. 민족주의자가 아닌 사람이 민족주의 구호를 내세울 때 그 민족주의는 국가주의 또는 애국주의를 의미하는 것이고 정권에 대한 충성을 요구하는 것이다. 오늘날 김일성민족주의는 대남전략 차원에서는 '우리민족끼리'로, 대내적으로는 '김정일애국주의'로 변형되어 나타나고 있다. 북한의 민족주의적 주장을 대할 때 이와 같은 점을 올바로 인식하고 대응해야 한다. 북한정권이 요구하는 '민족공조' 문제도 이런 관점에서 생각해야 한다. 진정한 민족공조는 소수 북한 권력자의 부당한 이익에 부합하는 공조가 아니라 북한 내 다수인 우리 동포들의 공정한 이익과 부합되도록 공조하는 것이기 때문이다.

## 제2절  김일성민족주의체제의 성격

### 1. 북한체제 성격에 관한 이론

북한은 헌법과 당 규약에 '사회주의국가 건설'을 국가 목적으로 제시하고 있으나, 사회주의국가론만으로는 충분히 설명할 수 없는 체제적 특성을 보이고 있다. 건국초기부터 지금까지 사회주의국가를 표방하고 있기는 하지만, 북한정권이 공산사회주의 이상 실현을 위해 존속되어 온 것이 아니라 김일성일가의 세습정권 유지를 위해 사회주의를 가장하여 끊임없이 체제의 본질 변화를 추구해왔기 때문이다. 전문가들이 '조선민주주의인민공화국'이라는 하나의 국가체제를 두고 여러 가지로 설명을 시도하게 된 이유이다. 학자들은 북한체제의 특성에 대해 분석기준에 따라 당-국가체제·전체주의체제·조합주의체제·술탄체제·국가사회주의체제·수령국가체제·군사국가체제(선군정치체제)·신정체제·극장국가체제 등으로 다양하게 규정하고 있다.

우선 현대 공산주의, 즉 과학적 사회주의 창시자인 마르크스를 비롯한 마르크스주의자들의 국가체제론은 어떠한가? 마르크스주의자들은 국가체제에 대해 원시공동체내에서 개인 노동이 장려되고 사적 소유가 인정되어 생존경쟁이 격화된 결과 부자가 가난한 자를 예속시키는 계급적 지배관계가 발생하였으며, 이런 관계를 유지하기 위한 폭력조직으로서 출현한 것이 국가라고 설명한다. 마르크스는 '사적유물론'과 '잉여가치론'을 정립하여 '과학적 사회주의'를 창시하고, 이 이론체계에 입각하여 노동계급이 사회주의국가 건설을 위한 혁명의 유일한 주체세력이라고 믿었으며, 노동계급의 혁명적 투쟁을 통해 계급이 없는 이상사회를 건설할 수 있다고 주장했다. 마르크스는 계급이기주의가 없는 완전히 평등한 민수사회를 건설하기 위해서는 성제적으로 모든 것을 다 빼앗기고 아무것도 가진 것이 없는 무산계급이 독재를 해야 한다고 보았다. 마르크스는 "사회에서 인민은 계급으로 분열되어 있어 계급에 속하지 않은 인민은 없으므로 실제로 존재하는 것은 인민이 아니라 계급"이라고 주장했다.

　이런 사상은 결국 인민의 정권, 인민의 이익이란 있을 수 없으며 오직 계급 정권, 계급이익만 있을 뿐이라는 사상이다. 마르크스주의자들은 무산계급의 단결이 투쟁에 있어서 백전백승의 무기이며, 폭력혁명투쟁은 최고지상의 도덕이라고 주장한다. 그러므로 공산당원들은 계급적 단결을 보장하는 당 조직을 자기의 생명보다 더 귀중하게 여기고 존엄한 것으로 대하며, 계급의 이익, 당의 이익을 수호하기 위하여 헌신적으로 투쟁하는 것을 최고의 양심으로 간직할 의무를 지니게 된다고 생각하게 되었다. 소련의 스탈린 시대에 이르러서 공산당은 '프롤레타리아 계급조직의 최고형태'라고 규정되고, 당이 국가를 완전히 지배하는 당-국가 체제 개념이 확립되었다.[119)]

　다음으로 전체주의체제론은 강력한 국가권력이 국민생활을 간섭·통제하는 사상 및 그 체제를 말하는 것으로 이 용어가 일반적으로 쓰이기 시작한 것은 1930년대 후반부터다. 당초에는 이탈리아의 파시즘, 독일의 나치즘, 일본의 군국주의(軍國主義) 등을 가리키는 말로 사용되다가 제2차 세계대전 이후의 냉전체제하에서 공산주의를 지칭하게 되어 반(反)공산주의 슬로건으로 전용되기 시작하였다.

　전체주의체제의 특징을 규명하려는 연구는 프리드리히(Friedrich)와 브레진스키(Brzezinski)의 연구가 대표적이다. 그들은 전체주의 독재체제가 갖는 특징으로 6가지를 들고 있는데 ① 공식 이론체계로 구성된 정교한 이데올로기를 갖고 있으며, 이 이데올로기는 인류의 완벽한 최종상태에 초점을 맞추거나 이상적 형태를 투사하는 특징을 갖고 있다. ② 독재자 한 사람이 영도하는 단일 대중 정당을 가진다. ③ 당과 비밀경찰의 통제를 통해 효력을 발휘하는 물리적 또는 심리적 테러체계를 가지고 있다. ④ 신문, 라디오, 영화와 같은 일체의 유효한 대중전달 수단은 당과 정부의 수중에 장악된다. ⑤ 독재자는 모든 전투에 사용되는 일체의 유효한 무기를 독점한다. ⑥ 전체 경제

---

119) 황장엽(2009a), pp. 231~252에서 발췌 인용.

를 중앙에서 통제·지휘하는 체제가 있다는 것 등이다.[120]

한편 맥코맥(G. McCormack)은 북한체제를 ① 공식 교의의 철저한 주입을 통한 자발적 성장공간 박탈, ② 철저한 감시와 테러, ③ 국가의식을 통한 대중동원 등 세 가지 요소가 혼합된 전형적인 전체주의국가로 본다.[121] 이때 그가 말하는 전체주의국가의 모습은 전통적인 전체주의론과는 달리 기든스(A. Giddens)가 규정한 신전체주의 국가이다.[122] 신전체주의 국가는 ① 거의 모든 국민의 일상을 지배하는 철저한 감시, ② 도덕 전체주의 ③ 테러행위 ④ 대중의 지지를 받는 뛰어난 지도자로 특징지어지는 지배형태인데, 결국 이런 신전체주의 국가는 필연적으로 붕괴한다고 본다.

셋째로 북한에 대해 스탈린식 사회주의를 모방했으면서도 문화적 특징인 위계질서와 상급자 또는 연장자에 대한 복종의 가부장제적 관습이 결합된 사회체제로 인식하는 조합주의체제론이 있다. 조합주의체제론을 주장한 대표적인 학자는 커밍스(B. Cumings)다. 커밍스가 제시한 '조합주의적 사회주의 체제' 모델은 지배의 억압적 측면을 강조하는 전체주의 모델과 달리 '체제와 지도자에 대한 인민의 자발적 지지'를 중요시 한다. 그는 사회주의의 일반적 사례에 견주어 보면 북한은 독특한 사회주의를 개척해왔다고 전제하면서 북한체제의 조합주의적 특성을 보여주는 요소들을 제시한다. 즉, 지도자('대가정'의 우두머리), 당(통치자와 피치자를 연결하는 어머니 당), 사상(주체사상), 가족(사회의 핵심단위), 혁명(지도자의 전기), 안내자(가족 세습), 집단(사회조직), 세계(지도자 중심 국가주의)가 상호 연결된 유기체가 북한체제의 특징이라는 것이다. 커밍스는 북한의 국가체제와 권력 조직을 혈연적 조합주의의 성격으로 분석할 수 있다고 보고 있다. 북한체제는 김일성일

---

120) Carl J. Friedrich & Zbigniew K. Brzezinski, *Totalitarian Dictatorship and Autocracy*, 2nd ed., New York: Frederick A. Preager, 1965. p. 3.
121) Gavan McCormak, "Kim Country: Hard Times in North Korea," *New Left Review*, No. 198, 1993, p. 46.
122) 기든스, 진덕규 옮김,『민족국가와 폭력』(서울: 삼지원, 1991), pp. 348~349.

가를 권력핵심으로 하여 가족, 조선노동당과 빨치산혁명동지, 관료, 지식인과 전문인, 사무원, 프롤레타리아트, 농민이 하향식 위계질서 아래 조합주의 성격이 강한 사회구성체를 형성하고 있다고 보는 것이다. 북한은 계급에 기초한 사회로 구성되어 있으며, 인민이 함께 하는 조합주의적 방식의 사회를 형성하고 있다는 것이다.[123]

넷째, 북한체제를 비교사회주의적 맥락에서 분석한 후 스탈린식 전체주의 모델과 루마니아 차우셰스쿠식 술탄모델의 조합으로 보는 술탄체제론이 있는데, 이 이론을 대표하는 학자는 최완규다.[124] 최완규는 "북한체제의 특징적 요소로 제기된 지도자국가 현상, 대중의 지지, 집단주의 현상 등은 전체주의 국가체제 일반에서 볼 수 있다는 점에서 북한은 스탈린식 전체주의 모델이다. 아울러 베버(Weber)의 술탄체제(Sultanistic regimes)적 형태, 즉 권력세습체제를 갖췄다. 세습국가는 통치자 개인 또는 그의 가족의 권위에서 연유하는 고도로 집중화된 권력으로 특징화할 수 있다. 이 체제하에서는 사적인 것과 공적인 것이 혼용되며, 법과 제도보다는 개인 및 그 일족 중심의 지배와 지도자 개인에 대해 자의적인 상징조작을 통한 극단적 칭송이 보편화된다. 북한체제는 특정 시점이나 부문에서는 '북한적 특수성'이라고 부를 수 있는 현상도 있으나, 이런 현상은 스탈린식 전체주의나 술탄체제라는 보다 일반적인 비교사회주의 체제의 맥락 속에 포함할 수 있는 특수성일 뿐 별도의 체제구분을 할 수 있는 배타적 특성은 아니다. 따라서 북한체제가 갖고 있는 보다 보편적 현상은 스탈린식 전체주의 체제와 술탄체제의 조합으로 설명이 가능하다"고 주장한다.[125]

---

123) 브루스 커밍스, "북한의 조합주의," 김동춘 엮음, 『한국현대사 연구 Ⅰ』(서울: 이성과 현실사, 1988), pp. 342~343.
124) 최완규, "북한 국가성격의 이론과 쟁점: 비교사회주의적 관점," 최완규 엮음, 『북한의 국가성격 변용에 관한 연구: '예외국가'의 공고화』(서울: 한울, 2001), pp. 11~40.
125) 전현준, "북한의 정치: 정치체제의 특성에 관한 일 고찰," 『북한체제의 현주소』학술회의 총서 02-02(서울: 통일연구원, 2002), p. 54.

다섯째, 와다 하루키(和田春樹)가 주장한 국가사회주의체제론, 일명 유격대 국가론이 있다. 국가사회주의체제란 소련형 사회주의국가건설 모델이 전세계 사회주의 국가들의 일반적 형태가 된 것으로, 공산당·국가·사회단체가 일체화되어 정치와 경제 일체를 일원적으로 관리하는 체제를 말한다. 그는 북한에서 일어난 권력투쟁의 결과 김일성을 중심으로 한 만주파가 1961년경에 국가사회주의체제를 완성하였고, 그 바탕위에 김일성이 유일한 최고사령관이 되고 인민전체가 만주파화 곧 유격대원화 되었다고 본다. 유격대국가론의 대표적 특징은 가족국가관으로서, 1980년대 들어와서 수령=아버지, 당=어머니, 대중=자식이라는 인식을 주민들에게 주입하여 확산하고, '일심단결·대가정(大家庭)·충효'를 강조하는 전통적 국가관과 결합했다. 그는 김일성의 항일무장투쟁을 적극적으로 인정하지만 '역사기술의 신화화'와 '유격대체제의 비민주성'을 비판하고 있다. 김일성시대를 유격대국가, 김정일시대를 정규군국가라고 규정했던[126] 와다는 최근 국내 한 인터넷 언론 기자와의 인터뷰에서 유격대국가·정규군국가는 끝났으며, 김정은정권의 출범에 따라 당-국가체제로 돌아가는 과정에 있다고 주장한 바 있다.[127] 정규군국가론의 연장선상에 군사국가론이 있는데 서대숙,[128] 류길재,[129] 이대근,[130] 김용현[131] 등이 대표적인 주장자들이다. 이들은 군국주의국가 군인들이 과도하게 정치적 영향력을 행사하는 것과 같은 정치현상을

---

126) 와다 하루키, 서동만·남기정 옮김, 『북조선』(서울: 돌베개, 2002), pp. 306~322.
127) "북한, 김정은 절대통치의 시기는 끝났다," 프레시안, 2013년 4월 3일자: http://www.pressian.com/article/article.asp?article_num=10130213180055(검색일: 2013.4.2).
128) 서대숙, 『현대 북한의 지도자: 김일성과 김정일』(서울: 을유문화사, 2000).
129) 류길재, "'예외국가'의 제도화: 군사국가화 경향과 군의 역할 확대," 최완규 엮음, 『북한의 국가성격 변용에 관한 연구』(서울: 한울아카데미, 2001).
130) 이대근, "조선인민군의 정치적 역할과 한계-김정일 시대의 당·군 관계를 중심으로-"(고려대학교 대학원 박사학위논문, 2000년 12월).
131) 김용현, "북한의 군사국가화에 관한 연구-1950~60년대를 중심으로"(동국대학교 대학원 박사학위논문, 2001년 12월).

뛰어넘어 북한에서는 군인들이 아예 정치를 이끌어 갈 수 있도록 제도화되었다고 주장한다.

여섯째, 정치권력현상과 인물을 중심으로 북한체제의 성격을 규정한 수령제국가론이 있다. 일본의 스즈키 마사유키(鐸木昌之)가 수령제 개념을 동원하여 현상적인 측면을 명료하게 정의하였고, 국내에서는 이종석이 이 이론을 약간 변용하여 유일체제론으로 발전시켰다. 이와 유사한 주장으로 황장엽의 수령 절대주의 독재체제론도 있다. 스즈키는 북한을 '소련형의 당-국가시스템 위에 수령을 올려놓은 체제'와 '수령의 영도를 대를 이어 계속적으로 실현하는 것을 목적으로 하는 체제'로 규정했는데, 전자는 수령에게 권력이 집중되는 현상에 주목한 것이고 후자는 권력세습을 주목한 것이다.[132] 수령제는 스즈키도 인정한 것처럼 유격대국가체제와 유사하다.[133]

이종석은 정치구조와 문화·이데올로기적 특성에 주목하고 북한사회를 완전히 통제 장악하고 있는 유일지도체계에 근거하여 유일체제론을 주장했다. 유일지도체계는 북한사회 조직운용의 기본구조를 이루고 있는 것으로서 권력이 한 사람의 권력자에게 집중되어 있을 뿐만 아니라 최고지도자인 수령을 중심으로 전체사회가 하나의 틀로 편재되어 있으며, 이를 뒷받침하는 이론적 체계(수령론, 후계자론, 사회정치적 생명체론)까지 갖추고 있는 지도체계를 말한다.[134]

황장엽은 정권의 본질적 특징을 중심으로 북한체제를 수령절대주의 독재체제라고 규정하고, 수령절대주의는 스탈린식 무산계급독재에 봉건가부장적 전제주의를 접목한 것이라고 주장한다. "원래 마르크스주의자들은 공산당이 무산계급의 가장 선진부대이기 때문에 독재를 실시할 수 있다고 인정

---

132) 김연철, "북한현대사연구의 쟁점과 과제," 역사문제연구소편, 『한국의 '근대'와 '근대성' 비판』(서울: 역사비평사, 1996), p. 181.
133) 스즈키 마사유키, 유영구 옮김, 『金正日과 수령제 사회주의』(서울: 中央日報社, 1994), pp. 82~93.
134) 이종석(2000), pp. 120~121.

했고, 스탈린은 공산당 내에서 가장 탁월한 공산당원이 수령이므로 수령이 무산계급과 공산당의 이익을 대표하여 독재를 실시할 수 있다고 주장했던 것인데, 북한은 1960년대 중엽부터 스탈린식 수령독재론을 수령절대주의 독재론으로 전환시켰다"고 주장했다. "김정일은 '수령이 노동계급과 공산당을 대표하여 독재'를 하는 것이 아니라, 수령을 출발점으로 하여 공산당과 노동계급의 독재가 성립된다고 주장하였다"고 한다. 김일성과 김정일은 다 같이 수령 개인독재를 실시했지만 양자 사이에는 큰 차이가 있다면서, 김일성은 "혁명과 건설의 주인은 인민대중이며 혁명과 건설을 추동할 수 있는 힘도 인민대중에게 있다"고 했지만, 김정일은 혁명의 주인을 수령으로 인정하고 "수령에 대한 충실성은 당성, 노동계급성, 인민성의 최고 표현이다"라고 하면서 "인민은 수령에게 충성과 효성을 다할 의무만 지니게 된다고 강조했다"고 주장한다.135)

일곱째, 북한을 신정체제로 보는 학자들이 있는데 이상우와 김병로가 대표적이다. 이상우는 다음과 같이 설명한다. "북한체제는 근대적 전체주의 전제체제보다는 지배자의 신성(神性)에서 지배의 정통성을 찾는 동양적 전제군주제에 가깝다. 통치권위를 조직이나 직이 아닌 자연인의 신성에서 찾게 되면 그 정치체제는 이미 '신정체제'로 된다. 보통사람은 그 누구도 그 신성을 나누어 가질 수 없으므로 지배자의 지위를 승계할 수 없으며, 오직 그 신성의 권위를 빌어 신성을 대표하는 사람이 위임한 사람만이 통치권을 행사할 수 있을 뿐이다. 김정일도 권력을 승계 받았으나 오직 김일성의 권위로만 통치했다. 새로운 당수나 당 간부는 오직 김일성교의 사제직을 수행할 뿐이다. 북한은 김일성을 신격화하였고, 김일성주의 경전을 갖추었으며, 노동당이라는 사제단을 가진 완전한 종교단체로 되었다. 북한은 단순한 전체주의 사회가 아니다. 공산주의 국가도 아니다. 이제 '김일성교'라는 특이한 유일신을 가진 종교국가로 되었다. 북한사회의 이러한 종교국가적 특성을 이해

---

135) 황장엽, 『변증법과 변증법적 전략전술』(서울: 시대정신, 2009), pp. 240~241.

하지 않으면 오늘날 북한사회를 이해하기 어렵다"고 한다.136)

김병로는 다음과 같이 주장한다. "북한사회는 주체사상의 교리와 상징체계, 각종 집회와 모임, 행위규범과 윤리생활에 있어서 기독교인의 신앙생활 유형과 매우 유사하다. 기독교 신앙의 숭배대상인 하나님 혹은 예수와 북한의 공산주의 혹은 김일성·김정일과는 본질적으로 같을 수 없지만, 종교의 형식을 구성하는 초월적 신앙의 대상이라는 점에서는 결코 다르지 않다. 신앙의 대상을 절대화하기 위한 십계명과 '유일사상체계 확립 10대원칙'에 나타난 유일성과 배타성은 기독교와 주체사상이 유사하다는 사실에 설득력을 더해준다. 인간을 자연과 구별된 존재로 파악하고 세계 속에서 인간의 중요성과 존엄성을 강조하는 인간론, 신앙의 대상과 신자들 사이의 관계를 연결시켜주는 매개고리로서의 예수와 수령 존재의 필연성, 인간의 삶과 죽음의 문제를 해결해주는 구원과 영생의 개념, 교회공동체와 사회정치적 생명체, 사탄이나 제국주의 세력이 궁극적으로 멸망하고 낙원 혹은 공산주의 사회가 도래할 것이라는 종말론적 신앙은 교리와 신념체계에서 주체사상과 기독교가 높은 종교적 친화력을 지니고 있음을 드러낸다. 사상교육과 조직생활을 밀접하게 연결시키고 있는 북한은 사회전체가 하나의 거대한 종교집단이라고 할 수 있다."137)

여덟째, 북한체제를 왕조국가체제로 보는 견해가 있는데 대표적 주장자는 박형중이다. 그는 스테판(Stepan)과 린쯔(Linz)의 주장을 원용하여 북한을 "왕조적 전체주의체제"라고 규정하고 있다. 우선 "왕조주의의 핵심적 특징은 친족 및 족벌중심의 지도부 구성과 권력의 세습적 승계인데 북한체제가 이런 특징을 전형적으로 보여준다"고 주장한다. 즉, 김일성일가의 권력세습, 가족 및 족벌을 주요 핵심직위에 임용하는 극단적 경향, 협소한 엘리트층

---

136) 이상우, "서론: 김일성체제의 특질," 『북한 40년』(서울: 을유문화사, 1988), pp. 25~26.
137) 김병로, 『북한사회의 종교성: 주체사상과 기독교의 종교양식 비교』(서울: 통일연구원, 2000), pp. 199~200.

원 기반 등은 스탈린식 전체주의와는 다른 북한에 독특한 왕조적 특징이라는 것이다. 다음으로 "왕조적 전체주의에서는 공산주의사회 건설이라는 이념적 목표가 최고 지도자 개인에 대한 충성으로 바뀌고 무조건적 복종을 강조하는 방향으로 변용된다"고 한다.138)

아홉째, 최근 새롭게 부각된 극장국가론이 있다. 극장국가라는 개념은 클리포드 기어츠(Clifford Geertz)가 1979년 『네가라: 19세기 발리의 극장국가』라는 저술을 통해 "국가권력은 강제적인 힘(관료, 군대, 경찰)의 독점"이라고 정의한 베버의 논지139)에 의문을 제기하고 정치권력에 대한 개념을 다원화하기 위해 사용된 것이다. 기어츠는 "19세기 발리에서 왕의 정치적 권위가 강제적 수단에 의한 통제보다는 왕이 사회와 우주의 중심임을 주기적인 의식을 통해 과시하는 것에 기반을 두었다"고 주장한다. 와다 하루끼도 북한에 대해 유격대국가체제론을 주장하면서 북한의 정치구조에 관하여 극장국가라는 개념을 제시한 바 있다.140) 정병호와 권헌익은 2013년 발간한 『극장국가 북한』이라는 저서를 통해 유격대국가·가족국가·극장국가라는 개념을 제시하고, 이들 세 개념은 서로를 구성한다고 하면서, "극장국가 개념은 만주빨치산들의 옛 영웅주의가 현재의 삶에 늘 새로운 영광이 되는 방식을 설명하는데 도움을 준다"고 주장함으로써 북한을 현대적 극장국가체제로 보고 있다. 이들은 북한 김정일이 아리랑공연, 5대 혁명가극, 총대선물, 혁명열사릉, 국제친선전람관, 고난의 행군 서사 등을 통해 과시와 정치적 세습 예술을 성공적으로 이행했다고 보고, "현재 북한의 국가적 성격은 지도부가 선택하게 된 독특한 세습방식의 산물"이라고 주장한다. 더불어 "북한은 카리스마

---

138) 박형중, 『북한의 변화 능력과 방향, 속도와 동태』(서울: 통일연구원, 2001), pp. 43~51
139) 베버는 세 가지의 전형적 정치권력으로 '카리스마 권력,' '전통적 권력,' '합리적-관료적 권력'을 제시하고, 카라스마 권력은 결국 전통적 권력으로 되돌아가거나 합리적 관료구조의 형태로 발전하는 방식으로 다른 종류의 권력에 그 자리를 내주어야만 하는 경계과정(liminal process)으로 보았다.
140) 권헌익·정병호, 『극장국가 북한』(서울: 창비, 2013), pp. 64~65.

의 자연적 수명에 저항하여 영원한 권위를 성취하겠다는 각오로, 인위적이고 과장된 대중동원의 예술정치로 무장한 극장국가로 변모해가기 위해 스스로를 몰아쳐갔다"고 비판한다.

## 2. 민족정체성왜곡과 김일성민족주의

정체성의 사전적 의미는 '변하지 아니하는 존재의 본질을 깨닫는 성질, 또는 그 성질을 가진 독립적 존재'라고 정의되어 있다. 일반적으로 정체성이란 어떤 존재에 있어서 그 자체를 존재이게 하는 모든 것을 지칭한다. 구성주의적 관점에서는 정체성을 '동기적·행태적 성향을 창출하는 특정한 의도를 지닌 행위자의 속성'[141]이고 '자아와 타인, 집단 내부와 외부를 경계짓는 데 사용되는 일련의 공유된 속성'[142]이라고 한다. 남북한 관계에서 중요하게 고려해야 하는 정체성은 '정치적 정체성'이라고 할 수 있다. 정치적 정체성은 사회심리학에서 사용하는 사회적 정체성의 한 형태로서 일반적인 의미는 정치적 영역에서 발생하는 특정 사회적 범주에 대한 일종의 정치적 소속감으로 사용된다.[143] 문순보는 웬트(Alexander Wendt)의 네 가지 정체성 유형인 ① 개체/조직정체성, ② 유형정체성, ③ 역할정체성, ④ 집합정체성 가운데 관계의 측면에서 중요한 정체성은 역할정체성과 집합정체성이라고 한다.[144] 이와 같은 네 가지 정체성 이외에도 국가정체성, 이념정체성, 문화정체성 등과 같이 정체성의 앞에는 다른 단어를 붙여 복합명사로 사용하는 경우가 많은데, 이때 앞에 붙는 다른 단어가 전체의 범위 또는 외연과 시각을

---

141) Alexander Wendt, *Social Theory of International Politics*(Cambridge: Cambridge University Press, 1999), p. 224.
142) David L. Rousseau, *Identifying Threats and Threatening Identities: The Social Construction of Realism and Liberalism*(Stanford, California: Stanford University Press, 2006), p. 12.
143) 최영진, 『한국 지역주의와 정체성의 정치』(서울: 도서출판 오름, 1999), p. 55.
144) 문순보(2007), p. 39.

나타내고 정체성은 내포, 즉 본질적 내용을 나타내는 것이다. 따라서 민족정체성이란 '민족적 관점에서 본 집단의 본성'이라고 할 수 있다.

민족정체성을 근대 민족주의를 가능케 하는 규정요소중 하나로 간주하는 견해[145]가 있는데, 이는 인간이 본질적으로 자신과 동일시 할 수 있는 정체성의 실체를 필요로 한다는 심리학적 전제를 바탕으로 하고 있다. 즉, 어떤 생산양식이 지배하든 또는, 어떤 국가형태와 주권양식이 존재하든 개인이나 집단은 자체의 정체성을 확인해 줄 역사적 실체가 필요한 입장이라는 것이다.

민족주의의 기원에 대한 가장 중요한 학문적 진전을 이룬 것으로 평가받는 베네딕트 앤더슨(Benedict Anderson)은 "인간이 가지는 시간적 공간적 한계를 뛰어넘어 불멸의 정체성(eternal identity)을 가져다주는 새로운 공동체에 대한 기대는 하나의 유기체로서의 민족공동체 의미를 공유하게 만든다"고 한다. "조상 혹은 후손의 이해를 민족공동체의 번영과 일치시키면서 자기 헌신의 정체성을 형성하게 된다"는 것이다.[146] 북한 집권자들은 개인이나 집단의 이와 같은 정체성확인을 위한 실체적 필요성을 잘 이용하여 학자들로 하여금 김일성민족주의를 '주체의 민족이론'으로 뒷받침 하도록 하고 김일성일가의 독재적 군주체제 확립을 위해 민족정체성을 완전히 왜곡시켜 온 것이다.

북한의 민족이론인 주체의 민족이론 초기에는 "민족은 핏줄과 언어, 문화와 지역의 공통성에 기초하여 사람들의 공고한 사회생활 단위로서 역사적으로 형성된 것"으로 보았다. 민족이란 "사람들이 씨족, 종족을 단위로 하여 사

---

145) 이런 견해는 도이치(Karl W. Deutsch)가 말한 '우리의식(we-consciousness)을 가진 공동체'나 한스 콘(Hans Kohn), 에드워드 카(Edward H. Karr)가 지칭한 민족감정(national sentiment)에서 민족주의의 기원을 찾고자 하는 노력과 맥락을 같이 한다고 한다. 김동성(1995), p. 17.

146) Benedict Anderson, *Imagined Communities: Reflections on the Origin and Spread of Nationalism*(London: Verso, 1983); 베네딕트 앤더슨, 윤형숙 옮김, 『민족주의의 기원과 전파』(서울: 나남, 1991).

회생활을 하다가 오랜 역사를 거쳐 오면서 보다 복잡하고 다양한 사회적 관계를 맺게 됨으로써 핏줄과 언어, 문화와 지역의 공통성이 생기고 공고한 사회적 집단으로 결합된 것"이라는 것이다. 이 과정은 개개의 씨족, 종족집단이 단일한 민족으로 통합하는 과정이며, 그것은 정치적 중앙집권화에 의하여 정치적 통일이 이룩됨으로써 완성된다고 한다. 유럽에서는 자본주의의 대두와 함께 민족이 형성된 반면에 동아시아에서는 민족 형성이 유럽과 다른 독자적인 경로를 통하여 일찍부터 진행되었으며, 한반도에서는 이미 자본주의 이전에 민족형성의 징표들이 마련되었다고 주장한다.

민족의 형성시기를 논함에 있어 중요한 점은 공고한 집단으로서의 민족 징표가 언제 발생했느냐? 하는 것이라면서 주체의 민족이론에서 말하는 민족 형성에 관한 견해는 발전론으로서의 근대주의적 민족관이나 발생론으로서의 영속주의적 민족관과도 구별된다고 한다. 그러면서 민족을 "핏줄·언어·문화생활·지역의 공통성에 기초하여 사회역사적으로 이루어진 사람들의 공고한 집단이며, 자주성을 생명으로 하는 사람들의 운명 개척의 기본단위"라고 규정한다. 전자, 즉 핏줄·언어·문화생활·지역의 공통성에 기초해 사회역사적으로 이루어진 공고한 집단이라는 것은 민족의 발생론적 견지에서의 규정이고 후자, 즉 자주성을 생명으로 하는 사람들의 운명 개척의 기본단위라는 것은 민족의 존재근거(발전론) 견지에서의 규정이라고 하는 것이다.

사실 북한에서도 민족의 형성시기와 관련하여 민족국가 형성기인 '19세기 후반기설', '일제식민지 시기설', '고려통일 시기설' 등이 있었으나, 단군릉 발굴사업이 진행된 이후에는 '고조선성립기설'이 대표설이다. 그럼에도 불구하고 자주성이 민족의 존재근거라는 논리를 바탕으로 김일성민족을 주창하고, 자주성이 나라와 민족의 생명이기 때문에 자주성의 실현을 통일이념으로 삼아야 한다면서 한반도에서의 민족정통성은 자신들에게 있다고 주장한다.[147]

| 우리민족(한민족) |
|---|
| 단군의 후손, 단일민족, 유구한 역사와 전통, 한 핏줄, 동일문화 |

| 김일성민족 |
|---|
| 김일성의 후손, 2개의 민족, 혁명역사와 전통, 한 핏줄, 이질적 문화 |

〈그림 7〉 북한의 민족정체성 왜곡

이는 고조선의 성립시기에 민족이 형성되었다는 북한 역사학계의 대표설인 민족 발생론적 이론과 김일성을 태두로 보는 발전론적 입장인 김일성민족주의론이 상호 모순된다는 것을 여실히 보여준다. 김일성일가정권은 한반도 북반부에서 세습군주제를 구축하기 위해 김일성민족을 구성함으로써 단군의 후손으로 유구한 역사와 전통을 가진 단일민족을 두개의 민족으로 만들어 민족정체성을 완전히 왜곡하여 이질화를 심화시키고 있다.

### 3. 체제의 본질: '김일성민족주의 · 봉건적 군주제'

북한체제의 성격은 앞에서 살펴본 것처럼 다양하게 설명되고 있다. 북한은 김일성이 정권수립 시 소련 스탈린의 영향을 받아 사회주의를 정치이데올로기로 하여 통치를 시작했지만, 김정은까지 3대에 걸쳐 정권을 세습하는 동안 통치체제를 점진적으로 바꿔왔기 때문이다. 스탈린식 사회주의로부터 민족주의를 가장한 김일성주의, 즉 오늘날의 '김일성민족'을 앞세운 봉건적 군주체제로 변모해 온 것이다.

북한체제는 ① 강력한 국가권력이 국민생활을 간섭하고 통제한다는 점에

---

147) 정영철 · 한동성, 『서울과 도쿄에서 평양을 말하다』(서울: 선인, 2008)에서 발췌 인용: http://www.minjog21.com/news/quickViewArticleView.html?idxno=2405 (검색일: 2013.3.23).

서 전체주의적 특성을 갖고 있고 ② 스탈린식 사회주의를 모방했으면서도 문화적 특징인 위계질서와 상급자 또는 연장자에 대한 복종의 관습이 결합된 사회 체제라는 측면에서 조합주의적 특성도 갖고 있으며 ③ 전체주의적이면서 세습주의적 성향을 갖고 있다는 점에서 술탄체제적 특성도 있고 ④ 김일성의 항일무장투쟁 정신을 기본으로 전국민을 대가정화 하고 끊임없이 혁명투쟁을 추구하고 있다는 점에서 유격대국가체제적 성격이 강하며 ⑤ 정치권력이 행사되는 현상과 권력을 행사하는 인물을 중심으로 보면 수령절대주의 유일독재체제라 할 수 있고 ⑥ 김일성을 신격화하고 그 신성성에서 국가정통성을 찾고 있다는 점을 중시하면 신정체제라고 할 수 있으며 ⑦ 친족 및 족벌중심의 지도부를 구성하고 권력을 세습한다는 점에서 왕조적 전체주의 성격이 강하고 ⑧ 정치적 세습예술을 성공적으로 이행하여 김일성일가의 세습정권을 유지하고 있다는 면에서 극장국가체제라고도 할 수 있다.

그러나 위에서 여러 전문 연구가들이 분석 평가한 북한의 체제적 특성 어디에서도 마르크스와 그를 지지한 이론가들이 주장한 것처럼 '노동자가 주인이 되는 이상사회', '능력에 따라 일하고 필요에 따라 분배받는 공산사회'의 특성은 찾아볼 수 없다. 북한이 마르크스주의로부터는 공산사회주의 건설 구호와 혁명수단만 차용해 왔고, 이상사회 건설의 목적은 김일성일가 세습정권의 영속화로 완전히 전환되어 체제를 변질시킨 결과가 이와 같이 나타난 것이다. 그러므로 현재의 북한체제는 공산사회주의 체제가 아닐 뿐만 아니라 그런 이상사회를 지향하고 있지도 않다는 결론을 내릴 수 있다. 북한은 아직까지도 사회주의 구호는 남아 있지만, 실질적으로는 김정일시대에 공산주의를 완전히 포기했고, 뒤를 이은 김정은 시대도 현재로서는 마찬가지라고 평가할 수 있다.[148]

---

[148] 2009년 4월 헌법을 개정하여 주체사상과 선군사상을 지도사상으로 명기하고 '공산주의' 단어를 완전히 삭제한 데 이어, 2012년 개정 헌법에서는 주체사상과 선군사상을 지도사상으로 그대로 두고 "김일성헌법"을 "김일성-김정일헌법"으로 명칭을 변경했다.

앞에서 제시한 북한체제의 여러 특징 중 공통적인 것은 수령(김일성·김정일·김정은)이 나라의 주인으로서 유일독재 권력을 행사하고 있고, 일반주민들은 그들의 억압통치 아래에서 노동을 착취당하면서 김일성일가정권 유지를 위해 지배자들이 시키는 대로 연극을 해야만 하는 구조아래 놓여 있다는 점이다. 북한에서는 김일성일가정권이 민족자주성을 수호한다는 구호를 내걸고 탈식민혁명149)·주체혁명을 지도한다면서 주인 노릇을 하고, 일반 백성들은 인간으로서의 기본적 권리를 누리지 못한 채 봉건시대 노예들이나 다름없이 수령이 허용하는 범위 내에서만 자율권을 가지고 철저히 지배를 당하는 체제가 구조화 된 것이다. 김일성일가정권이 내세우고 있는 '인민대중의 자주성 실현' 구호는 사회정치적 생명체로서의 인민대중의 자주성을 뜻하는 것이고, 인민 개개인의 인간적 자주성을 의미하는 것이 아니다. 부연하면 사회정치적 생명체로서의 인민대중은 통합된 조직체로서의 김일성국가를 의미하는 것이고, 사회정치적 생명체론에서 인민대중은 뇌수(수령)의 지령에 따라 피동적으로 움직이는 수족에 불과하다. 김일성일가 독재체제는 전체 인민대중을 위한다는 명분으로 개인의 자주성을 철저히 억압하고 있다.

북한 정권수립 이후 정치이데올로기의 변화과정을 다시 간략히 정리해 보면 '스탈린식 사회주의(마르크스-레닌주의) → 우리식 사회주의(마르크스-레닌주의의 창조적 적용: 주체형의 마르크스-레닌주의) → 조선민족제일주의(김일성주의) → 김일성민족주의(김정일애국주의)'로 변모하였다. 그러나 이는 외형상의 변모를 표현한 것이고, 실질적으로는 '마르크스-레닌주의'가 '김일성민족주의'로 변모한 것이며, '우리식 사회주의', '조선민족제일주

---

149) 일본으로부터 해방된 이후 남아있는 식민잔재를 청산하는 혁명활동을 말하는데, 이는 실질적으로 북한체제를 김일성주의화하기 위해 명분을 갖춘 기만선동 활동의 핵심으로서 '민족자주성 수호' 등의 구호로 나타나고 있다. 이는 김일성일가 정권이 헌법 서문에서 "김일성이 항일혁명투쟁을 조직하여 조국광복(해방)의 역사적 위업을 이룩했다"고 명기하여 거짓선전하고 있는 것과도 맥을 같이 한다.

의', '김일성주의' 등은 모두 민족적 감성을 활용한 '김일성민족주의' 강화 과정에서 나온 다른 표현에 불과하다. 그리고 공동체로서 민족의 범위는 사회주의적 민족주의(사회주의체제 국가의 일원) → 조선민족주의(단군의 자손) → 김일성민족주의(북한인)로 점점 축소되었다. 이렇게 공동체의 범위가 축소되는 가운데도 김일성민족주의 이데올로기는 강화되어 왔고, 북한은 대남전략의 성공적 수행을 통해 김일성민족주의를 전 한반도로 확산시키는 것을 정치전략 목표로 삼고 있다. 따라서 김일성일가정권의 이런 전략은 스스로 김일성민족주의를 포기하지 않는 한 한민족주의(단군의 자손)를 유지하고 민족의 공동번영을 추구하고 있는 대한민국과 한반도에서의 헤게모니를 두고 충돌할 수밖에 없는 근본적 요인을 안고 있다.

북한은 헌법 표현상 인민민주주의공화국이라고 하지만 실질은 김일성을 시조로 하는 사회주의 국가의 돌연변이형 '봉건적 군주체제'이고, 민족주의 가면을 쓴 김일성주의체제, 즉 '김일성민족주의, 봉건적 군주체제'다. 현재의 북한체제를 군주체제라고 규정할 수 있는 근거는 북한의 헌법과 노동당 규약 및 최고권력의 3대에 걸친 세습 등에서 찾을 수 있다. 앞서도 살펴본 바와 같이 북한 헌법 서문은 김일성이 '조선민주주의인민공화국의 창건자'이고 '사회주의조선의 시조'라고 규정하고 있다. 이 외에도 "김정일동지는 김일성동지의 사상과 위업을 받들어 우리 공화국을 김정일동지의 국가로 강화발전시키고(후략)", "김일성동지와 김정일동지께서는 (중략) 온 사회를 일심단결된 하나의 대가정으로 전변시키시였다", "조선민주주의인민공화국

〈표 7〉 북한체제가 군주제인 근거

| 김일성일가의 정권 | | |
| --- | --- | --- |
| 헌법 규정(서문) | 당 규약(서문) | 최고권력 세습 |
| • 김일성은 조선민주주의인민공화국 창건자·사회주의조선의 시조<br>• 조선민주주의인민공화국 헌법은 김일성-김정일 헌법 | • 조선노동당은 김일성-김정일의 당<br>• 김정일은 당을 김일성의 당으로 강화 발전시킨 당과 인민의 영원한 수령 | • 김정일은 영도의 계승성을 확고히 보장<br>• 김정은은 김일성과 김정일의 혁명위업을 이끄는 당과 인민의 영도자 |

사회주의헌법은 (중략) 김일성-김정일헌법이다"라고 규정하고 있다.

당 규약 서문은 "조선노동당은 위대한 김일성동지와 김정일동지의 당이다"라고 규정하고 "김일성동지는 (중략) 조선노동당과 조선인민의 영원한 수령이시다", "김정일동지는 조선노동당을 위대한 김일성동지의 당으로 강화발전시키시고 (중략) 조선노동당과 조선인민의 영원한 수령이시다", "김정일동지는 조선노동당을 유일사상체계와 유일적영도체계가 확고히 선 사상적 순결체, 조직적 전일체로 건설했으며 조선노동당을 (중략) 인민대중의 운명을 책임지고 보살피는 어머니당으로 (중략) 영도의 계승성을 확고히 보장한 전도양양한 당으로 강화발전시켰다", "김정일동지는 온 사회의 김일성주의화를 당의 최고강령으로 내세우시고 (중략) 김일성조선을 일심단결된 정치사상강국, 무적의 군사강국으로 일떠세우시었으며(후략)", "김일성동지와 김정일동지는 (중략) 탁월한 사상이론가, 걸출한 영도자, 인민의 자애로운 어버이이시다", "김정은동지는 위대한 김일성동지와 김정일동지의 혁명위업을 승리에로 이끄시는 조선노동당과 조선인민의 위대한 영도자이시다", "조선노동당은 위대한 김일성-김정일주의를 유일한 지도사상으로 하는 김일성-김정일주의당, 주체형의 혁명적 당이다", "조선노동당은 당 건설에서 계승성을 보장하는 것을 당 건설의 기본원칙으로 한다", "조선노동당은 당의 유일적 영도체계를 세우는 사업을 주선으로 틀어쥐고 당 대열을 수령결사옹위의 전위대오로 꾸리며 경애하는 김정은동지를 중심으로 하는 당과 군대와 인민의 일심단결을 백방으로 강화하고(후략)" 등을 규정하고 있는데 이들 규정들이 '김일성민족주의·봉건적 군주제'를 떠받치고 있다고 할 수 있다.

봉건적이라는 말은 봉건제도하에서와 같은 사상과 제도, 즉 구시대적 질서에 의거하고 있다는 함축적 표현이다. 북한사회는 공산사회주의 이상과는 달리 지배자가 국가권력과 기본 생산수단인 토지에 대한 권리를 장악하여 엘리트 지배연합세력과 함께 주민들을 통제하고 예속하며 억압 착취하는 계급적 구조가 체제화 되었다는 현실이 이를 증명한다. 반제반봉건 공산사회주의국가 건설을 기치로 출범한 체제가 소위 '주체사상 혁명' 과정을 통해 무수한 희생을 겪고 나서도 봉건적 요소를 척결하지 못하고 오히려 새로운 계급사회를 유지하고 있다는 것은 아이러니가 아닐 수 없다.

한편 북한체제는 김일성을 신격화한 체제라는 점에서 일반적인 군주체제150)와 다르다. 북한은 김일성이 살아있을 때에도 주민들이 그를 신처럼 받들어 모시도록 했지만 그가 죽은 후에도 주민들에게 영향을 미치도록 신격화하였기 때문이다. 이른바 '유훈통치'가 이를 설명한다. 김일성을 신격화한 배경에는 김일성의 카리스마적 권력이 있으며, 그의 카리스마적 권력은 '사회정치적 생명체론'과 '뇌수론' 등을 바탕으로 김정일과 김정은에게 전이되는 것이 관례화 되었다. 그래서 현재의 북한체제는 '뇌수(腦髓)가 셋인 돌연변이형 군주체제'라고도 할 수 있다. 현재 북한을 통치하는 것은 김일성·김정일로부터 권력을 세습한 김정은만이 아니다. 김일성·김정일의 유훈과 김정은의 지시가 현재의 북한체제를 유지하면서 주민들을 지휘 통제하고 있는 것이다.

---

150) 현재 지구촌에는 44개의 군주제국가가 있으나 군주가 실질적 권력을 갖고 있는 국가는 브루나이, 카타르, 아랍에미레이트, 오만, 사우디아라비아 등 5개국뿐이고, 나머지 바티칸과 영국, 일본, 영연방 등을 포함한 39개 군주제국가에서는 군주가 형식상의 국가원수로 되어 있다. 군주가 실질적 권력을 갖고 있는 5개국 중에도 김일성일가정권처럼 지도자를 신격화한 독재국가는 없다.

# '우리민족끼리' 담론과 정치전략

## 제1절 '우리민족끼리'의 등장 배경과 개념

### 1. '우리민족끼리' 등장 배경

'우리민족끼리' 개념은 대한민국 전 대통령 김대중이 2000년 6월 13일~15일간 평양을 방문하여 김정일과 정상회담을 가진 후 6월 15일 발표한 남북정상회담 공동선언문 제1항에 "남과 북은 나라의 통일문제를 그 주인인 우리민족끼리 서로 힘을 합쳐 자주적으로 해결해 나가기로 하였다"는 문구가 삽입되면서 등장했다. 그러면 남북한 정상은 어떻게 '우리민족끼리'라는 문구 표현에 합의하게 되었을까? 결론부터 말하자면 김대중은 정상회담성공과 남북교류확대를 통한 자신의 '3단계통일방안'[151) 추진이 주요 관심사였을 뿐 김정일의 저의를 의심하지 않았거나 방조하였고, 김정일은 김대중의 이런 심중을 간파하고 대한민국 국민들의 민족정서를 전략적으로 이용하기[152) 위하여 지밀한 계산을 하고 봉어를 선택한 결과라 할 수 있다. '김일성

---

151) 김대중은 1단계 남북연합, 2단계 남과 북의 지역자치정부로 구성되는 연방제, 3단계 완전 통일단계로 구분한 '3단계통일방안'을 주장했다: 아태평화재단, 『김대중의 3단계 통일론』(서울: 한울, 2009).

민족주의'를 공고화하는 과정에 있었던 김정일은 김대중의 남북관계 개선 및 정상회담 추진 욕망을 알고 김대중이 제안한 '햇볕정책'을 역이용하는 전략을 구사하여 대한민국 국민들의 민족의식을 친북·반미활동에 활용하려는 전략적 의도를 가지고 '우리민족끼리' 개념을 공동선언에 채용했다.

〈표 8〉 '우리민족끼리' 개념 등장 배경

| 김 대 중 | 김 정 일 |
|---|---|
| • 정상회담 성공과 자신의 3단계 통일방안 추진 욕망<br>• 김정일 저의를 의심하지 않았거나 방조, '우리민족끼리' 개념 수용 | • 김대중의 남북관계 개선 및 정상회담 성취 욕망 간파<br>• 민족정서를 전략적으로 활용하기 위해 치밀하게 계산하고 공동선언에 삽입 |

북한이 1990년대 말 체제유지가 위협받을 정도로 심각한 경제난을 겪고 있는 가운데 핵무기개발을 둘러싸고 미국과 첨예한 대립을 하고 있었기 때문에, 김대중정부의 대북지원 의지와 남한의 경제력을 이용하여 경제위기 및 체제붕괴를 모면하고, 한미 간 갈등조장을 통해 미국의 대북 강경정책을 견제하기 위해 '우리민족끼리'라는 이념을 부각시킬 필요가 있었던 것이다.

김대중이 김정일의 저의를 의심하지 않았다는 것은 정상회담을 마치고 귀국한 직후 청와대 국무회의에서 한 발언을 보면 추론이 가능하다. 김대중은 2000년 6월 16일 주재한 국무회의에서 "북측에서 '통일문제의 자주적 해결'을 내용으로 하는 연방제통일을 계속 주장했고, 이에 대해 처음에는 불가능하다고 대응했다가 (자신의)3단계 통일방안과 접점을 찾아 의견접근을 했는

---

152) '우리민족서로돕기운동' 상임대표로 10차례 방북하는 등 민간 대북지원 활동에 열성적이었던 송월주 전 불교 조계종 총무원장은 2006년 7월 국내 한 일간지기자와의 인터뷰에서 "김구선생은 김일성에게, 김대중 전 대통령은 김정일에게 속았다. 나도 속은 느낌이다…. 이런 점을 국민들과 대북 관련 업무를 하는 사람들에게 분명히 알리고 싶다"고 한 바 있다. "정상회담 후 핵·미사일… DJ, 北에 속아", 조선닷컴, 2006.7.23:
http://news.chosun.com/site/data/html_dir/2006/07/23/2006072370426.html (검색일: 2010.8.5).

데 이번에 이것들까지를 논의하여 접점을 찾을 수 있을 것으로 기대하지 않았다. (중략) 남북 간 협력문제에 대해 많은 아이디어와 우리의 생각들을 문서로 만들어 북측에 주었다"고 설명한 바 있다. 이 설명은 6.15선언 제1항과 제2항 표현이 김정일에 의해 주도되었음을 시사하는 것이고, 여기서 김정일의 저의라고 하는 것은 첫째, '우리민족끼리' 표현을 삽입(제1항)하여 통일전선 활동 구호로 활용하고, 둘째, 당시 동구권에 거세게 불어 닥친 사회주의체제 붕괴의 여파를 차단하기 위해 '대한민국에 의한 자유민주주의체제로의 흡수통일 반대'를 보장받는 것(제2항)이 핵심사항이다.

〈표 9〉 김정일의 6.15공동선언 합의 저의

| 구분 | 내용 |
| --- | --- |
| 김정일 저의 | '우리민족끼리' 전략전술 구현, 한국 내 통일전선 형성 구호로 활용 |
| | 자유민주체제로의 흡수통일 반대 보장 |
| | 김대중의 햇볕정책 역이용, 경제적 실리 추구 |

그리고 김대중이 김정일의 저의를 방조했다는 근거는 김정일이 1994년 '김일성민족'이라는 말을 사용했고 1995년부터 노동신문 등 북한 선전매체에도 공개적으로 다방면에 사용되었기 때문에 ① 북한이 '김일성민족주의'를 지향하고 있음을 충분히 알 수 있었고, 따라서 ② 김일성민족과 한민족은 '우리민족끼리'의 표현에서는 공존할 수 없는 것임을 충분히 알 수 있었는데도 이를 무시하고 수용했다는 점에 있다.

김대중정부는 민족통일 추구보다는 한반도의 냉전구조 해체와 항구적인 평화, 남북한 사이의 화해·협력 달성을 당면목표로 설정하여 대북정책을 추진했다. 이는 김대중이 2000년 3월 9일 베를린자유대학에서 행한 연설인 소위 '베를린선언'에 나타나 있을 뿐만 아니라 실제 정책집행의 결과가 잘 보여준다. 베를린선언은 ① 본격적인 남북경제협력 실현을 위해서는 정부당국 간 협력이 필요하다 ② 우리의 당면목표는 통일보다는 냉전종식과 평화정착이다 ③ 북한은 인도적 차원의 이산가족문제해결에 적극 응해야 한다는 등의 내용을 담고 있다. 김대중은 1998년 2월 25일 대통령취임사에서 남북대화의 장 마련을 위한 특사교환을 제의한 바 있고, 2000년 신년사에서 남북경제공동체 구성 및 국책연구기관간의 협의를 제의했으며, 같은 해 2월에는 북한 내 철도·전력 등 사회간접자본시설의 건설을 지원하겠다는 뜻을 밝히는 등 정상회담 실현을 위한 여건조성을 위해 적극적인 조치들을 취했다. 김대중은 김정일을 자극하지 않기 위해 남북한 통일의지를 당분간 접어두고 대한민국이 적극적인 대북 경협지원을 하면 김정일이 스스로 기존의 대남전략을 포기하고 개혁·개방의 길로 나설 것이며 남북관계는 안정적으로 관리될 것이라 생각하여 '햇볕정책'이라는 대북포용정책153)을 주도했던 것이다.

전임 대통령들과는 달리 친북적으로 획기적인 대북정책전환을 모색154)하던 김대중은 대북지원 적극화를 위해서 김정일 폭정집단에 대한 우리 국민들의 적대적 정서를 완화하여 '북한의 경제사정이 어려운데 그들도 체제를 유지하며 잘 살아가야 할 같은 민족'이라는 동정론적 인식으로 바꿔줄 필요가 있었기 때문에 '우리민족끼리' 표현에 합의하게 되었고, 공동선언에 삽입된 이 표현은 그런 차원에서 본다면 당시 국민들이 대북정책을 지지하도록 하는 데 상당한 기여를 했다고 볼 수 있다.

김정일이 김대중의 적극적인 대북제의에 대해 호응해옴으로써 제1차 남북정상회담이 이루어지고 공동선언이 발표되었는데, 정상회담결과는 김대

---

153) 대북포용정책은 대국민설득과 홍보과정에서 '햇볕정책'이라는 이름으로 더 널리 알려졌는데 정식명칭은 "대북화해협력정책"이다. '햇볕정책'이란 말은 김대중이 1998년 4월 3일 영국을 방문했을 때 런던대학교에서 행한 연설에서 처음 사용하였고 그 때부터 정착된 용어이다. 겨울 나그네의 외투를 벗게 만드는 것은 강한 바람(강경정책)이 아니라 따뜻한 햇볕(유화정책)이라는 이솝우화에서 인용한 표현으로서, 대북화해협력정책은 박정희정권 중반기인 1970년 8월 박대통령의 '평화통일구상선언'과 1972년의 7.4 남북공동성명에서 비롯되었으며 언론에서는 동일한 개념인 '햇볕론'이라는 표현을 1995년에도 이미 쓰고 있었다.
154) 김대중은 햇볕정책과 관련 "북한의 무력도발 불용, 흡수통일 배제, 남북한 화해 협력의 적극 추진"이라는 대북정책 3원칙을 표방했는데, 실천적 측면에서는 '흡수통일 배제와 남북한 화해협력' 원칙에 주력하는 결과를 보였다.

중에게는 '남북관계의 획기적 개선에 일시적으로 성공했다는 명예'를 안겨주었지만 남남갈등의 증폭이라는 심각한 후유증을 남기고, 김정일에게는 '경제적 실리'와 우리의 동맹국인 미국 및 대한민국 내 보수세력에 대한 '상층부 통일전선' 형성이라는 수확을 안겨준 것이라고 평가할 수 있으며, 북한은 지금도 6.15선언의 핵심은 '우리민족끼리'임을 수시로 강조하고 있다.155)

## 2. '우리민족끼리'의 개념

민족주의론적 관점에서 보면 북한의 민족주의 개념이 최초 '사회주의와 결합한 스탈린식 민족주의(사회주의적 애국주의)'에서 1986년 김정일이 주장한 '조선민족제일주의(우리식 사회민족주의)'를 거쳐 1994년 '김일성민족주의(애국적 민족주의)'로 나타났다가 2000년 '우리민족끼리(조상을 같이하는 민족주의)'로 변화된 것처럼 보이지만, 여기에 사용된 '민족주의'라는 단어는 모두가 주체사상을 기본으로 한 '김일성일가의 군주국' 실현을 위한 선동구호라는 맥을 이어가고 있다. 특히 가장 최근에 등장한 '우리민족끼리'는 북한이 김일성민족주의를 바탕으로 대한민국 안에서 동조세력의 활동공간을 확대하고 '반외세 민족공조'를 선동하기 위해 전술적 투쟁도구로 활용하고 있는 개념으로서, '김일성민족주의자와 그에 동조하는 사람들끼리'라는 구호로 보는 것이 타당하다. 6.15선언 이후 남북교류를 활발하게 진행하면서도 대한민국 내 보수세력을 구별하고 적대세력으로 규정하여 '반보수대연합 투쟁'을 선동하고, 이명박정부 이후 남북관계가 경색된 국면에서도 한결같이 '반미자주화 투쟁'과 '반보수대연합 투쟁'을 주창해 온 것을 보면 북한식 '우리민족끼리'가 '한민족끼리(조상을 같이하는 민족주의)'가 아님을 알 수 있다.

---

155) 김광철(2011), pp. 17~20에서 발췌 인용.

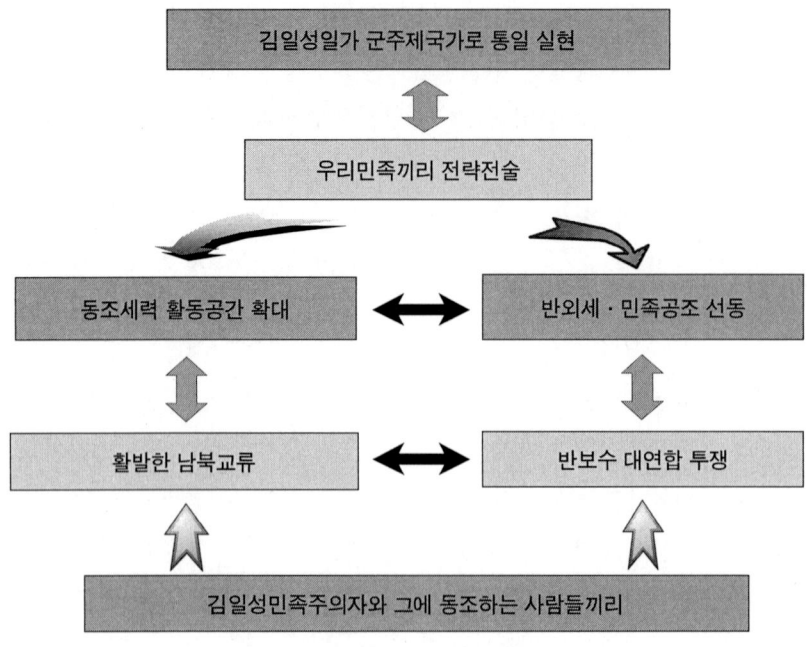

〈그림 8〉 '우리민족끼리' 전략전술 개념

　따라서 한민족인 대한민국 국민이 북한이 주장하는 '우리민족끼리' 주장에 무조건적으로 동조하는 것은 '김일성민족끼리'에 동의하는 것이 되어 스스로 '반민족적임(한민족이 아님)'을 선언하는 것이고, 독재 권력인 김일성일가 세습정권을 옹호하는 것이며, 나아가 '김일성민족화 통일'을 돕는 이적행위가 될 수 있다. 왜냐하면 김일성일가정권은 한민족의 정체성을 왜곡하여 '김일성민족'임을 주장하는 반면, 한민족의 정체성을 유지하고 있는 대한민국 국민은 절대로 김일성민족과 동일시 될 수가 없기 때문이다.

　그런데 김대중·김정일이 6.15공동선언에서 발표한 '우리민족끼리'의 개념은 남북한 사이에 그 개념 인식과 적용에 있어 현격한 차이를 보이고 있기때문에 대한민국에 보수정권이 들어서자 남북관계 발전에 걸림돌로 부각되고 있다. 대한민국 정부와 일반 국민들이 생각하는 '우리민족끼리'는 같은 동포끼리 대화와 협력을 '잘 해보자'는 데에 방점을 둔 것이고, 북한이 추구하는 '우리민족끼리'는 김일성민족을 중심에 두고 대화와 협력은 '우리민족끼리만'이라는 데에 방점을 찍은 것이다. 북한이 6.15공동선언 이후 계속해서 반복해 온 "민족공조와 외세공조는 양립할 수 없다"는 언술이 이를 실질적으로 증명한다.

이러한 개념 인식의 차이는 남북관계에 있어서 결과적으로 민족분열 의식을 조장하는 결과를 초래하고 있다. 남북한이 협력해서 발전을 이룩하는 것이 아니라 한반도에서 '김일성민족'과 '한민족'이 투쟁하는 결과를 낳고 있는 것이다. 북한식 '우리민족끼리' 개념에 의하면 '6.15공동선언에 찬성하면 애국이고 반대하면 매국', '우리민족끼리에 찬성하면 민족적이고 반대하면 반민족', '남북공조면 민족적이고 국제협력이면 반민족', '북한 친화적이면 민족적이고 북한 비판적이면 반민족'이 되는 것이다. 북한은 '우리민족끼리'를 혁명의 전취물(戰取物)로 보고, '혁명의 강위력한 수단'이라고 주장한다. 그러므로 혁명을 같이하는 사람은 동지이고, 그 외의 사람은 적으로 간주되어 투쟁의 대상으로 규정되는 것이다.

## 제2절 '우리민족끼리'의 정치전략적 기능

### 1. 김일성민족주의 확산을 위한 창(槍)

'우리민족끼리'는 기능적으로 김일성민족주의를 대한민국에까지 확산시켜 전 한반도의 '김일성민족화 통일'을 목표로 하는 이데올로기적 공세용 창으로서의 기능을 한다. 북한은 김정일시대에 접어들어 김일성 우상화 작업을 완료하고 1994년부터 '김일성민족' 주장을 공식화하기 시작하여 이를 김일성민족주의 체제로 구조화함으로써 현재는 이 틀에서 벗어날 수 없는 상황에 이르렀다. 물론 우리 국민들도 남북한 관계에서 '우리민족끼리'라는 말을 사용하기는 하지만 이것은 한민족의 정체성을 기본으로 해서 '같은 민족끼리'라는 의미로 사용하는 것이고, 북한이 '김일성민족'이라는 주장을 버리지 못한다는 것을 인식하고서는 북한정권의 입장에 동조하여 사용할 수 없는 말인 것이다.

그럼에도 불구하고 우리 국민들 중 일부가 '우리민족끼리' 구호를 북한과 합창한다. 그 원인은 무엇일까? 대한민국 국민의 입장에서 두 가지를 생각해 볼 수 있다. 하나는 북한이 김일성민족을 구성하여 이를 결코 포기할 수 없다는 사실을 모르고 민족개념을 감성적으로 이해하여 행동하는 결과이고, 다른 하나는 북한이 김일성민족을 주장한다고 하더라도 그것은 우리에 대한 용어가 아니라 북한 내부 단결용이므로 크게 신경을 쓸 필요가 없다는 포용적 입장을 취하는 것이다.

그렇다면 북한의 '우리민족끼리'가 '김일성민족주의'의 확산을 위한 창, 즉 대남전략의 도구라는 근거는 무엇인가? 첫째, 북한은 주체적 민족관에 따라 '우리민족끼리'를 혁명투쟁의 유력한 도구로 규정하고 있다는 점과 둘째, 북한의 대남 전략전술적 행태에서 그 근거를 찾을 수 있다.

우선 '우리민족끼리'를 혁명투쟁의 도구로 규정하고 있다는 점과 관련하여 살펴보면, 북한의 민족 개념이 '사회주의와 결합한 스탈린식 민족주의(사회주의적 애국주의)'에서 '조선민족제일주의(주체형의 사회민족주의)'를 거쳐 '김일성민족주의(애국적 민족주의)'로 나타났다가 '우리민족끼리(조상을 같이하는 민족주의)'로 변화된 것처럼 보이지만, 여기에 사용된 민족이라는 단어는 모두가 주체사상을 기본으로 한 김일성민족주의, 김일성일가의 군주국가 실현을 위한 선동구호라는 맥을 이어가고 있음은 앞서 기술한 바 있다.

또한 북한은 2010년 9월 제3차 노동당대표자회에서 당 규약을 개정하였는데 서문의 대남전략 부분에 "조선노동당은 전 조선의 애국적 민주역량과의 통일전선을 강화한다. 조선노동당은 남조선에서 미제 침략무력을 몰아내고 온갖 외세의 지배와 간섭을 끝장내며 일본 군국주의의 재침책동을 짓부시며 사회의 민주화와 생존의 권리를 위한 남조선 인민들의 투쟁을 적극 지지 성원하며 '우리민족끼리' 힘을 합쳐 자주, 평화통일, 민족대단결의 원칙에서 조국을 통일하고 나라와 민족의 통일적 발전을 이룩하기 위하여 투쟁한다"라고 우리민족끼리 개념을 추가하여 규정하고 있다. 우리민족끼리가 통일전선전술의 일환임을 공개적으로 선언하고 있는 것이다.

다음으로 그들의 대남 전략전술적 행태를 분석해 보면 '우리민족끼리'가 자신들의 체제내적 주민결속을 위한 이념이 아니라 대한민국 내에 '반미자주화'와 '반정부민주화' 투쟁을 위한 광범위한 통일전선을 형성하여 남남갈등을 조장하고, 김일성민족주의체제 동조역량을 확대하는 데 유용한 전략전술적 수단으로 기능하고 있음을 알 수 있다. 북한정권의 이러한 기도는 묵과할 수 있는 정도에 머물지 않고, 대한민국의 각종 중요사안에 직접 영향을 미칠 정도로 심각한 정도에 이르러 '우리민족끼리'로 위장한 김일성민족주의 이데올로기를 무력화시키지 않으면 안보가 위태로운 상황에 이르렀다. 예를 들면 우리민족끼리 구호를 앞세운 북한의 민족주의 전략전술은 대한민국 내 진보주의자들의 이념적 가치를 혼란시키고, 북한정권에 대한 인식에 혼란을 겪는 국민들이 늘어나게 만들었다. 심지어 명백히 드러난 북한정권의 만행에 대해서도 사실 자체를 부정하거나 북한정권의 입장을 옹호하는 세력들도 생겨났다. 법조인이 '대한항공 858기 폭파 사건'에 대해 생존해 있는 범인의 증언을 부정하면서 "북한의 소행이라고 단정할 수 없다"거나 중진 국회의원이 김정은의 '장성택숙청사건'과 같은 경악할만한 인권탄압 사태를 인지하고서도 "우선 김정은정권을 안정시켜줘야 한다"는 주장을 하는 것 등이 대표적인 사례라고 할 수 있다. '우리민족끼리' 전략전술과 관련해서는 다음 절에서 사례를 제시하여 좀 더 자세히 평가할 것이다.

## 2. 김일성민족주의체제 보위를 위한 방패(防牌)

북한의 '우리민족끼리' 전략전술은 두 가지 측면에서 북한정권 보위를 위한 방패로서의 역할을 한다. 한 가지는 북한이 외부로부터 정치적 공격을 당할 때 대한민국 안에 있는 친북세력이 북한의 입장에서 옹호해주는 기능을 하도록 한다. 예를 들면, 핵무기 개발과 장거리미사일 발사 등 국제사회가 규제하고 있는 도발적 행동을 하면서도 국제사회로부터 제재 압박을 받을 때면 '우리민족끼리' 구호를 앞세워 '민족공조와 외세배격'을 요구하면서 대한민국을 끌어들이고, 외부세계의 압력을 완화시키는 것이다. 이에 호응한 국내 일부 인사들이 북한의 핵무기나 장거리미사일 개발은 '자위용'이라거나 '대미협상용'이라고 주장하면서 "북한을 자극하면 도발하여 한반도에서 전쟁이 일어날 수도 있으므로 북한을 자극해서는 안 된다"고 북한정권을 옹호하는 발언을 한 사실들이 이를 증명한다.

국제사회가 북한인권에 관심을 가지고 북한 정권의 인권탄압에 대해 개선을 요구하고 북한인권법을 제정하여 압박을 가할 때도 국내 북한정권 동조세력들은 대한민국에서는 북한인권법이 제정되지 못하도록 적극적으로 방해했다. 북한정권을 압박하면 오히려 주민들이 피해를 본다거나 북한인권법제정 행위가 북한에 대한 내정간섭이며 외교결례라는 등의 주장을 명분으로 북한인권법 제정을 무산시킴으로써 인권문제로 북한정권을 압박하지 못하도록 저지하는 것이다.

또 다른 한 가지는 만성적인 경제난으로 '구호경제(救護經濟)'[156]를 이끌어가고 있는 김일성일가정권이 2000년 6.15공동선언에서 '우리민족끼리'를 내세워 위기타개 국면을 조성하고, 남북 교류·협력을 구실로 대한민국으로부터 경제지원을 받아 통치권강화에 활용하여 왔다. 이런 점에서 북한의 '우리민족끼리' 전략전술은 김일성일가정권 보위를 위한 방패로서의 기능을 해냈던 것이다.

김대중·노무현 정부 시절 10년(1998년 2월~2008년 2월) 동안에는 대통

---

[156] 1995년 이후 매년 국제사회의 원조 없이는 주민들의 식생활을 해결할 수 없는 북한의 경제상황을 나타내는 표현이다. 식량배급은 대상자를 영유아부터 중노동자까지 1~9등급으로 나누어 100g부터 900g까지 차등 지급하는데, 일반노동자의 경우 1일 배급량은 700g이다. 매년 150만 톤 내외의 곡물생산 부족 현상을 겪고 있는데 세계식량계획(WFP) 등 국제사회로부터 상당량의 원조를 계속 받고 있다.

령부터 정부 주요 인사들까지 거의 비슷한 대북인식을 가지고 안보문제에 대응했다. 대표적인 사례를 몇 가지 들어보자. 김대중 전 대통령은 2000년 6월 16일 국무회의를 주재한 자리에서 "우리가 마음만 먹으면 한반도에서 다시 전쟁이 일어나 우리 민족이 동족끼리 피를 흘리는 일이 없을 것이다. 그 쪽도 원치 않고 있다"고 발언하여 우리가 북한의 비위를 건드리지만 않는다면 남북한 사이에 전쟁은 없을 것이라는 요지의 발언을 했다. 발언 취지는 '남북한 상황관리'를 잘 해보자는 데에 있었겠지만 지난 시기 6.25남침전쟁을 비롯하여 수많은 남북한 충돌이 대부분 북한정권의 의도적 도발에 의해 발생했다는 사실을 무시한 발언인 것이다. 이 발언이 공개된 이후 "더 이상 한반도에 전쟁은 없다", "북한을 자극해서는 안 된다", "무슨 일이 있어도 전쟁만은 안 된다"는 구호가 대국민 선전에 많이 활용되었고, 남남갈등이 고조되는 원인의 하나가 되었던 것이다.

김대중은 1999년 6월 1차 서해교전 당시 북한이 의도적으로 북방한계선(NLL)을 침범해 우리 군함을 공격했다는 물증을 확보하고서도 "이 내용을 전부 공개하면 남북 간 군사대치가 끝 모르게 악화되고 남북교류협력정책을 개시하기가 상당히 어렵게 될 것"이라며 북한의 의도적인 침범사실을 감추기도 했었다.[157] "더 이상 한반도에 전쟁은 없다"는 주장과는 달리 2002년 6월 29일에는 북한 해군의 선제공격으로 제2 서해교전(연평해전)이 발생하고 우리 군은 큰 피해를 당했음에도 불구하고 보복조치를 할 수 없었다. 6.15선언의 정신을 살려가야 하는 김대중은 김정일정권을 옹호할 수밖에 없는 처지에 놓여 있었던 것이다. 이런 사례들이 증명하는 것은 "우리가 마음만 먹으면 한반도에서 더 이상 전쟁이 일어나지 않는다"는 인식은 잘못된 것이고 따라서 "무슨 일이 있어도 전쟁만은 안 된다"는 주장도 모순된 것이라는

---

[157] 당시 국정상황실장이었던 장성민이 2011년 8월 18일 jTBC(중앙일보종합편성채널)와의 인터뷰에서 이와 같이 증언했다: "DJ정부, 서해교전 북 도발 물증 잡고도 공개 안 해", 『중앙일보』, 2011년 8월 19일자:
http://cafe.naver.com/01033258637/3841 (검색일: 2013.8.15).

사실이다.

정세현 전 통일부장관은 2002년 2월2일 KBS의 〈생방송 심야토론〉에 출연하여 "북한의 핵무기는 남한 적화용이 아니라 강대국과의 협상용이며, 장거리 미사일은 대남 공격용이 아니고 수출용이다. 북한의 생화학 무기는 좁은 국토에서 북에도 피해를 줄 수 있다는 데서 사용하기 어려울 것이다"라고 북한 정권의 대량살상무기 개발을 두둔하고 옹호하였다.

노무현 전 대통령은 2004년 11월 12일 미국 LA방문 중 있었던 세계문제위원회(WAC: World Affairs Council) 주최 행사에서 북한의 대량살상무기 개발을 옹호하는 연설을 했다. 노무현은 이 연설에서 "북한이 핵과 미사일을 외부 위협으로부터 자신을 지키기 위한 억제수단이라고 주장하는 것은 일리가 있는 측면이 있다. (중략) 북한이 핵무기를 포기하지 않는 것은 체제안전을 보장하려는 것이고, 1987년 이후 테러가담 증거가 없다. (중략) 대북 무력 행사나 봉쇄정책은 안 되며 대화가 유일한 방법이다. (중략) 북한체제 보전을 위한 미국의 새로운 조치가 필요하다"고 사실을 왜곡하면서 북한의 입장을 옹호했다. 이 연설은 '북한은 핵을 반드시 포기할 것'이라는 전제하에 행해졌다. 하지만 그 후 결과는 북한의 핵무기 보유로 귀결되었고, 우리의 안전은 큰 위협 앞에 놓인 상황이 되었다. 북한의 핵무기가 대한민국의 안전보장에 중대한 위협이 된다는 사실은 최근 북한정권이 수시로 벌이고 있는 대남 군사공격 위협이 잘 증명해준다.

북한의 '우리민족끼리' 전략전술은 국내에 많은 종북단체와 동조세력을 형성시키고 북한 김일성일가정권을 옹호하도록 영향을 미쳐 왔다. 예를 들자면 6.15남북공동선언이 발표된 후 2002년 남북 청년학생 교류를 명분으로 '조국통일범민족청년학생연합(범청학련)' 남측본부와 '한국대학총학생회연합(한총련)' 활동가 주도로 결성된 '6.15공동선언실천청년학생연대(청학연대)'는 북한의 체제를 무비판적으로 수용하고 찬양하는 각종 행사를 개최하고 성명서를 지속적으로 작성 배포하면서 반국가단체인 북한을 이롭게 하는 동시에 국가의 존엄을 부정하는 행위를 해오다 적발되어 2013년 7월 법원으로부터 이적단체로 판결을 받고 핵심간부들도 유죄판결을 받았다. 한편 이들은 인터넷 카페, 홈페이지, 청년세대 블로그 등을 운영하며 북한을 옹호·찬양하는 등의 글과 자료를 게시하고, 북한민주화운동을 벌여온 황장엽 전 북한 노동당 비서에게 '경고장'과 손도끼, 적색물감을 뿌린 얼굴사진 등을 발송하는 데에도 관여한 것으로 조사됐다.

1990년 전후에 동구 공산사회주의권 국가들이 무너져 세계적으로 사회주의 이념이 심대한 타격을 입은 가운데, 북한에는 1990년대 중반 이후 김일성 사망과 '200만 명 아사설(餓死設)'이 나올 정도로 심각한 경제난 등으로 붕괴의 위험이 증가하고 있었다. 그러나 김정일은 1998년 '햇볕정책역이용 전략'을 수립하여 2000년 6.15선언에 '우리민족끼리' 개념을 삽입함으로써 우리민족끼리 전략전술의 토대를 구축하고 대한민국으로부터 각종 경제지원을 받아 위기를 모면할 수 있었던 것이다. 뿐만 아니라 북한은 우리민족끼리 이념으로 무장된 동조세력의 옹호 속에 국제사회의 제재압력을 물리치고 핵무기 및 장거리미사일을 은밀히 개발하는데 성공할 수 있었다.

## 제3절 '우리민족끼리' 전략전술

### 1. 통일전선 형성과 남남갈등 조장

북한은 6.15공동선언에 '우리민족끼리' 표현을 쓴 다음부터 이를 아예 대남 통일전선 전략전술 수단으로 공식화해서 각종 성명이나 언론매체를 통해 적극적으로 활용하고 있다. 북한의 핵무기 개발과 확산을 저지하려는 미국에 대한 반미 투쟁과 대한민국 정부에 대한 반정부투쟁 및 보수세력 와해투쟁을 위한 통일전선을 형성하고 소위 남남갈등[158]을 조장하는 것이 그것이

---

158) 남남갈등은 남북갈등에 대칭하는 의미로 주조된 용어로서, 남북관계를 둘러싼 남한

다. 김정일 정권은 대한민국의 좌파정부가 '같은 편'이라고 여기고 '우리민족끼리'를 핵문제 해결과 남북 화해협력의 대전제로 삼고 있는 듯한 행태를 보여 왔다.159) 북한정권이 '우리민족끼리'를 앞세워 보인 몇 가지 통일전선 전략전술적 행태를 살펴보자.

북한은 2001년 3월 13일 예정된 제5차 남북 장관급회담을 회담당일에 일방적으로 무기한 연기한다고 우리정부에 통보해와 당혹스럽게 만들었다. 연기 사유도 시한도 밝히지 않아 얼마 전에 워싱턴에서 있었던 한미 정상회담에 대한 반발로 해석되기도 하였다. 2002년 들어서도 연초부터 "우리민족끼리 조국을 통일하자"라는 구호를 제시하고, '민족공조'와 '외세배격'을 주장했다. 1월 22일 평양에서 '정부·정당·단체 합동회의'를 개최하고 통일문제와 관련한 '3대호소'와 '3대제의'를 통해 남북공동선언 이행과 '우리민족끼리' 통일운동을 제시하였다. '3대호소'는 ① 남북 공동선언의 철저한 고수 및 이행 ② 남북관계 진전 및 통일운동 활성화 ③ 통일을 방해하는 요인 제거로 요약된다. '3대제의'는 ① 2002년을 우리민족끼리 단합과 통일을 촉진하는 해 ② 6월 15일을 우리민족끼리 통일의 문을 여는 날, ③ 5~8월 기간을 우리민족끼리 힘을 합쳐나가는 운동기간으로 하자는 것이다.

북한의 내각 기관지 『민주조선』은 2002년 3월 12일 '거족적인 투쟁으로 민족의 안전을 지킬 것'을 선동하면서 우리 민족의 안전을 위협하는 기본요인은 '미제의 남조선강점과 북침전쟁 도발책동', 그리고 남한 호전분자들의

---

사회 내부갈등을 지칭하는 개념이다: 손호철, "남남갈등의 기원과 전개과정," 『남남갈등 진단 및 해소 방안』(서울: 경남대학교 출판부, 2004), p. 5; 남남갈등은 통일 및 대북정책을 둘러싼 궁극적 목표, 현실인식, 접근방식 등의 차이에서 오는 이념적 갈등양상이라 할 수 있다: 조민, "통일정책과 국민통합: 보혁갈등을 넘어," 『통일연구논총』 제12권 2호,(서울: 통일연구원, 2003), pp. 3~4; 한국언론재단 DB에 의하면 남남갈등이라는 용어가 처음 신문에 등장한 것은 1997년 8월 2일자 한겨레신문에서다: 김재한, "북한 및 미국 관련 남남갈등의 변화추세: 조선일보 및 한겨레신문 사설 분석을 중심으로" 『통일과 평화』 제2호(서울: 서울대학교 통일연구소, 2009), p. 141.

159) 남주홍(2006), p. 168.

대결과 전쟁책동이라고 주장했다. 이는 북한이 주장하는 '거족적'이라는 표현이 민족전체를 의미하는 것이 아니라 친북적이거나 적어도 북한에 동조할 수 있는 세력을 명백히 구분하고 있음을 보여준다. 미국의 부시 대통령이 2002년 1월 29일 대테러 전쟁의 제2단계 표적으로 북한·이라크·이란을 지명하여 '폭정의 전초기지·악의 축'160)으로 규정하고 군사력 행사를 포함해 정권교체(Regime Change)를 추구할 것을 선언하자 '반미·민족공조'에 나설 것을 여러 차례 촉구하기도 하였다.

 2003년에는 1월 1일 신년 공동(노동신문·조선인민군·청년전위)사설을 통해 '6.15선언 반대하면 매국'이라고 주장하고, "조국통일의 성패는 공동선언의 기본정신인 우리민족끼리의 이념을 어떻게 구현해 나가느냐에 달려 있다. 외세와의 공조추구는 반민족책동으로 배격해야 하며, 공동선언을 지지한다면 당연히 북한을 고립·압살하려는 미국에 남북한이 함께 맞서야 한다"면서 대한민국이 북한 편을 들 것을 노골적으로 촉구하였다. 3월 1일 서울에서 개최된 '평화와 통일을 위한 3.1민족대회'에 참석한 북한의 불교·개신교·천주교·천도교 등 종교와 사회·직능단체대표 105명은 한결같이 '우리민족끼리'를 내세워 "한반도를 핵위기로 몰아넣는 외세에 맞서 민족자주로 평화를 지켜야 한다. 핵전쟁이 나면 남한도 무사할 수 없다"면서 있어서는 안 되는 '핵전쟁'을 운운하고 '민족공조·외세배격'을 주장하였는데, 이 때는 북한이 국제사회를 속여 가며 은밀히 핵무기를 개발하던 시기였다. 2003년 10월 6일자 노동신문도 '민족이 단합하여 반전 평화 투쟁을 벌여야 한다'는 논설을 통해 "미제의 침략과 전쟁책동을 저지 파탄시키고 나라의 평화와 민족 자주통일을 이루기 위한 방도는 민족공조에 있다"면서 북한 핵문제와 관련 남북 '민족공조·외세배격'을 촉구했다.

 2004년 6월 15일 서울에서 얼린 6.15선언 4주년 기념 국제토론회에 참석

---

160) '악의 추축'이라고도 한다. 미국 레이건정권 당시 구소련을 비판하는 슬로건으로 '악의 제국'과 제2차 세계대전의 '추축국(樞軸國)'을 비유한 것으로, 장기적인 준전시 태세에 맞먹는 위협이라는 뜻이 포함되어 있다.

제4장 '우리민족끼리' 담론과 정치전략 **127**

한 북한 아시아태평양위원회 부위원장 이종혁은 발표문을 통해 "우리민족 끼리는 6.15공동선언의 기본 정신으로, 이를 실현하기 위한 기본방도가 민족공조며, 미국과 공조하는 것은 결국 공동선언 그 자체를 부정하는 것일 뿐 아니라 이행에도 뜻이 없다는 것을 보여주는 것"이라는 등 '반미자주'와 '민족공조·외세배격'을 역설하면서 주적론·국가보안법 폐지를 주장하였다.

2005년에는 9월 24일자 노동신문이 '반통일 전쟁책동을 일삼는 민족반역 세력'이라는 제목의 논설을 통해 "미국의 전쟁 머슴꾼 한나라당이 집권할 경우 북남대결의 역사가 되풀이되고 종당에는 민족의 머리 위에 핵전쟁의 재난이 들씌워지게 될 것"이라고 주장하고, 11월 4일자 논설을 통해서는 "민족공조는 우리나라의 현실과 6.15통일시대의 요구를 반영한 가장 과학적인 투쟁방식이며 조국통일운동의 성격에도 부합되는 정당한 투쟁형태"라고 강조하면서, "외세의 옷자락에 붙어 기생하는 한나라당 등 남조선의 극우 보수세력과 내외 반민족·반통일 세력의 도발책동을 짓부수지 않고서는 민족공조를 실현할 수 없다"며 한나라당 등 보수세력에 대한 투쟁을 선동함으로써 '김

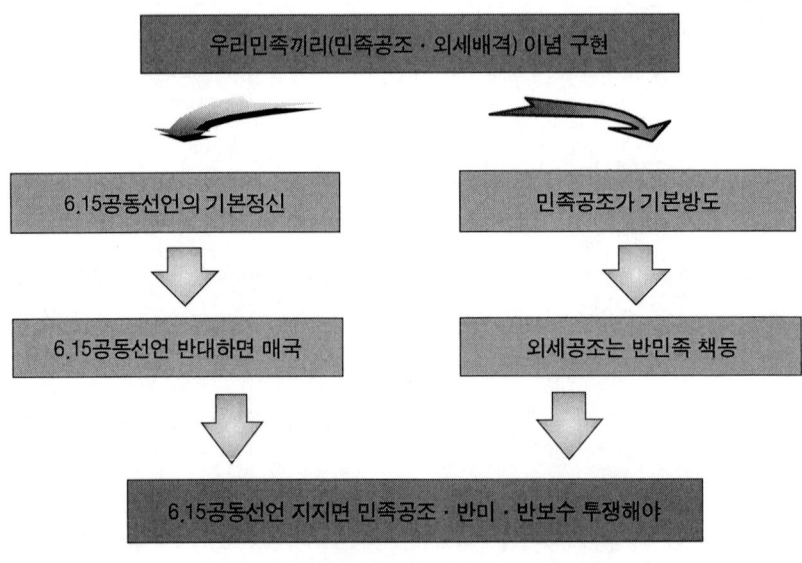

〈그림 9〉 '우리민족끼리' 전략전술 논리 구조

일성민족' 의식을 분명히 드러내면서 남남갈등 조장에 주력하는 모습을 보였다.

2006년 7월 29일자 노동신문 개인필명 논설에서는 "악의 축으로까지 지정한 우리나라(북)에 대해 감히 불질(침략)을 못하고 있는 것은 우리에게 막강한 자위적 억제력이 있기 때문"이라고 주장하고 "북과 남, 해외의 온 겨레가 반미 적개심을 가지고 미제와 그 추종세력의 침략과 전쟁책동을 준열히 배격해야 한다"고 선동하였고, 10월 9일 1차 핵실험 후 10월 19일 유엔 안전보장이사회제재위원회가 가동에 들어가고 10월 25일 통과된 안전보장이사회결의 1718호에 따라 각국이 이행방안 등을 결정하는 절차에 들어가자, 북한 대남공작 기구인 '조평통'은 10월 25일 "남조선 당국이 이성을 잃고 끝끝내 미국의 반공화국 제재 압살책동에 가담한다면 우리는 그것을 6.15공동선언에 대한 전면부정으로, 동족에 대한 대결선언으로 간주할 것"이라며 "북남관계에서 파국적 사태가 빚어지는 경우 남조선당국은 비싼 대가를 치르게 될 것"이라고 엄포를 놓았다.[161]

2007년에는 노동신문 6월 15일자 사설에서 우리민족끼리 이념에 대한 철저한 고수와 민족공조를 강조하면서 "남조선에서 미제의 지배와 간섭, 전쟁책동을 단호히 배격하고 한나라당의 집권을 막기 위한 투쟁을 세차게 전개해야 할 것"이라고 보수정권의 등장을 견제하기 위한 선동적 주장을 한데 이어, 같은 신문 2008년 6월 15일자 사설에서는 국민의 선거결과로 새롭게 등장한 이명박정부를 '우리 민족의 우환거리'로 몰아세운 뒤 "매국반역정권을 그대로 두고서는 앞으로 우리민족이 더 큰 불행과 화밖에 당할 것이 없다. 남조선 인민들은 이명박 일당의 매국반역행위를 끝장내기 위한 투쟁의 불길을 더욱 세차게 지펴 올려야 할 것"이라고 투쟁을 선동하였고, 통일전선부 산하 내남공작 선위기구인 '조국통일민주주의전선'도 같은 해 6월 14일 발표한 호소문에서 "이명박정부가 민족공동의 통일대강인 6.15공동선언과 그 실천

---

161) "북, 제재 속 대남공세 강화,"『연합뉴스』, 2006년 10월 29일자.

강령인 10.4선언을 전면 부정해 나서고 있다. 남조선 인민들은 반정부투쟁 기세를 조금도 늦추지 말고 반역도당이 완전 굴복해 나올 때까지 항쟁의 불길을 더욱 세차게 지펴 올려 제2의 4.19, 제2의 6월 인민항쟁으로 이어 나가야 한다"고 선동한 사실 등이 있다. 이는 민족공조를 내세워 보수정권에 대한 '반정부투쟁'을 부추기는 통일전선전술적 투쟁으로서, 이명박정부 집권 기간 내내 진행되었고 그 후 남북관계를 둘러싼 남남갈등의 골은 점점 더 깊어졌다.

북한은 1차 남북정상회담에서 '우리민족끼리' 표현을 삽입하는데 성공한[162] 후 2007년 4월 3일 대한민국 국정원장 김만복과 북한 노동당 통일전선사업부장 김양건이 합의한 '노무현대통령의 방북에 관한 합의문'에서 "6.15남북공동선언과 우리민족끼리 정신을 바탕으로 합의했다"는 내용을 포함시키고, 같은 해 '10.4 정상선언'[163]에도 '6.15남북공동선언과 우리민족끼리 정신' 표현을 포함시켜 노무현정부가 우리민족끼리 전략전술의 울타리를 벗어나지 못하도록 족쇄를 채움으로써 북한의 입장에서는 상층부통일전선을 계속 유지할 수 있었다.

'우리민족끼리'가 통일전선 전략전술의 일환이라는 근거는 2010년 9월 28일 당대표자회에서 개정된 당 규약 서문을 보면 인식할 수 있다. "조선노동당은 전조선의 애국적 민주역량과의 통일전선을 강화한다. 조선노동당은 남조선에서 미제 침략무력을 몰아내고 온갖 외세의 지배와 간섭을 끝장내며 (중략) 우리민족끼리 힘을 합쳐 자주, 평화통일, 민족대단결의 원칙에서 조국을 통일하고 나라와 민족의 통일적 발전을 이룩하기 위하여 투쟁한다."라

---

162) 북한 노동신문은 2006년 6월 15일 사설에서 "(6.15 정상회담 이후) 지난 6년간은 온 삼천리강토에 우리 민족끼리의 이념이 나래쳤다. (중략) 우리 겨레는 6.15 통일시대에 협력교류도 우리민족끼리, 반전평화운동도 우리민족끼리, 통일운동도 우리민족끼리 했다"고 평가했다.
163) 노무현 전 대통령은 2007년 10월 2일~4일간 평양을 방문하여 김정일과 회담하고 '남북관계 발전과 평화번영을 위한 선언'이라는 합의문을 발표했다.

고 규정되어 있다. 이로써 당 규약에 '우리민족끼리' 개념을 새로이 추가 명시하여 '우리민족끼리는 통일전선 전략전술의 일환'임을 숨기지 않고 있는 것이 증명되고 있다.

북한은 대한민국 내 언론계 갈등을 부추기기 위해 특정언론 고립화 통일전선전술도 구사하였는데, 북한에 대해 비판적인 언론사에 대한 직접적 위협공격과 남북교류 행사시 기자들을 선별적으로 입북 불허하는 방식 등으로 갈등을 조장해왔다. 예를 들면, 1998년 11월 1차 금강산관광 취재차 입북 신청한 기자단 중에서 조선일보와 KBS 기자의 입북 불허, 2000년 6월 남북적십자회담 취재를 위해 방북한 대한민국 신문공동취재단 2명 중 조선일보 기자의 입경을 거부, 2003년 11월 금강산관광 5주년 기념행사 공동취재단 22명 중 조선일보 기자 입북 불허, 2005년 3월 금강산에서 열린 '6.15선언 공동행사준비위 결성식' 공동취재단 일원인 조선일보 기자 입북 거부, 같은 해 5월 '6.15공동선언 실천 남북대학생 상봉모임'을 취재하기 위해 금강산에 간 연합뉴스 취재기자 입북 거부, 같은 달 개성공단에서 열린 ㈜신원 주최 피복전시회(패션쇼) 취재 연합뉴스 기자 입북 불허, 같은 해 9월 3차 개성 시범관광 취재신청 조선일보 기자 불허, 같은 시기 개성공단에서 열린 ㈜대화연료펌프 공장 준공식의 공동 취재단 일원인 조선일보 사진기자와 연합뉴스 취재기자 입북 거부, 2006년 12월 이종석 통일부장관 금강산 및 개성공단 방문 관련 동행취재 MBC 기자 입북 불허 등 당시 대한민국 '정부의 방관' 속에서 북한에 비판적인 언론의 고립화 및 길들이기 전술이 전개되었다.

보수언론 중에서도 북한의 본보기 타격목표가 된 것은 조선일보로서, 1997년 6월 24일자 사설에서 "북한을 생지옥으로 만들어 놓은 김정일은 책임을 지고 모든 공직에서 사퇴하고 물러나야 한다"고 주장한 것이 배경이다. 당시 북한 통일전선사업부산하 선위소식인 '소국선선', '반제민전' 등은 성명을 내고 "조선일보가 존재를 마치는 시각까지 각이한 수단과 방법으로 보복하겠다"고 협박했다.[164] 그 후 국내에는 '조선일보반대시민연대', '라디오21', '조아세' 등 안티조선그룹들[165]이 등장하여 조선일보를 공격하기 시작했고, 이런 흐름 속에서 일부 진보를 자처하는 언론인, 교수 등이 적극적으로 나서 보수언론을 공격함으로써 보수와 진보 계열 언론계 사이의 갈등은 여론갈등을 부추기게 되었다. 그 후 북한이 한 발짝 뒤로 물러나 있어도 국내 '안티세력들'이 보수언론을 대신 공격해주는—북한정권의 입장에서 보면 아주 이상적인—'반보수 통일전선'이 형성되었다.

김정일정권은 대화성과에 초조감을 보이는 김대중정부를 상대로 남북교류 중단가능성을 내비치며 유력인사 배제요구 등 대한민국정부 길들이기를 통한 보수세력 무력화를 시도하기도 했는데, 김대중정부는 이를 배격하기보다는 호응하는 자세를 취했다. 예를 들면 2000년 12월말 장충식 전 대한적십자사 총재 사퇴사건,[166] 2001년 1월 홍순영 전 통일부장관 사퇴사건[167] 등이 대표적이다. 김대중·노무현 정부의 편파적인 대북 포용정책에 대한 비판과 경제회복 정책공약에 대한 국민들의 기대로 2008년 2월 탄생한 이명박정부가 '비핵·개방·3000 구상'[168]이라는 대북정책을 제시한데 대해서

---

[164] 조국전선은 1997년 6월 29일 "조선일보를 폭파해 버리고 미구에 조선일보의 악질패당들이 피를 토하고 처참한 죽음을 당하게 만들 것이다"는 요지의 성명을 냈고, 반제민전은 1997년 7월 1일 "조선일보 편집집단을 극악한 반민족적 범죄 집단으로 낙인찍고 모든 수단과 방법을 다해 조선일보사를 폭파해 버리고 악질 편집자들을 가차없이 징벌할 것이다"라는 요지의 경고장을 발표했다.

[165] '조선일보반대시민연대'는 2000년 9월 20일 발족한 단체로서 "조선일보 거부 지식인 선언" 등을 주도하며, 조선일보에 대한 기고, 인터뷰 거부 등을 결의한 바 있고, '조아세'는 "조선일보 없는 아름다운 세상"이라는 단체로 2002년 7월에 결성되어 유인물 배포, 시위주도 등 조직적인 활동을 했다. '라디오21'은 2003년 2월 개국한 인터넷라디오방송으로서 "조선 바로잡기"라는 2시간짜리 조선일보 비평 프로그램을 연속적으로 내보냈다.

[166] 장충식 전 총재가 『월간조선』과의 인터뷰에서 "북한은 우리보다 자유가 없다"고 한 발언을 문제삼아 "그가 있는 한 이산가족 교환방문을 재검토하겠다"며 사퇴압력을 행사하고 관철시켰다.

[167] 홍순영 전 장관이 2000년 11월 "국군의 군사훈련은 당연하다"고 한 발언을 두고 남북장관급회담 결렬책임을 그의 불순한 태도에 있다고 비난하고 "민족 앞에 사죄하라"며 끈질긴 공세를 벌여 사퇴를 관철시켰다.

[168] 실용주의를 표방한 이명박정부의 대북정책으로서, 북한이 핵을 완전히 폐기하고 개방에 나서면 10년 안에 북한의 1인당 국민소득을 3000달러까지 끌어올릴 수 있도록

는 수시로 노골적인 적대감을 표출하며 6.15정신으로 회귀할 것을 압박하였고, 뒤를 이어 2013년 2월 출범한 박근혜정부에 대해서도 같은 전략전술을 구사하고 있다.

## 2. 김일성민족주의 동조역량 확대

동조(同調)란 남의 의견이나 일에 뜻을 같이하고 지지하는 것을 말하고, 이런 사람들이 모여 사회적 역할을 하는 집단을 이루고 세력화되면 이를 동조세력이라고 한다. 동조역량이란 동조세력의 양적 표현이다. 김일성민족주의체제 동조는 김일성민족주의체제 구성원의 입장에서 뜻을 같이하고 지지하는 것을 말하며, 김일성민족주의는 대한민국 안에 있는 동조세력의 행동을 규율하는 규범을 형성하게 된다. 북한이 대남 전략전술적 차원에서 동조역량 확대를 기도하고 있는 중요한 이유이다.

사회적 동조현상은 왜 일어나는가? 사회심리학자인 무자퍼 쉐리프(Muzafer Sherif)는 '자동운동 효과'라는 지각적 착각 실험을 통해 "규범이 형성되고 굳어지는 규범의 결정(norm crystallization)에 정보적 영향이 작용한다"는 것을 입증했다. 어떤 사안에 대해 개인들의 처음 판단은 다양하지만 낯선 사람들이 함께 모여 큰 소리로 자신의 판단을 말하게 하면 그들의 추정치는 비슷해져 결국에는 단일한 결론을 말하게 되고(집단동조 현상), 이러한 집단에서 영향을 받은 개인은 혼자일 때도 계속해서 그 규범을 따른다는 것이다. 일단 집단 규범이 형성되면 이 규범을 만든 원래의 집단이 더 이상 존재하지 않아도 뒤를 이은 사람들에게 영향을 미친다. 앞에서 살펴본 바 있는 조선일보 안티세력들도 그런 사례의 하나라고 할 수 있다.

또한 솔로몬 아슈(Solomon Asch)는 규범적 영향, 즉 다른 사람들로 하여금 자신을 좋아하게 하고 인정받고자 하는 욕망 때문에 동조를 하게 된다는

---

경제적 지원을 하겠다는 것이다.

것을 실험적으로 증명했다. 아슈는 여러 사람을 모아 놓고 기준선과 비교되는 선택지 3개의 선중에서 기준선과 같은 선을 고르도록 하는 동조반응 실험을 여러 차례에 걸쳐 시행했다. 어떤 실험자가 자신의 주변사람들이 일부러 오답을 말할 때 '주변사람들이 말하는 대로 동조할 것인지' 또는 '자신이 확신하는 답을 말할 것인지' 결정해야 하는 환경을 만들고 그 결과를 측정하였다.

실험자들은 자신과 다르게 현실을 보는 다수와 직면했을 때 불안과 불신을 보였는데 25%의 실험자들은 동조하지 않고 완전히 독립적인 반응을 보였으나 50~80%는 적어도 한 번 이상 잘못된 다수의 의견에 동조했고, 1/3은 반 이상의 경우에서 다수의 잘못된 의견을 따랐다.

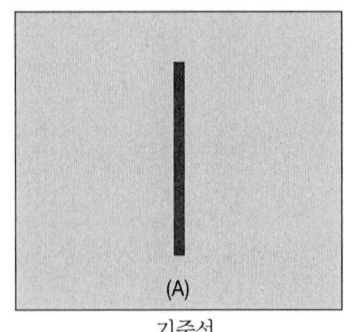 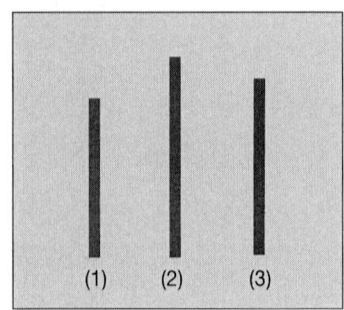

〈그림 10〉 아슈의 실험도구 모형

아슈는 단 3~4명의 집단에서도 강한 동조효과가 생길 수 있고, 집단에서 다수의 잘못된 의견과 다른 의견(정답)을 제시하는 사람이 단 한사람만 있어도 동조를 크게 감소시키는 효과를 보인다는 사실을 발견했다. 한 사람의 파트너만 있어도 다수에의 동조압력으로부터 버틸 수 있다는 것이다. 정답과 오답의 차이가 현격할수록 동조효과는 줄어들지만, 놀랍게도 일부의 경우에는 극단적인 정답과 오답의 차이에도 불구하고 동조를 계속하는 모습을 발견하게 되었다. 아슈의 실험이 보여주는 교훈은 ① 사람들이 규범적 영향(선동)에 완전히 굴복하지는 않고 대부분의 경우는 독자적인 판단을 하고 행

동한다는 것과 ② 사람들이 때로는 아주 분명한 상황(거짓선동)에서도 동조를 한다는 것이다.169)

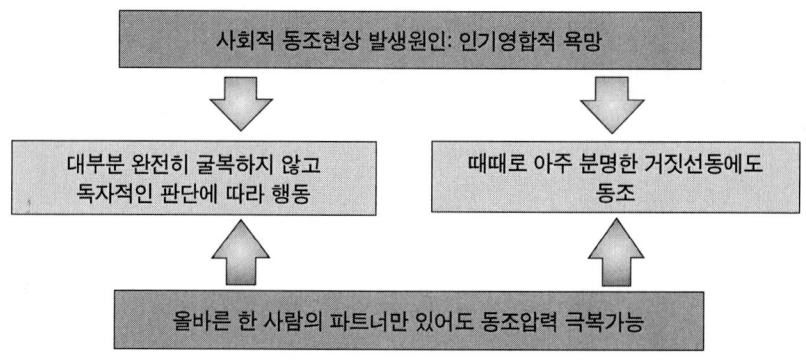

〈그림 11〉 아슈의 실험이 주는 교훈

　북한은 6.15공동선언 이후 통일전선 확산 활동을 위해 '우리민족끼리'라는 공개 인터넷매체를 만들어 주로 우리 국민들과 해외동포를 대상으로 운용하는가 하면, 남북한이 공동으로 참여하는 '6.15공동선언 실천을 위한 남북해외 공동행사 준비위원회(이하 '6.15민족공동위원회'로 표기)'170)같은 단체들도 적극적으로 활용하여 우리민족끼리 이념 확산에 주력해왔다.
　남시욱은 6.15공동선언 이후 벌어진 가장 획기적인 사건으로 2001년 3월 15일 결성된 '6.15 남북 공동선언 실현과 한반도 평화를 위한 통일연대(이하 '통일연대'로 표기)'171)의 출범과 그 활동을 꼽고 있다. 북한은 2001년 2월 대

---

169) 리차드 게릭ㆍ필립 짐바르도, 박권생 외 6인 옮김, 『심리학과 삶』(서울: 시그마프레스, 2006), pp. 439~447에서 발췌 재인용.
170) 2005년 3월 4일 금강산에서 결성선언문을 발표함으로써 발족한 이 단체는 "지도정신은 6.15 공동선언", "통일문제를 주인인 우리민족끼리 힘을 합쳐 풀어나갈 것", "민족공동의 이익을 우선시하고 각자의 의사를 존중하며 6.15공동선언을 중심으로 단결하여 그 실현을 위해 혼신의 노력을 다할 것" 등을 선언했다.
171) 통일연대는 '6.15 공동선언에 동의하는 단체나 개인은 모두 함께한다'는 방침에 따라 민주주의민족통일전국연합, 조국통일범민족연합 남측본부, 한국대학총학생회

남 민간 접촉 창구인 '민족화해협의회(이하 '민화협'으로 표기)'[172]를 통해 "통일연대가 결성되면 나라의 통일을 앞당기는 데서 나서는 실천적 문제들을 함께 협의해 나갈 것"이라는 내용의 팩스를 보냈다. 북한은 '통일연대' 결성식 때도 축사를 보내 그들이 '통일연대'의 굳건한 후원자임을 숨기지 않았다. 그리고 '통일연대'는 외세간섭 반대와 자주통일 실현 · (연방제)통일방안 합의를 위한 논의 확산 · 평화체제 구축과 군비축소 및 군사훈련 반대 · 국가보안법 등 '냉전잔재 청산'을 강조하면서 "미국은 내정간섭과 미사일방어계획을 중단하라"고 북한 정권을 옹호하기도 했다.[173]

'6.15민족공동위원회' 탄생 배경을 살펴보면, 대한민국과 북한의 통일운동 단체들은 2004년 11월 23일 중국에서 실무회담을 열고 해방 60년, 6.15공동선언 발표 5돌을 맞이하는 2005년에 '6.15민족공동위원회'를 결성할 것을 포함한 4개항의 공동보도문을 발표했다. 공동보도문의 주요내용은 2005년은 전쟁반대와 평화통일을 실현하는 중요한 해라고 규정하고 6.15공동행사는 평양에서, 8.15공동행사는 대한민국에서 전개하기로 하였으며 대한민국과 북한, 해외에 각기 지역위원회를 결성하기로 합의했다는 것이다. 그러나 북한에는 명실상부한 민간 통일운동 단체가 존재하지 않기 때문에 북한측의 참여단체는 통일전선부의 외곽조직이라고 보면 된다. 또한 통일전선부는 대표적인 대남 공작기구이므로 '6.15민족공동위원회'가 북측위원회의 의도대로 움직인다면 북한의 대남공작에 동조하는 결과가 된다.

---

연합, 민주노총, 한국노총, 민주노동당 등 30여개 단체가 참여하고 있으며 2001년 3월 15일 출범했다. 자주 · 평화통일 · 민족대단결 등 7.4남북공동성명의 '조국통일 3대원칙'에 기초한 6.15공동선언 실천을 사업목적으로 제시하고 있다.
[172] 북한이 지난 1998년 6월 8.15대축전을 제의하기에 앞서 정계 · 사회 · 문화계 · 종교계 등 각계 단체들과 인사들로 구성한 협의체로서, 김정일의 '민족대단결 5대 방침(1998년 4월)'에서 언급된 '온 민족의 접촉 대화와 연대 연합'을 실현하기 위한 실무기구로 역할하고 있다. '민화협'이라는 같은 약칭을 사용하는 우리나라의 단체는 '민족화해협력범국민협의회'로 정당과 사회단체들이 참가한 통일운동 상설협의체다.
[173] 남시욱, 『한국진보세력연구』(서울: 청미디어, 2009), pp. 456~457.

북한은 매년 6월 15일이면 어김없이 '민족단합대회'나 '민족통일대회'라고 하는 남북행사를 주도하며 '우리민족끼리' 이념 확산을 도모하고 있다. 2008년 6월 15일 '민족통일대회' 위원장으로 나온 안경호는 개막식연설에서 "북과 남의 수뇌분들에 의해 직접 합의 채택되고 온 겨레의 지지환영을 받은 선언들은 민족최고의 민족공동의 통일문건이며 이를 부정하거나 뒤집을 권리는 우리민족 그 누구에게도 없습니다. (중략) 오늘 우리에게 가장 절실한 문제는 우리민족끼리 힘을 합쳐 6.15공동선언을 흔들림 없이 끝까지 고수하고 실천하려는 의지와 신념을 간직하는 것입니다. 6.15공동선언이야말로 우리 겨레가 나라의 통일을 위한 수십 년간의 간고한 투쟁을 통하여 획득한 고귀한 결실입니다"라고 하면서 '달라진 통일 환경과 조건에 맞게 각오와 자세, 활동방식도 달리해서 투쟁할 것'을 선동했다.

북한은 6.15공동선언 이전은 물론이고 '우리민족끼리' 이념이 대두된 2000년 6월 후에도 자신들의 입장에 동조하면 민족적이고, 그렇지 않으면 반민족적, 역적 등으로 매도하면서 타도의 대상으로 삼아 '김일성민족주의체제' 동조세력 확산에 주력해 왔다. 대한민국 구성원들을 자기편(북한 편)과 적으로 구분하여 상호 투쟁하도록 분열을 유도하고, '우리민족끼리' 이념을 내세워 동조세력을 늘려가는 한편 자유민주주의체제 수호세력을 적으로 간주하여 고립, 압박하고 공격하는 행태를 지속하고 있다.

### 3. 진보가치의 왜곡과 비판의식 퇴화

인류역사는 오랜 기간 인간을 중심으로 해서 여러 사실들이 전개되고 변화해 온 과정이다. 그러한 변화과정 속에는 인류 발전에 긍정적으로 기여하는 과정도 있고, 반대로 부정적 영향을 미치는 과정도 있다. 역사적인 관점에서, 진보(Progress)와 퇴보(Regress)는 일상적인 역사과정 중에 나타난 일련의 현상에 가치를 부여한 개념이다. 인간 심리에는 현재의 상태에서 안정을 희구하는 경향과 현재의 상황을 벗어나 새로운 것을 희구하는 경향의 2가지 보편적 경향성이 있는데, 역사에서는 진보도 퇴보도 아닌 보수 현상도 있다. 그래서 역사적 현상은 보수·진보·퇴보의 세 가지 중 하나로 나타난다고 할 수 있다. 그러나 인류의 모든 활동은 '안정희구(보수)와 변화희구(진보)'의 두 가지 심리적 경향성의 상호작용에 의해 원활히 행해지는 것이 일반적이고, 독일의 역사학자 데오도르 린드너(Theodor Lindner)는 이를 '지속(Beharrung)과 변화(Veranderung)의 법칙'이라고 하였다.

진보가치는 현재의 상황을 벗어나 새로운 것을 희구하는 경향 중에서도 '인류역사 발전에 긍정적으로 기여하는 이념적 가치'를 의미하는 것이다. 따라서 보편적 진보가치는 '모든 사람에게 긍정적으로 인식되는 변화지향의 이념적 가치'라고 할 수 있다. 진보가치들은 일정한 시기에 사회에서 의미 있는 것으로 공인이 되고 이를 구현할 수 있는 기반이 구축되면 그 때는 보수가치로 전환되기도 한다. 한번 진보적이었던 것은 영원히 진보적인 것으로 남아 있는 것이 아니라 진보적인 것이 상당한 정도 지지를 받아 정착하게 되면 그것을 주장했던 사람들은 그것을 지키려고 하게 되고, 따라서 그것은 보수적인 가치로 전환되는 것이며 그 주장자들은 보수주의자가 된다.

사회가 보수화되면 진보세력은 사라지는가 하면 그렇지 않다. 인류는 본성적으로 생존과 발전을 추구하게 되므로 새로운 진보 이념과 세력이 다시 등장하여 새로운 가치를 추구하게 되고, 새로운 가치가 보편적으로 인정받아 지배적이 되면 그것은 다시 보수화된다. 그러므로 진보세력과 보수세력은 항상 대립적으로 존재하면서 때때로 타협한다. 진보적 가치와 보수적 가치는 한 시점에서 보면 대립적이지만 통사적(通史的)으로 보면 대립 → 전환 → 대립의 과정을 반복한다고 할 수 있다. 진보의 가치가 보수의 가치로 전환되지 못하면 그 가치는 반동적(反動的)인 것이 되고 반역사적(反歷史的)인 것이 되며 결국은 도태하게 된다.

자유·평등·인권·평화 등은 한 때 진보주의자들의 이념적 가치였으나 오늘날은 진보주의자들의 여전한 이념적 가치이면서 보수주의자들의 이념적 가치이기도 하다. 인류의 보편적 가치로 전환된 것이다. 아직도 자유·평등·인권·평화 등을 진보주의자들만의 가치라고 고집한다면 이는 역사의 진보를 인정하지 않는 수구적 행태라고 할 수 있다. 하지만 더 나아가 이런 가치를 무시하거나 억압하는 것은 진보적 입장도 아니고 보수적 입장도 아니라 후진적 퇴보적 행태에 불과하다. 이런 행태는 이미 진전을 보인 역사에 반한다는 점에서 반역적이고, 반동적이라고 할 수 있다.

진보적 가치와 보수적 가치는 선악으로 대비시킬 수 없는 것이나, 일부 진보주의자들은 자기주장을 정당화하기 위해 진보는 항상 보수보다 좋은 것이라고 선악으로 대비시키려 하는 경향[174]이 있다. 그렇기 때문에 수구적 진보주의자들에 의해 진보의 가치가 왜곡되는 현상이 간혹 일어난다. 진보가치에 대한 개념에 혼란을 야기하거나, 한 때 진보가치로 내세웠던 것을 계속 고집함으로써 수구적인 행태를 보일 때 진보가치의 왜곡이 발생하는 것이다. 또 한 가지는 어떤 행위주체가 연대의 대상이거나 동조해야 할 대상일 경우 그를 편애함으로써 객관적 비판을 제기하지 못하고 오히려 옹호하려고 할 때에 진보가치의 왜곡이 발생한다. 그리고 진보주의자들의 가치에 대한 인식에 왜곡이 빈번히 일어나면 그들은 현실에 대해 올바른 비판을 할 수 없고 따라서 그들의 비판의식은 자연히 퇴화된다.

'진보와 보수' 또는 '진보 대 보수'라는 개념과 유사하게 쓰이고 있는 것으로 '좌파와 우파' 또는 '좌익 대 우익'이라는 용어가 있다. 좌파와 우파라는 용어는 1789년 프랑스혁명 직후 의회에서의 좌석배치에서 생겨난 용어라는 사실은 일반적으로 잘 알려져 있다. 당시 의회에서 의장석을 중심으로 오른쪽에 앉아 공화주의를 주장하면서도 체제를 크게 바꾸지 않으려는 귀족중심

---

[174] '진부가치 신봉자'로 알려진 노무현은 2004년 5월 27일 연세대에서 열린 리더십 특강에서 "보수는 힘 센 사람이 좀 마음대로 하자, 경쟁에서 승리한 사람에게 거의 모든 보상을 주는 것 (중략) 복잡하게 얘기할 것 없다. 보수·합리적 보수·따뜻한 보수, 별놈의 보수를 다 갖다 놔도 보수는 바꾸지 말자는 것이다. 진보는 더불어 살자, 인간은 어차피 사회를 이루어 살도록 만들어 있으니 더불어 살자, 고쳐가면서 살자 하는 것이 진보다"라고 연설했다. 남시욱(2009), pp. 478~479.

의 왕당파 (지롱드파)가 있었고, 왼쪽에는 과격하고 혁신적인 체제변혁을 모색하는 부르주아 중심의 산악당파(자코뱅파)가 앉아 있었다.

자유주의 세력도 절대군주제 아래서는 왕당파에 비해 진보세력이었다가 이후 사회주의세력이 새로이 등장하자 보수세력이 되었다. 보수주의의 내용도 시대와 나라마다 다르다. 영국의 보수주의는 혁명대신에 의회정치제도를 지키자는 것이고, 독일과 프랑스의 현대 보수주의는 사회주의혁명으로부터 기존의 공화정을 지키자는 것이며, 미국 보수주의는 200여 년 전 독립선언서에 규정된 자유민주주의를 지키자는 것이다. 우리나라에서는 보통 좌파세력은 진보세력, 우파세력은 보수세력으로 인식되고 있는데 이는 왜곡된 것이다. 또 '좌파는 못가진 자', '우파는 가진 자'라는 인식도 종종 보이는데 이것 역시 왜곡된 것이다.

우파(보수) 대 좌파(진보) 진영 간의 이념적 갈등은 어느 시대 어느 나라에서도 있어 왔으나 우리나라에서의 우파와 좌파, 보수와 진보 사이의 이념적 대립은 그 정도에서 전례가 없을 정도로 심각하다. 외형상 논쟁이 매우 뜨거운 것처럼 보이나 정치적 개인적 동기에서 수사적(修辭的)으로 이념을 이용하는 수준에 불과하다. 도대체 보수가 무엇이고, 진보가 무엇인지 그리고 각자 추구하는 가치가 무엇인지에 대해 진지한 성찰이 없이 편 가르거나 상대방을 비난하고 제압하는 수단으로 논쟁이 공허하게 진행되고 있다.[175]

그런 가운데 북한의 '우리민족끼리' 전략전술은 6.15공동선언 이후 우리 사회에 파고들어 진보주의자들의 이념적 가치를 더욱 혼란시키고 있다. 마르크스-레닌주의를 바탕으로 한 공산사회주의가 한 때는 진보사상으로 인정을 받았던 때가 있었으나 탈냉전기를 거치면서 공산사회주의체제가 실패했음이 명백해졌다. 진보가 아니라 퇴보임이 분명해진 것이다. 그러므로 사회주의체제의 돌연변이 형태인 '김일성민족주의·봉건적 군주제'로 퇴보한

---

[175] 최광, "개념과 이념의 오류 및 혼란과 국가정책," 『제도와 경제』 제5권 제5호(서울: 한국제도경제학회, 2011), p. 18.

북한체제를 옹호하거나 추종하는 '종북세력' 내지 이에 동조하는 세력은 진보세력이라고 할 수 없다. 이미 실패한 진보이념을 붙들고 진보사상이라고 고집하는 사람들은 수구세력이다. 진보를 자처하는 사람들이 심각한 북한인권문제에 침묵하거나 북한인권법제정에 반대를 하고, 북한 핵무기 등 대량살상무기 개발과 보유를 옹호하며, 북한체제의 모순을 외면하는 현상을 보이는 것은 바로 진보가치의 왜곡이며, 이는 북한의 통일전선과 선전선동 전술의 영향 때문이라고 할 수 있다.

최광은 "우리나라의 경우 이념논쟁이라고 하면 으레 보수와 진보 간의 논쟁으로 인식되나 사실 보수와 진보라는 용어나 명칭 자체도 매우 부정확하다"고 주장하면서 다음과 같이 설명한다. 우리나라의 민주당이나 민주노동당(통합진보당의 전신)은 스스로 진보정당이라 한다. 두 정당 모두 효율보다는 공정, 성장보다는 분배, 개인보다는 공동체를 우선시 하는 점에서 좌파정당이다. 우리나라에선 좋은 이미지의 '진보'라는 이름은 좌파가 독차지하고 낡고 뒤처져 보이는 '보수'는 우파 간판으로 자리가 잡혔는데 이는 참으로 잘못된 구분과 인식이다.

점진적 변화를 추구하는 우파를 '보수'라 하고, 급진적 방식으로 사회를 변화시키려는 좌파를 '진보'로 알지만 탈냉전 이후 공산권에서 전개되는 상황을 놓고 보면 그러한 등식은 성립하지 않는다. 소련을 무너뜨려 변화를 추구한 '페레스트로이카'는 진보적이었지만 급격한 변화를 모색하는 좌파는 아니었다. 중국에서 자본주의적 개혁을 지향하는 세력은 진보이고 공산당식 교조(敎條)에 집착하는 세력은 보수다. 진보인 우파도 있고 보수인 좌파도 있는 셈이다. 변화를 추구하는 가치의 내용에 따라 좌파와 우파를 구분하는 것이 변화의 과정을 중시하는 진보·보수의 구분보다 중요하며 의미가 크다.

북한의 김일성·김정일·김정은은 자신들의 권력을 유지하려는 보수 세력이고 이들에 반대하여 투쟁하는 집단이 있다면 그들은 진보 세력일 것이다. 문제는 이념적으로 평등우선·분배·집단주의를 똑 같이 강조하는 대한민국의 민주노동당과 북한 김일성일가정권 세력이 정반대로 지칭된다는 점이다. 민주노동당은 대한민국에서 진보세력으로 불리고, 김일성일가정권 세력은 북한에서 분명 강한 보수세력인 것이다. 이처럼 개념상 동일시기에 같은 지향성을 갖는 정치세력에 대해 반대로 부르는 모순을 벗어나려고 하면, 평등우선·분배·집단주의를 강조하는 세력을 '좌파'라 하고, 자유우선·성장·개인주의를 강조하는 세력을 '우파'라 불러야 한다. 그러면 북한의 집권세력과 남한의 민주노동당 모두 좌파세력이 된다.

대한민국의 경우 조선조 말 수구파의 쇄국정책에 반대하여 문명개화와 자유주의, 그리고 영국식 입헌군주제도를 주장한 개화파들은 진보세력이었다. 1920년대 일제식민지 한반도에 레닌의 민족해방론과 사회주의혁명사상에 공감하는 공산주의자들이 출현해 '진보적 민주주의자'들로 주창하게 되자 종래의 진보·민족주의 세력은 보수세력이 되었다. 1922년 말부터 한반도 사회에서는 '우리가 취할 길이 사회주의에 있는가, 아니면 민족주의에 있는가'라는 문제를 둘러싸고 논쟁이 일어났다. 이때부터 '민족주의 세력은 보수'로, '사회주의 세력은 진보'로 불리기 시작했다. 이 같은 보수·진보의 이념 판도는 8.15해방 후에도 그대로 지속되어 대한민국을 건립한 세력은 보수·우익, 이를 반대한 세력은 진보·좌익으로 자리매김 된 채 오늘에 이르렀다.[176]

김일성·김정일·김정은은 3대에 걸쳐 세습하면서 국가권력을 장악하고 국가최고지도자로 군림하면서도 주민을 제대로 먹여 살리지 못하고[177] 개

---

176) 최광(2011), pp. 26~27.
177) 김정일은 "지금 우리나라는 정치사상적 면에서는 말할 것도 없고 군사 면에서도 강국 지위에 올라섰지만 인민생활에는 걸린 것(부족한 점)이 적지 않다, 수령님(김일성)은 인민들이 흰 쌀밥에 고깃국을 먹으며 비단옷을 입고 기와집에서 살게 해야 한다고 하셨는데 우리는 이 유훈을 관철하지 못하고 있다(로동신문, 2010.1.9). 아직 우리 인민들이 강냉이밥을 먹고 있는 것이 제일 가슴 아프다. 이제 내가 할 일은 세상에서 제일 훌륭한 우리 인민들에게 흰 쌀밥을 먹이고 밀가루로 만든 빵이랑 칼제비국(칼국수)을 마음껏 먹게 하는 것이다."(로동신문, 2010.2.1)라며 얼핏 들어서는 마음 따뜻한 군주(君主)가 헐벗고 굶주린 인민을 보며 가슴 아파하는 말처럼 들리지만 실패를 인정하는 고백을 했다; 이명박 전 대통령이 2009년 2월 12일 청와대에서 한

인의 자유를 억압하면서 민족을 분열시키는 김일성주의체제의 강화에만 열중했다. 그런데도 대내외적으로 스스로를 진보진영이라고 자처하고 민족주의를 강조하면서 '우리민족끼리'를 대남 전략전술의 도구로 활용하여 대한민국 안에 통일전선을 형성하고 동조세력을 확산시킴으로써 우리 국민들 중에는 북한정권에 대한 인식에 혼란을 겪는 사람이 많이 늘어나게 되었다. 북한체제가 대한민국 체제보다 더 진보적이고 민족주의적이라고 하면서 기만전술을 구사해온 것이다. 그러나 김일성은 정권출범 초기부터 독재권력이 안정화될 때까지 자신에게 유리한 사람은 친일경력이 있어도 중용[178]하였으면서, 친일청산을 내세워 경쟁자들을 무자비하게 숙청하고 그 세력을 제거했다. 그럼에도 불구하고 대한민국 정권은 '친일부역정권'이고 자신들은 '민족자주정권'이라고 사실을 왜곡하고 우월성을 거짓 선전했다.

　북한은 앞에서 살펴 본 것처럼 반민족적·민족분열적 행태를 보이면서 다른 한편으로는 '우리민족끼리' 전략전술을 활용해 ① 대한민국 내 통일전선 형성과 남남갈등 조장 ② 김일성민족주의체제 동조역량 확대를 통해 우리 사회에 대한 영향력 확대를 도모해왔다. 북한의 '우리민족끼리' 주장은 우리 국민들로 하여금 민족의식에 대한 열정을 높이고 북한에 대한 관심도를 제고시키는 면도 있었지만, 반면에 ① 보편적 진보가치를 왜곡시키고 ② 김일성일가 독재정권에 대한 비판의식을 퇴화시키는 부정적 측면을 크게 확대시켰다.

---

　나라당 청년위원회 관계자들과 만찬을 하며 북한에 대해 '하루 세끼 밥 먹는 것을 걱정하는 사회주의'라고 했다.

[178] 일본헌병출신인 김영주 전 부주서, 일본중추원 참의출신인 김헌근 전 사법부정, 일본 도의원출신인 강양욱 전 최고인민회의 상임위원장, 일본 아사히신문 서울지국 기자출신 정국은 전 문화선전성 부부상, 친일단체 '대화숙' 출신인 조일명 전 문화선전성 부상, 일본 임전대책협의회 활동자 홍명희 전 부수상 등을 중용했다: 기광서, "해방 후 북한 중앙정권기관의 형성과 변화(1945~1948년)," 『평화연구』, vol.19 no.2,(서울: 고려대학교 평화와 민주주의 연구소, 2011), p. 357.

# 북한의 정치전략 비판과 대응

## 제1절 김일성민족주의 비판

### 1. 이념적·체제적 폐쇄성

김일성일가 세습독재체제는 권력을 사유화하고 절대화하기 위해서 오랫동안에 걸쳐 북한사회를 시·공간(時空間)의 모든 측면에서 점점 폐쇄사회로 만들어 왔다. 오늘날 북한은 김일성일가의 나라가 되었고 그 백성들은 '김일성민족', '김일성후손'으로 규정되었다. 김일성일가정권은 독재체제를 구축하고 운영하는 과정에 필연적으로 수반되는 폭정의 실태가 외부세계에 노출되어 국제사회로부터 지탄과 개선의 압박을 받는 것을 회피하고, 외부세계의 자유사조가 북한 주민들에게 전달되어 비판의식이 싹트는 것을 막지 않으면, 정권유지가 어렵기 때문에 계속해서 폐쇄정책을 선택하지 않을 수 없었다.

'조선이 없으면 지구도 없다'는 구호[179]는 김정일의 발언에서 비롯된 것인

---

[179] 1990년대 초 미국이 북한 영변핵시설에 대해 '외과수술식 폭격'을 논하던 시기에 김정일이 김일성의 면전에서 사생결단의 결전의지를 보인 발언으로 노동신문 등 북한 간행물에 자주 소개되는 표현이다.

데 "국제사회의 관계를 더불어 살아가는 '공생의 관계'로 보기보다는 '적대적 관계'로 인식하는 폐쇄적 사고를 보여주고 있다."[180] 문제는 이런 사고방식이 김일성민족주의 이데올로기와 결부되면서 '김일성일가정권이 없으면 지구도 필요 없다'는 인식으로 변환되고, 북한의 대내외 정책에 실제로 반영되어 왔다는 점이다. 서울 88올림픽을 무산시키려고 KAL기를 폭파하여 무고한 근로자들을 희생시켰으며, 대남공작원에게 일본어 교육을 시키겠다고 일본인을 납치하여 인권을 유린했고, 국제사회의 일치된 반대의견에도 불구하고 핵무기 보유를 고집함으로써 일반주민들의 삶의 고통을 외면하는 것과 같은 어처구니없고 불합리한 행적들을 보여 온 사실이 이를 증명한다.

북한체제의 폐쇄성은 대남정책을 포함한 대외정책은 물론이고 대내 정치·경제·사회·문화·종교 등 모든 분야에서 장기간에 걸쳐 구조화되고 일상화되었다. 예를 들자면 '우리식대로 살자'라든가 '조선이 없으면 지구도 없다'는 등의 구호가 각 분야에서 일상화 된 것이 이를 상징적으로 보여준다. 북한이 핵무기를 개발하고 국제적 제제 압박 속에서 허우적대는 상황도 폐쇄성의 결과다. 북한사회의 계층구조·정보유통의 통제·주민들의 국내외 여행자유 제한도 폐쇄성을 잘 보여주는 대표적인 것들이다.

북한에서 폐쇄성을 탈피해보자는 시도를 전혀 하지 않았던 것은 아니다. 처음 체제개혁의 의제가 대두된 것은 1950년대 중반 소련에서 비롯된 개인숭배 비판과 평화공존론 등 탈스탈린주의가 전 세계적으로 확산되던 시기였다. 그러나 김일성은 탈스탈린주의 조류를 의식하여 "자유주의·수정주의적 경향이 나타나는 것은 반당종파분자들이 다른 나라에서 밀수입해 온 자본주의·수정주의의 영향 때문입니다"[181]라고 하면서 체제에 대한 위협요인으로 간주하였다. 그에 따라 1955년 12월 28일 '사상사업에서 교조주의와

---

180) 이병호, "[시론] 김정일 어록의 비이성적 멘털리티," 『조선일보』 2005년 2월 27일자.
181) 김일성, "현실을 반영하는 문학예술 작품을 많이 창작하자," 『김일성저작집 10』(평양: 조선로동당출판사, 1980), p. 460.

형식주의를 퇴치하고 주체를 확립할 데 대하여'182)라는 연설을 통해 당내 소련식과 중국식 정치사업 도입 행태를 모두 비판하고, 당 사상사업의 주제는 '조선혁명'이라고 강조하면서 '우리식 정치사업 방법'을 창조하기 위해 주체를 확립할 것을 촉구함으로써 반개혁적으로 대응하였다.

이와 관련된 정치적 권력투쟁 및 숙청사건 중에서 대표적인 것이 1956년 '8월종파사건'과 1967년 '갑산파숙청사건'이라고 할 수 있다. '8월종파사건'은 중공업우선노선을 주장한 김일성파가 인민생활향상과 경공업우선노선을 주장한 박창옥 등 소련파와 최창익 등 연안파(중국파)를 '현대 수정주의의 영향을 받은 반혁명분자'로 몰아 숙청한 사건이고, '갑산파숙청사건'은 리베르만의 이윤도입 방식에 기초한 러시아 코시킨의 개혁정책 일부를 도입하려 한 박금철, 김도만 등을 '수정주의 이론의 영향을 받아 자본주의 기업관리 방법을 퍼뜨리려는 부르주아 분자'로 몰아 숙청한 사건이다.

이후 북한은 어떤 상황에서든 외부의 개혁압력에 대해 '주체강화'를 기본전략으로 강조함으로써, 문제가 있는 정책을 조정하여 변화에 적응하려 하기 보다는 '주체강화'를 우선 내세워 김일성민족주의를 강화하는 폐쇄성을 나타내게 되었다. 북한의 '주체강화' 전략은 민족적 독자성을 부각하는 방식으로 추진되었는데, 김정일은 민족적 독자성을 앞세운 '주체강화' 전략을 제도화하여 이를 '우리식 사회주의'라고 규정하였다.183)

1970년대 후반 중국이 개혁·개방 정책을 시작할 때에도 처음에는 '주체강화' 전략으로 대응했다. 그러다 뒤늦게 1984년 9월 합영법 제정을 통해 외국과의 교류를 모색하기 시작하고, 자립적 민족경제 건설과 외부로부터의 현대적 기술 설비 도입 병행정책을 시도하였지만 결국 성공을 거두지 못했다. 1980년대 후반이후 구소련과 동구 사회주의 국가들이 무너지는 등 세계

---

182) 김일성, 『김일성저작집 18』(평양: 조선로동당출판사, 1982), pp. 467~495.
183) 김정일, "우리나라 사회주의는 주체사상을 구현한 우리식 사회주의이다," 『김정일선집 10』(평양: 조선로동당출판사, 1997), pp. 471~510.

정세가 급박하게 변하게 되자 북한정권은 이번에도 '주체강화' 전략을 우선하여 폐쇄성을 보였다. 혁명적 당풍확립을 위한 사상전(1987년 9월~1988년 5월)·외부 자유사조 유입 차단을 위한 모기장론(1989년 6월)·조선민족제일주의 고취(1989년 12월)·우리식 사회주의 우월성을 강조하는 노작 발표와 잇단 주민학습을 통한 사상통제 정책을 추진하는 것으로 대응하였던 것이다.

김정일은 1997년 10월 당 총비서와 당 중앙군사위원장에 추대되고, 1998년 9월 국방위원장에 취임하여 명실상부한 최고지도자가 되었다. 그는 이 과정에서 "어떤 바람이 불어와도 우리 당과 인민은 결코 개혁·개방의 길로 나아가지 않을 것이다"라고 하거나 "개혁·개방은 망국의 길이므로 절대 허용할 수 없으며 우리의 강성대국은 자력갱생의 강성대국이다"라고 주장했다. 그리고 '자립적 민족경제 건설노선'을 표방하여 전통적인 방식대로 자력갱생, 내부예비·최대 동원을 추구하면서 '사회주의 강행군'[184]을 선언하였다.

김정일은 2000년대 들어 한때 개혁·개방을 본격화 하려는 듯한 태도를 보이기도 했다. 2000년 5월 중국 북경을 방문하여 중국의 실리콘밸리라고 하는 '쭝관춘(中關村)'을 시찰한 후 "중국은 개혁·개방으로 국력이 증대되었다. 덩샤오핑(鄧小平)의 노선이 옳았다"고 반응하였다. 그리고 2001년 1월에는 중국 상하이를 방문하여 증권거래소·정보통신 및 기간산업 시설을 참관한 후 주룽지(朱鎔基) 총리에게 '천지개벽되었다', '상상을 초월한다'는 등의 소감을 피력했고, 장쩌민(江澤民) 국가주석에게는 "중국의 엄청나 변화는 중국 공산당이 실행한 개혁·개방 정책이 옳았다는 것을 증명해준다"는 취지의 반응을 보였다. 이후 북한에서는 2002년 들어 ① 상품가격과 생활

---

184) 북한은 1998년을 '사회주의 강행군의 해'로 정했다. 경제가 어려웠던 시기를 '고난의 행군, 강행군 시기'로 표현하는데, 그 기간은 1994~1997년의 고난의 행군 시기와 1998~2000년간 강행군 시기를 포괄하며, 2000년 10월 당 창건 55돌 열병식 연설을 통해 '고난의 행군' 공식 종료를 선언했다. 한기범(2009), p. 104. 각주 78)에서 일부 인용.

비의 현실화, ② 번 수입에 의한 기업 독립채산제 평가, ③ 분조관리제 중심의 협동농장 운영, ④ 전략지표 외 국가계획 수립 권한 이관, ⑤ 현금지표에 의한 생산관리 등으로 요약되는 '경제관리개선' 조치가 이루어졌다. 주민들에게 미치는 파급효과가 가장 크고 중요한 '상품가격과 생활비 조정'을 핵심으로 하는 정책변경조치가 소위 '7.1 경제관리개선조치'이다.

〈표 10〉 북한의 대표적 종합시장 분포

| 위치 | 시장이름 | 특징 |
|---|---|---|
| 평안북도 | 채하 | 중국 수입품 전국 유통경로 |
| 함경북도 | 회령 | 중국 상인들에게도 매대 허용 |
| 평안남도 | 평성 | 북한 최대의 도·소매 상품 유통 중심지 |
| 평양직할시 | 통일거리 | 2003년 8월 본보기로 개장한 북한의 대표적 종합시장. 판매건물 3동, 주차장 완비 |
| | 중앙 | 평양 제2의 종합시장 |
| | 평양 | - |
| | 강서 | - |
| 황해북도 | 사리원 | 곡물, 식료품, 의류 대량 유통 |
| 황해남도 | 산성 | - |

※ 참고: 조선일보 DB

〈표 11〉 북한의 주요 경제지표(2012년 기준)

GDP 296달러 환율 1달러=7000~8000원(시장가격. 공식환율은 달러당 130원 안팎)

| 최근 5년간 GDP 성장률 | |
|---|---|
| 연도 | 성장률(%) |
| 2008 | 3.1 |
| 2009 | -0.9 |
| 2010 | -0.5 |
| 2011 | 0.8 |
| 2012 | 1.3 |

※ 참고: 조선일보 DB

김정일이 2003년 3월 '시장장려' 조치를 취한 이후, 북한에는 기존의 노천 '농민시장'[185]을 증개축하여 종합시장으로 만들고 평양의 통일거리시장, 평남의 평성시장 등 많을 때는 300개쯤 종합시장이 개설되어 운영되기도 하였다.

다른 한편, 김정일은 2003년 9월 2기 정권을 출범시키면서 내각총리 홍성남을 박봉주로 교체하고 그에게 '나라의 경제를 통일적으로 지도 관리할 것'과 '경제관리사업에서 반드시 새로운 전환을 가져오도록 할 것'을 주문하고 재량권을 부여하였다. 이에 따라 북한 내각은 2004년부터 '가족영농제(포전담당제)' 시범실시·기업소 부업농제 실시·기업경영 자율화 시범실시·노동행정체계 개선과 독립채산제 확대·경제관리구조 개혁과 시장경제 타진·유통체계 개혁과 시장가격 영역 확대·금융구조 개혁·곡물가격 안정화 대책 제시 등 시장경제를 모색했다.

하지만 2005년 봄부터 당이 '사회전반에 비사회주의 현상 만연'을 주장하며 '사회주의 원칙 고수'를 들고 나왔다. 그러자 김정일은 2007년 8월 시장을 '비사회주의의 서식지'로 규정하였고, 2008년 6월 '사회주의 원칙' 고수와 개혁으로부터의 전면적 후퇴를 선언하여 '혁명의 주체강화' 논리가 북한사회를 압도하게 되었다. 김정일은 2008년 6월 18일 '경제사업에서 사회주의 원칙을 고수하며 사회주의경제의 우월성을 높이 발양시킬 데 대하여'라는 담화를 통해 "일부 사람들은 사회주의 원칙에서 벗어나 나라의 경제를 개혁·개방하여 시장경제로 넘어가는 것처럼 이해하는 것 같은데 이것은 아주 잘못된 생각이다. 경제지도일군들이 시장과 시장경제에 대한 그릇된 인식을 가지게 되는 것은 사상의 빈곤·지식의 빈곤에 빠져있다는 것을 말해준다"고 지적했다. 2009년 1월부터 상설 종합시장이 과거 농민시장 형태인 10일장으로 바뀌고, 2002년 7.1조치로 허용되었던 뙈기밭도 협동농장에 강제 귀속되었으며, 2009년 11월 30일에는 '화폐교환사업'을 전격적으로 단행하여

---

185) 농민시장은 평양시에 구역별로 1개, 기타 시단위에 3~5개, 군단위에 2~3개씩, 전국에 400~600여 개 있었던 것으로 알려져 있다.

일시에 시중자금을 강제 회수하는 통제조치를 취하였다. 경제개혁 후퇴이후 북한의 정치체제는 더욱 경직되면서 '좌경 기회주의'가 팽배해지고, 주민들은 '은밀한 시장'에 의존해야 하는 '고통의 행군'이 시작된 것이다.186)

북한사회의 계층구조도 폐쇄성을 잘 보여주는 것 중 하나다. 북한사회의 계층구조는 개인이 속해있는 토대와 성분에 근거한 것이기 때문에, 아주 특별한 경우를 제외하고는 자신의 노력에 의하여 신분을 개선할 수 있는 기회가 거의 봉쇄되어 있다.

<표 12> 북한주민 성분 계층 분류

| 3계층 | 51개 부류 | 대우 |
| --- | --- | --- |
| 핵심계층 : 28% | 노동자, 고농(머슴), 빈농, 사무원(당·정 근무자), 노동당원, 혁명유가족(항일유가족), 애국열사유가족(6.25 비전투 희생 유가족), 혁명인테리, 6.25당시 전사자 및 피살자 가족, 후방가족(현역군인의 가족), 영예가족(상이군인) | 당·정·군 간부 등용<br><br>진학, 승진, 배급, 거주, 진료 등의 특혜 부여 |
| 동요계층 : 45% | 중소상인, 수공업자, 소공장주, 하층접객업자, 중산층접객업자, 무소속 남한출신, 월남자가족(제1·2·3부류), 중농, 민족자본가, 중국귀환민, 8.15이전 인텔리, 안일·부화·방탕한 자, 접대부 및 미신숭배자, 유학자 및 지방유지, 경제사범 | 각종 하급간부 및 기술자로 진출<br><br>극소수는 핵심계층으로 신분이동 |
| 적대계층 : 27% | 8.15이후 중소기업가·부농·상공업자에서 전락된 노동자, 부농, 지주, 친일·친미행위자, 반동관료배, 천도교청우당원, 입북자, 기독교신자, 불교신자, 천주교신자, 출당자, 철직자, 적기관복무자, 체포·투옥자 가족, 간첩관계자, 반당·반혁명 종파분자, 처단자가족, 출소자, 정치범, 민주당원, 개인재산을 완전 몰수당한 자본가 | 유해 중노동 종사, 입학·진학·입당 봉쇄 탄압, 제재·감시·포섭 대상으로 분류하여 제재대상자는 강제이주·격리 수용, 감시대상자는 항시 통태감시, 포섭대상자는 집중 교양 후 극소수 자녀 계층 재분류 |

※ 출처: 통일부, 『2000 북한개요』, p. 420.

186) 한기범(2009), pp. 80~215. 제3장 '북한의 경제개혁 모색과 착근'과 제4장 '확대와 후퇴'의 내용 중 발췌 인용.

경제난 이전 시기 북한의 계층구조는 소득과 재산 등 경제적 기준보다는 성분이라는 정치적 잣대에 의해 구분되었다. 북한은 1970년 주민재등록사업 시행 이후 주민들을 핵심계층(28%), 동요계층(45%), 적대계층(27%)의 3계층 51개 부류로 분류하여 관리해왔으며, 1990년대부터는 기본군중, 복잡군중, 적대계급・잔여분자로 분류하고 있다. 기본군중에는 혁명가・혁명가 가족・영예군인・접견자・영웅・공로자・제대군인 등이 포함되며, 복잡군중은 계급적 토대・사회정치생활 경위・가정 주위 환경으로부터 정치적으로 복잡한 문제가 있는 계층으로 인민군대 입대 기피자・정치범 교화출소자 및 가족・월남자 가족・지주가족・부농가족 등이 포함된다. 적대계급・잔여분자는 지주・부농・예속자본가・친일파・종파분자 등이 해당한다. 핵심계층에 속하는 주민은 사상범이나 중죄를 저지르지 않는 한 핵심적 지위를 유지할 뿐 아니라, 그 지위는 후손에게도 이어진다. 반면 출신 성분이 나쁘면, 개인적 능력에 관계없이 상위계층으로의 진입이 쉽게 허용되지 않는다. 경우에 따라 기본군중이 핵심계층으로 또 복잡계층이 기본군중으로 재분류되기도 하는데, 이는 '당성'이라는 정치적 기준에 의해 결정된다.[187]

언론의 자유도 사실상 인정되지 않는다. 북한은 당국의 입장과 다른 정치적 의사표시를 하지 못하도록 철저히 통제할 뿐 아니라, 외부 정보의 유입을 막기 위해 모든 통신수단을 통제한다. 북한주민은 라디오, TV, 녹음기 등 매체를 입수하게 되면 1주일 이내로 당국에 신고해야 하고 봉인을 받아야 한다. 북한의 모든 라디오의 주파수는 중앙방송에 고정되어 있으며, 봉인이 뜯겨져 있을 경우 불법으로 외국 방송을 청취한 것으로 간주하고 정치범으로 처벌된다.[188] 북한 헌법은 제67조에 "공민은 언론, 출판, 집회, 시위와 결사의 자유를 가진다. 국가는 민주주의적 정당, 사회단체의 자유로운 활동조건

---

[187] 통일교육원, 『북한이해 2013』(서울: 통일부 통일교육원, 2013), p. 230.; 전현준, "북한의 사회통제기구 고찰: 인민보안성을 중심으로"(서울: 통일연구원, 2003), pp. 56~58.
[188] 통일교육원(2013), p. 263.

을 보장한다"라고 규정하고 있다. 그러나 이와 같은 언론의 자유는 인민생활을 지배하는 '유일사상 체계확립 10대원칙'과 각종 '교시'에 의해 엄격히 제한받고, 헌법 제63조에 규정된 '집단주의 원칙'과 제81조에 규정된 '정치사상적 통일과 단결의 수호' 의무, 제85조에 규정된 '혁명적 경각성 및 국가를 위한 헌신' 의무 등에 의하여 통제된다.

　그러면 북한사회의 폐쇄성은 어느 정도인가? 구체적인 예를 들어보자. 남북관계가 한창 좋을 때로 평가받던 2003년 8월 대구에서 열린 하계 유니버시아드대회에 참가한 북한 응원단이 도로변에 설치된 '김대중과 김정일이 남북정상회담 때 함께 악수하는 사진이 새겨진 플래카드'를 떼어내고 이를 사진 찍은 지방지 기자의 카메라까지 빼앗는 소동을 벌인 적이 있다. 이들은 비 오는 날 도로변 가로수에 걸려 있던 가로 6m, 세로 0.9m 크기의 플래카드를 떼어낸 뒤 "장군님의 사진이 지상에서 너무 낮게 걸려 있다. 비를 맞도록 방치돼 있다"며 주위에 있던 우리 국민들에게 강하게 항의했다. '왜 존엄한 김정일의 사진을 사람들이 우러러 보는 높이에 걸고, 비가 오더라도 안 맞게 관리를 하지 않았느냐' 하는 것이 이유다. 그 플래카드는 사실 예천군농민회 등 지역주민들이 차를 타고 지나가는 북한 선수단과 응원단을 환영하기 위해 만들어서 잘 보이는 길가 나무 위에 걸어놓은 것이었다. 남북정상회담 때 웃으며 악수하는 김대중-김정일의 사진을 플래카드에 넣으면 북한 선수단이 더 좋아할 것 같았고, 그래서 플래카드 환영 문구도 '북녘 동포 여러분 반갑습니다'로 했던 것이다. 이들은 모두 김대중 전 대통령이 임동원특사를 김정일에게 보내 "대구하계 유니버시아드에 선수단과 응원단을 보내달라"고 요청[189]하여 방한했던 사람들이었다.

　이 사건은 당시 북한 미녀응원단을 보며 호감을 느꼈던 많은 사람들에게

---

[189] 김대중은 2006년 부산대에서 개최된 '21세기와 민족의 미래' 제하의 강연에서 "2002년 부산아시안게임을 앞두고 김정일에게 선수단과 응원단 파견을 요청했었다"는 사실을 소개했다. 북한은 2002년 부산아시안게임, 2003년 대구유니버시아드, 인천아시아육상선수권대회에 응원단을 파견했다.

충격을 주기에 충분했다. 우리가 그들을 같은 민족이고 동포라고 생각했지만 우리와 전혀 다른 세계의 사람들이라는 사실을 희미하게나마 알게 해준 가슴 아픈 현실이었다. 북한 응원단원들은 수령을 숭배하도록 철저히 교육을 받고 감시를 받다보니 자신들의 행위가 외부세계의 시선으로 보면 조롱거리라는 것도 인식을 못하는 것이다.

그러면 그들은 왜 그런 행동을 보였을까? 김일성일가 독재체제 확립을 위해 김일성을 신격화하고 절대화시켜 숭상하도록 규정해 놓고, 이를 어긴 주민들을 엄하게 처벌함으로써 자연스럽게 승계자인 김정일에게도 동일한 충성심을 발휘하도록 의식화했기 때문이다. 다시 말해 김일성의 형상이 들어간 모든 것을 철저히 보위해야 한다고 규정한 '당의 유일사상체계 확립을 위한 10대 원칙' 3조 6항[190]을 어기면 처벌 받기 때문이다. 북한사회의 이런 폐쇄성은 주체사상으로 포장된 '우리식대로'라는 의식을 주민들에게 강요했고, 김일성민족주의체제 정권유지에 유리한 것은 받아들이고 불리한 것은 막아 정권의 안정에 일정부분 기여한 측면이 있다. 하지만 백성의 삶은 점점 피폐해지는 결과를 가져 왔다.

북한 김일성일가정권은 개혁·개방을 하면 외부사조의 영향으로 반체제 세력이 형성되어 정권유지가 불안해지는 것을 걱정해야 하고, 폐쇄정책을 계속하면 백성들의 삶이 곤궁해져서 역시 체제불만 세력의 증가로 정권유지에 부담이 되는 상황, 즉 진퇴양난의 딜레마에 빠지게 된 것이다. 김일성일가정권 유지를 위해서는 인민들을 희생시켜야 하고, 이민들을 자유롭고 행복하게 살도록 하려면 개혁·개방을 하여 김일성일가정권이 희생되지 않으면 해결 방법이 없는 처지에 있다.

---

190) "경애하는 수령 김일성동지의 초상화, 석고상, 동상, 초상휘장, 수령님의 초상화를 모신 출판물, 수령님을 형상한 미술작품, 수령님의 현지교시판, 당의 기본구호들을 정중히 모시고 다루며 철저히 보위하여야 한다"고 규정하고 있다. 북한은 최근 '10대 원칙' 조항을 일부 손질하여 김정일과 김정은에 대해서도 김일성과 유사한 대우를 하도록 개정하였다.

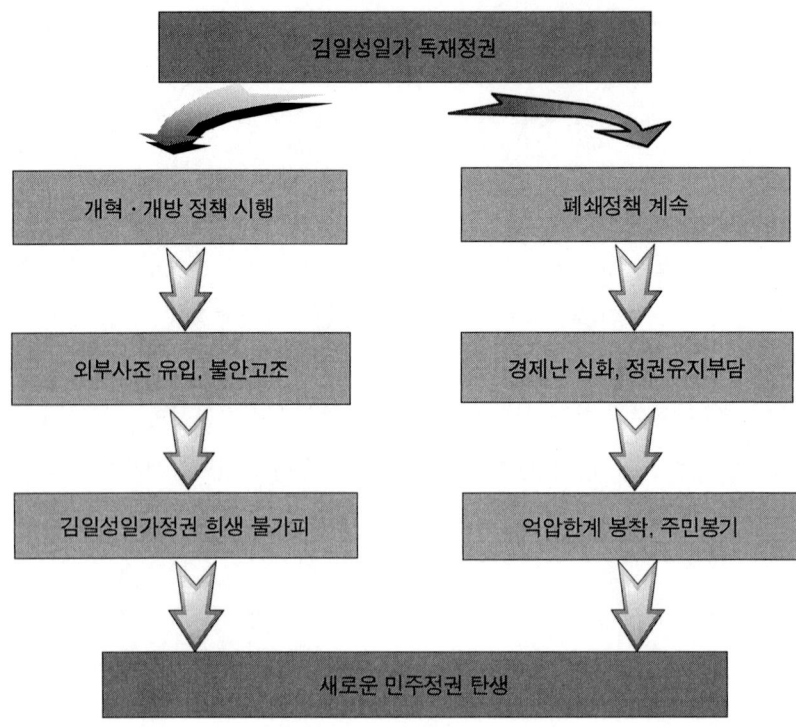

〈그림 12〉 김일성일가정권의 딜레마

보편적 인권 측면에서 보아 집권자인 김정은의 생존권이나 행복추구권과 북한주민의 생존권이나 행복추구권이 평등하다면, 김일성일가의 권리를 위해 2500만에 가까운 주민[191]의 권리를 희생시키는 것보다 주민들의 권리를 위해 김정은이 정권을 내어 놓고 김일성일가의 권리를 희생하는 것이 마땅하다.

김정은정권과 대한민국 내 일부 김일성민족주의 동조세력은 국제사회의 북한에 대한 개혁·개방 압력이나 핵무기폐기 요구를 북한체제 생존에 대한

---

[191] 유엔인구기금(UNFPA)은 2013년 10월 30일 '2013년 세계인구현황 보고서'에서 "2013년 7월 기준 북한의 인구는 2천 490만 명으로, 인구규모에서 세계 202개국 가운데 49위"라고 밝혔다.

위협이라고 하고 김일성일가정권이 무너지면 한반도 지역안정이 파괴된다고 주장을 한다.

그러나 이러한 주장은 근거가 희박하여 김일성일가정권 유지를 위한 억지에 불과하다고 할 수 있다. 자유민주정부가 들어선다고 하여 북한 주민들의 생존이 위협받거나 한반도 안정이 파괴될 당연한 이유란 없기 때문이다.

## 2. 역사적 퇴행성

북한은 헌법과 여러 가지 법률제도를 갖고 있지만, 법치가 제대로 이루어지지 않고 김일성·김정일·김정은이 대를 이어 수령으로서 중세 절대군주와 같은 지위를 행사하는 실천적 통치시스템을 갖추고 있다. 이를 뒷받침하는 통제규범이 '유일사상체계확립 10대 원칙'이다. 김일성은 1970년 7월 6일 당 중앙위원회 제4기 21차 전원회의에서 '간부들 속에서 당의 유일사상체계를 세우며 혁명화하기 위한 사업을 강화할 데 대하여' 연설하고, "한 당 안에는 오직 하나의 사상, 하나의 노선과 정책만이 있을 수 있으며 결코 두 가지 사상, 두 가지 노선과 정책이 있을 수 없다. 하나의 사상을 가지고 그것을 실현하기 위해 투쟁하여야 하며, 그렇게 해야만 혁명투쟁과 건설사업에서 승리할 수 있다"고 주장했다.[192]

김정일은 유일사상체계확립과 관련하여 "사람의 몸에 한 가지 형의 피가 있어야 생존할 수 있는 것과 마찬가지로 당 안에도 오직 하나의 사상, 수령의 혁명 사상만이 지배하여야 당이 수령의 당으로서의 자기의 혁명적 본성을 고수하고 건전하게 발전할 수 있으며 자기의 역사적 사명을 다할 수 있다"고 주장했다.[193]

김정일은 1974년 2월 19일 전국 당 선전일군강습회에서 '김일성주의는 완

---

[192] 김일성, 『김일성저작집 25』(평양: 조선로동당출판사, 1983), p. 152.
[193] 사회과학출판사, 『위대한 주체사상 총서 9: 령도체계』(평양: 사회과학출판사, 1985), p. 129.

성된 공산주의 혁명이론'이라면서 당 사업의 기본임무는 '온 사회를 김일성주의화 하는 것'이라고 제시하고 이를 당의 최고 강령이라고 선포했다. 이로써 북한에서는 김일성주의가 사회주의 이념인 마르크스-레닌주의를 대체하기 시작했다.

북한은 1974년 4월 14일 '당의 유일사상체계 확립의 10대원칙'[194])을 공식 발표하고, 1974년 말부터 1976년 사이에 '10대원칙의 재접수, 재토의 사업'을 집중 전개하여 '전당과 온 사회의 주체사상화 사업'을 추진함[195])으로써 조선노동당을 '김일성의 당'으로 만들고 온 나라를 김일성의 나라로 만들기 시작했다.

김정은정권은 2013년 '10대원칙'을 일부 수정[196])하여 김정일을 김일성과 나란히 동격화하고, 3대 권력세습을 정당화함으로써 김일성민족주의적 요소를 사회통합과 권력공고화에 적극 활용하려는 의도를 노골적으로 드러내었다.

이러한 통치시스템은 현재의 김일성민족주의체제가 봉건적 군주시대에서 볼 수 있는 전근대성을 가지고 있음을 시사한다. 역사적으로 봉건군주체제는 자본주의가 발생하기 이전의 사회체제다.[197]) 김일성일가정권은 반제(反帝)·반봉건(反封建) 프롤레타리아 혁명을 기치로 출범했다. 이런 면에서 현재의 북한체제는 전근대성을 상징할 뿐만 아니라 공산사회주의 국가

---

194) 김정일, "전당과 온 사회에 유일사상체계를 더욱 튼튼히 하자," 『주체혁명위업의 완성을 위하여 (3)』(평양: 조선로동당출판사, 1987) pp. 107~118.
195) 조선노동당중앙위원회 당역사연구소, 『김정일동지략전』(평양: 조선로동당출판사, 1999), pp. 161~165.
196) "北 '유일사상 10대 원칙' 개정…金氏일가 3대 세습 명문화," 『조갑제닷컴』, 2013년 8월 12일자; http://www.chogabje.com/board/view.asp?C_IDX=52385&C_CC=AZ(검색일: 2013.10.20).
197) 역사발전 단계에 관한 학설은 다양하지만, 마르크스는 ① 원시공산사회(무계급) ② 고대노예사회(주인과 노예) ③ 중세봉건사회(영주와 농노) ④ 근대자본주의사회(자본가와 노동자) ⑤ 공산주의사회(무계급)의 순서로 역사가 발전한다고 주장했다. 그는 발전의 원인은 기술수준을 의미하는 생산력의 변화에 있다고 보았다.

건설이라는 체제출범 목적과도 모순된다. 또한 김일성일가정권의 전근대성은 그 자체로 반민주성을 내포하고 있고, 정권의 반민주성은 주민들의 인권에 직접 관계가 있기 때문에 더욱 문제시하지 않을 수 없다.

〈표 13〉 유일사상체계확립 10대원칙

| 주요내용 |
| --- |
| 1. 김일성사상으로 온 사회를 일색화하기 위하여 몸 바쳐 투쟁하여야 함 |
| 2. 김일성을 충심으로 높이 우러러 모셔야 함 |
| 3. 김일성의 권위를 절대화해야 함 |
| 4. 김일성사상을 신념으로 삼아 김일성교시를 신조화해야 함 |
| 5. 김일성교시를 집행하는데 있어서 무조건성의 원칙을 철저히 신조화해야 함 |
| 6. 김일성을 중심으로 하여 전당의 사상·의지적 통일과 단결을 강화해야 함 |
| 7. 김일성을 따라 배워 공산주의적 풍모와 혁명적 사업방법·인민적 사업작풍을 소유해야 함 |
| 8. 김일성이 준 정치적 생명을 귀중히 간직하여 정치적 신임과 배려에 높은 정치적 자각과 충성으로 보답해야 함 |
| 9. 김일성의 유일적 영도아래 전당·전국·전군이 한결같이 움직이는 강한 조직 규율을 세워야 함 |
| 10. 김일성이 개척한 혁명위업을 대를 이어 끝까지 계승 완성해야 함 |

※ 1974년 제정 '당의 유일사상체계확립의 10대원칙' 내용을 요약한 것임.

그러면 국가 정치체제의 민주성은 어떤 기준에 의해 평가될 수 있는가? 민주성문제는 민주주의 수준에 관한 문제다. 따라서 북한체제의 민주성 또는 반민주성의 문제는 북한의 민주주의가 어느 수준인가에 의해 평가될 수 있다. 즉, 권력의 작동방식의 민주적인 정도가 어느 수준이냐에 따라 평가할 수 있다. 세계적으로 민주주의가 확산되는 추세에 따라 대부분 국가들의 정치체제가 민주주의 방향으로 이행 발전하고 있지만, 그 반대 방향으로의 이행도 언제나 가능하다고 할 수 있다. 정치체제를 분류하는 기준으로는 여러 가지가 있을 수 있지만 ① 선거의 공정성과 경쟁성[198] ② 선거를 통한 대표

---

198) 다이아몬드(Larry Diamond), 스케들러(Andreas Schedler), 레비츠스키(Steven

성과 책임성199) ③ 주민의 권리 보장 여부에 따라 민주주의인지 아닌지를 구분할 수 있다.200)

우선 '선거의 공정성과 경쟁성'의 측면을 살펴보면, 북한헌법은 제6조에 "각급 주권기관은 일반적, 평등적, 직접적 원칙에 의하여 비밀투표로 선거한다"고 규정하여 공정성을 보장하는 것처럼 되어 있으나, 현실은 노동당이 지명하는 단일후보에 대하여 찬반투표를 하며, 투표관리원의 감시하에 투표가 실시되므로 "100%투표에 100% 찬성"이란 선거결과가 나온다. 선거의 공정성도 경쟁성도 무시되는 것이다.

두 번째로 '선거를 통한 대표성과 책임성'을 보면, 제7조에 "각급 주권기관의 대의원은 선거자들과 밀접한 련계를 가지며 자기 사업에 대하여 선거자들 앞에 책임진다. 선거자들은 자기가 선거한 대의원이 신임을 잃은 경우에 언제든지 소환할 수 있다"고 규정하고 있으나, 제11조에 "조선민주주의인민공화국은 조선로동당의 령도 밑에 모든 활동을 진행한다"라고 규정하여 실제적으로 당이 전면통제하고 있기 때문에 당의 수뇌부인 김일성일가의 의지에 반하여 대표성을 부정하거나 책임을 추궁하는 정치행위는 절대로 불가능하다.

세 번째로 '주민의 권리 보장'과 관련하여 살펴보면, 북한 김일성일가 세습정권은 오늘날 인류의 보편적 가치로 인정되고 있는 주민들의 권리, 즉 자유권, 평등권, 생존권, 참정권 등 기본권보장에 소홀할 뿐만 아니라 정권유지

---

Levitsky)와 웨이(Lucan A. Way) 등은 이를 기준으로 자유민주주의 체제, 선거민주주의체제, 중간체제, 경쟁적 권위주의체제, 선거권위주의체제, 폐쇄적 권위주의체제 등 6가지로 분류하고 있다.

199) 슈미터(Philippe C., Schimitter)와 칼(Terry Karl)은 민주주의는 통치자가 시민들에 의해 선출된 대표들 간의 경쟁과 협력을 통하여 간접적으로 행위를 하면서 공적 영역에서 그들의 행위에 대해 시민들에게 책임을 지는 (혹은 만족할 만한 이유를 제시하는) 지배의 체계"라고 정의하고 있다. 즉, 민주주의를 선거를 통한 '대표성'과 아울러 '책임성'을 그 핵심요소로 파악하고 있는 것이다.

200) 최경희, "인도네시아, 말레이시아, 필리핀, 태국의 정치체제 민주성 결정요인에 관한 경험분석," 『동남아시아연구』 16권 2호(서울: 한국동남아학회, 2006), p. 73.

를 위해서 인권을 잔학무도하게 탄압하기도 한다. 김일성일가 유일독재체제 강화를 위해 주민의 정치적 권리행사를 억제하고, 집단주의를 통해 개인의 선택권과 자율성·사회의 다양성을 부정하며, 인위적으로 계층을 구분하여 성분에 따라 차별정책을 실시하는 등 주민의 권리가 광범위하게 침해당하고 있다. 북한의 인권문제에 대해 우선 시민적·정치적 권리 침해 사례를 보면, 생명권 관련 공개처형과 탈북자에 대한 불법처형·불법구금 및 체포·고문·교화소 내 인권유린·납치·실종·불공정한 재판 절차 등을 들 수 있고, 평등권 관련 성분에 의한 적대계층·월남자가족·종교인에 대한 차별, 장애인 격리수용 등을 들 수 있으며, 자유권 관련 언론·출판·집회·결사의 자유 이외에 거주·이전의 자유, 정보통신의 자유 등의 침해를 들 수 있고, 참정권 관련 정치활동 제한과 투표의 자유 침해 등을 들 수 있다.

북한정권의 인권탄압은 계속 증가하고 있어 국제사회가 인도적 지원을 넘어 간섭 또는 개입을 통한 해결을 모색해야 할 단계에 점점 다다르고 있음을 보여준다. 김일성일가정권은 자국민을 보호할 능력도 의지도 부족하고, '수령님을 위한 총폭탄이 되자!'라는 구호가 상징하듯 오로지 정권보호에 총력을 경주하여왔다. 정권안정이 곧 체제안정인 것처럼 주민들과 국제사회를 속이면서 주민들에게는 최고지도자(수령) 보호를 위해 목숨을 바칠 것을 강요하고, 국제사회에는 정권안전을 보장하라고 요구한다.

만약 북한에서 김일성일가 독재정권을 대체하는 자유민주적인 정권이 새롭게 탄생한다면 북한체제는 지금보다 훨씬 안정화될 것이다. 자유민주정권이 들어서면 남북관계는 협력적 발전가능성이 커지고, 동북아지역의 평화와 안정도 증진될 것이며, 민족통일의 전도도 밝아질 것이다. 왜냐하면 동북아지역에는 김일성일가정권처럼 전근대적인 정권을 유지하고 있는 국가가 없고, 새로운 사유민주정권이 들어선다면 대한민국은 물론 주변국과의 우호적 협력가능성이 그만큼 높아질 가능성이 크기 때문이다. 우리가 북한 민주화에 대해 국제사회를 선도하거나 보조를 같이 해야 할 중요한 이유중의 하나라고 할 수 있다.

현재의 북한체제는 '김일성민족주의·봉건적 군주제'로 변화했기 때문에 진보가 아니라 역사적 퇴보다. 따라서 김일성일가정권을 찬양하거나 옹호하는 행태는 진보적 입장에서 나오는 것이 아니라 퇴보적·퇴행적인 것으로 평가될 수 있다. 아직도 세계적으로 마르크시즘을 옹호하는 사람들이 더러 있기는 하지만, 공산주의사회 건설 실험은 실패임이 역사적으로 이미 증명되었다. 그럼에도 불구하고 대한민국 국민이 자본주의사회 전단계인 중세 봉건사회와 같은 체제로 퇴화한 '김일성민족주의·봉건적 군주제'를 유지하고 있는 김일성일가정권을 지지하는 입장을 고수한다면 스스로 진보주의자가 아니라 퇴보자임을 증명하는 것이다.

### 3. 민족적 분열성

사전적 의미의 민족성은 '어떤 민족에게 고유한 특징'으로 정의되고, 반민족성은 '민족에 반역하는 성질'로 정의된다. 민족성은 민족정체성을 전제로 하고, 반민족성은 민족주의적 관점을 거스르거나 민족의 이익을 해치는 경향성을 일컫는다고 할 수 있다. 민족주의적 관점은 민족의 통일과 공동번영을 목적으로 하는 이념적 지향을 의미한다. 여기서 민족정체성과 민족주의적 관점, 즉 민족적 이익의 내용을 어떻게 인식하느냐가 중요하게 된다.

우선 대한민국에서 국민들이 공통적으로 인식하는 민족정체성, 즉 '한민족정체성'은 어떤 것인가? 한국민족주의 이념에 대해서 논하든 한국현대사 속의 민족주의를 논하든 간에, 한국민족주의를 말하면서 유구한 역사적 전통과 인종적·문화적 단일성을 논의의 기초로 삼지 않는 한국 민족주의론은 찾아볼 수 없다. 이는 본원주의론적 종족주의가 한국민족주의의 전개에 어떠한 양식으로 어느 정도 영향을 주어왔고 앞으로 어떠한 작용을 계속할 것인가에 대한 실증적 논의는 없지만[201] 한국민족주의 특성연구에서 종족주

---

201) 김동성(1995), p. 83.

의가 차지하는 비중이 높다는 것을 의미한다.

　북한의 민족정체성은 어떠한가? 제3장에서도 살펴본 바와 같이 북한에서는 민족을 "핏줄·언어·문화생활·지역의 공통성에 기초하여 사회역사적으로 이루어진 사람들의 공고한 집단이며, 자주성을 생명으로 하는 사람들의 운명 개척의 기본단위"라고 규정한다. 전자, 즉 핏줄·언어·문화생활·지역의 공통성에 기초해 사회역사적으로 이루어진 공고한 집단이라는 것은 민족의 발생론적 견지에서의 규정이고, 후자, 즉 자주성을 생명으로 하는 사람들의 운명 개척의 기본단위라는 것은 민족의 발전론적(구성론적) 견지에서의 규정이라 할 수 있으며, 바로 '김일성민족' 주장의 근거이다.

　대한민국의 '한민족정체성'과 북한의 민족정체성에 대한 '전자의 인식'을 종합해서 보면 한반도에 사는 주민은 동일한 민족으로서 대한민국의 입장에서 보나 북한의 입장에서 보나 상대방 구성원을 서로 '우리민족'이라고 할 수 있다. 그러나 '한민족정체성'과 북한의 민족정체성에 대한 '후자의 인식', 즉 '김일성민족정체성'을 놓고 살펴본다면, 대한민국의 입장에서는 북한 구성원을 '우리민족(한민족)'이라고 포용할 수도 있지만, 북한의 입장에서는 대한민국 구성원 전부를 '우리민족(김일성민족)'이라고 할 수 없고 '김일성민족' 동조세력만 '우리민족(김일성민족)'으로 될 수 있는 것이다. 그러므로 김일성민족주의체제는 민족분열적이고 민족반역성을 띠고 있다.

　북한은 한민족에서 김일성민족을 분리해서 이념화하고 있는데 그 이유는 김일성민족주의 세습정권을 유지하고 군주제 국가를 건설하고자 했기 때문이다. 하나의 민족이 두 개의 국가로 갈라져 있는 것만으로도 반통일적이고 반민족적인데, 북한 김일성일가정권은 하나의 민족을 두 개의 민족으로 분할을 시도하고 있으므로 민족반역성을 띠고 있다고 하지 않을 수 없다. 북한체제의 반민족성은 우리의 민족통일과 평화번영의 염원에 비추어 볼 때 북한정권과 북한주민을 분리하여 대북정책을 수행하는 것이 필요조건임을 상징한다. 김일성일가정권이 단군의 후손인 우리민족의 정체성을 왜곡하고 그들만의 김일성민족을 구성한 데서 연유하는 것이다.

북한주민들은 김일성일가정권을 주권적 의지로 선택한 것이 아니다. 북한 헌법 제4조에는 "조선민주주의인민공화국의 주권은 로동자, 농민, 군인, 근로인테리를 비롯한 근로인민에게 있다. 근로인민은 자기의 대표기관인 최고인민회의와 지방 각급 인민회의를 통하여 주권을 행사한다"라고 규정되어 있다. 하지만 북한에서 대의원은 당에서 지명한 사람만이 될 수 있고, 당은 김일성일가정권이 완전히 장악하고 있어, 정권의 의지에 반하는 사소한 일탈도 허용하지 않는다. 인민이 주권적 의지를 발휘할 기회가 원천적으로 봉쇄되어 있는 것이다. 북한 주민들은 정권이 내세운 '김일성민족'을 거스를 자유가 전혀 허용되지 않는다.

이는 김일성일가정권에만 득이 되고 북한주민들에게는 해로운 우리의 대북정책·대북사업은 반민족적인 것이 된다는 것을 설명한다. 우리 국민들이 북한 주민의 기본권을 고려하지 않고 김일성일가정권을 옹호하거나 동조하는 것도 반민족적인 행위가 된다.

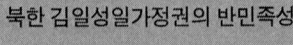

〈그림 13〉 북한체제 반민족성의 시사점

예를 들어 개성공단사업을 평가해 보자. 개성공단사업은 김대중정부 시절 '남북경협을 통한 한반도 평화체제 구축'이라는 명분으로 민족 화해·협력의 상징사업인양 시작되었다. 그러나 근로자 임금은 근로자들에게 직접 지급되지 못하고 북한정권이 상당부분 갈취[202]한다. 대한민국 정부와 기업들은 이를 용인함으로써 폭압정권의 근로자임금 착취를 방조하는 악덕정부, 악덕기업의 역할을 자임하게 되었다.

이런 가운데 김정일정권은 개성공단 사업장에서 착취한 근로자 임금을 대한민국의 안전과 지역평화를 위협하는 핵무기 개발 등 자금으로 전용했을 가능성[203]이 높아 이 사업 역시 실질적 내용에 있어서는 반민족적 사업이라는 비판을 받게 될 소지가 있다. 일부 사람들은 '초코파이 효과'를 내세우며 경제외적 성과를 주장하기도 하지만, 그것은 개성공단은 물론 북한사회 전체가 김정일정권의 완전 통제범위 내에 있기 때문에 근거가 미약하고 실질적 성과를 확인하기 어려운 주장이다. 개성공단 안에서 남북한 주민이 어쩌다 대면을 하게 되어도 대화를 자유스럽게 나눌 수 없는 것이 현실이다. 그만큼 개성공단은 북한주민들에게 영향을 미치기 어려운 통제지역인 것이다.

김일성일가정권의 반민족성은 대한민국에 대한 무력침략, 각종도발, 내부분열 기도 등의 행태를 통해서도 잘 알 수 있다. 북한의 계속되는 민족분열 행태는 6.15공동선언 이전은 물론이고 '우리민족끼리' 이념이 대두된 2000년 6월 15일 후에도 자신들의 입장에 동조하면 민족적이고, 그렇지 않으면

---

202) 개성공단 북한 근로자 임금은 대한민국 입주기업이 달러화 현금으로 중앙특구개발지도총국에 일괄 전달하는 방식으로 지급된다. 근로자임금의 45%는 사회보장금(15%)·사회문화시책금(30%) 등의 명목으로 북한 당국이 가져가고, 나머지 55%가 근로자들에게 쿠폰이나 북한 원화(공시환율로 환산)로 지급된다고 북한 당국사에 의해 설명되고 있으나, 실질적으로 근로자에게 지급되는 금액과 내용은 확인이 안 된다.
203) 개성공단이 본격 가동된 2004년부터 2012년 7월까지 개성공단 근로자임금 명목으로 북한에 전달된 임금 누적총액은 2억 4천 570만 달러였고, 입주기업들은 2013년 들어 북한 근로자 5만 3000여 명의 임금으로 매달 700만~800만 달러를 지급해 왔다.

반민족적·역적 등으로 매도하면서 타도의 대상으로 삼아 대처하는 위선적 모습으로 나타나고 있음은 앞에서 설명한 바 있다. 김일성일가정권은 주민들에 대한 인간개조·사상개조 사업을 통해 북한 인민들의 한민족정체성을 '김일성민족·김일성후손'으로 왜곡함으로써 실질적으로 민족통일 염원 실현은 점점 멀어지게 만들었다.

　북한정권은 대한민국 구성원들을 자기편(김일성민족주의 동조세력)과 적(타도대상)으로 구분하여 자기편으로 하여금 투쟁하도록 분열을 유도하고, 우리민족끼리 이념을 내세워 자기편을 늘려가는 한편 자유민주주의체제 수호세력을 적으로 간주하여 고립·압박하고 공격하는 행태를 지속하고 있다. 북한 독재정권 치하에서 체제내적 모순을 견디다 못해 떠나는 체제이탈자를 민족반역자라 낙인찍어 암살하려[204] 하고, 국경경비병들에게는 탈북자를 발견하면 현장에서 사살하도록 명령하기도 했으며, 국내 탈북자단체를 처단하겠다고 위협하는 담화를 발표하도록[205] 하기도 했다. 북한주민들이 외부세계와 소통하는 것을 봉쇄하여 세상물정을 모르는 우물 안 개구리로 만들어 놓았으며, 60여 년 동안 흩어져 살아온 남북 이산가족 간 직접 연락을 못하게 하는 것은 물론이고, 대한민국 정부의 이산가족 생사여부 확인요청에도 불응하면서, 간간이 인도주의적인 척 이산가족상봉 행사를 제안하여 마치 은전을 베푸는 듯 해왔다.

---

[204] 국정원은 2010년 5월 북한 국방위원회 산하 정찰총국소속 암살공작조인 동명관(36세)과 김명호(36세)를 황장엽 암살기도 혐의로 검거한데 이어 2010년 10월 역시 정찰총국 소속 암살공작원 이동관(46세)을 검거하였고, 2011년 9월 정찰총국에 포섭된 탈북자 암살공작원 안학영이 자유북한운동연합 박상학 대표를 독침으로 암살하려는 기도를 사전 적발했다.

[205] 북한 양대 공안기관인 인민보안부와 국가안전보위부는 2010년 2월 첫 연합성명을 내고 탈북자들을 '인간쓰레기들'이라고 표현했고, '민화협' 대변인 담화는 국내 탈북자 단체들의 실명(實名)을 일일이 거명하며 "첫째가는 처단 대상이 될 것"이라고 했다. "北 상류층도 본격 脫北 행렬," 『조선닷컴』, 2010년 8월 4일자: http://news.chosun.com/site/data/html_dir/2010/08/04/2010080400149.html (검색일: 2010.8.11).

북한 내에서는 '남조선풍'으로 불리는 옷차림과 화장은 단속대상이 되고, 한국의 유명 여배우처럼 머리모양을 하거나 '남조선말투'를 써도 규찰대의 단속을 받는다. 김정일은 2007년 10월 노무현과 정상회담 시 영화CD 등의 선물을 받고도 북한내 남한풍 유행을 단속하는 입장이기 때문에 선물목록을 공개하지 못하고[206] 오히려 당 회의를 열어 대한민국의 사회적·문화적 영향력 차단방안을 논의하도록 했다.

대한민국에 대해 각종 도발로 적대행위를 일삼아 온 북한은 박정희대통령 암살을 목적으로 한 1.21사태, 전두환대통령 암살을 목적으로 한 버마 아웅산묘소 폭탄테러 사건, 서울올림픽의 성공적 개최를 방해할 목적으로 한 KAL 858기 공중폭파 사건, 사회혼란 조성목적의 무장간첩 침투를 위한 강릉 잠수함침투사건 등 생존범인이 체포되어 증언하고 있는 사건들에 대해서조차 부인으로 일관하며 사과하지 않았고, 6.15공동선언 후에도 제2 연평해전, 대청해전,[207] 등을 일으키며 도발을 계속 감행함으로써 '우리민족끼리' 주장을 허무한 것으로 만들었으며, 김대중이 2000년 6월 김정일과 정상회담을 마치고 서울공항 도착 후 행한 '방북성과 대국민보고' 연설에서 "우리 국민들이 더 이상 전쟁은 없다. (중략) 한민족이 손잡고 세계 일류국가로 웅비해보자는 각오를 가지고 북한을 대해야 한다"고 공언한 것을 무색하게 만들었다. 그뿐만이 아니라 북한은 2008년 2월 이명박정부가 들어선 이후에는 6.15선언 이행을 압박하면서 금강산관광 중이던 민간인을 총격하여 살해한 사

---

206) 북한 언론매체들은 김정일이 2000년 6월 김대중과 남북정상회담 때 진돗개 1쌍을 선물 받은 사실과 같은 해 9월 송이버섯을 추석선물로 보낸 사실을 보도한 바 있으나, 2007년 10월 노무현과 정상회담 때 DVD 세트, 드라마. 다큐멘터리. 영화 CD 등이 포함된 선물을 받은 것에 대해서는 구체적으로 보도하지 않았다. "北, 노 내통팅 선물내용 왜 공개 안할까," 『연합뉴스』, 2007년 10월 9일자.
207) 2009년 11월 10일 북한 경비정 한 척이 서해 북방한계선(NLL)을 침범하여 남하함에 따라(대청도 동쪽 11.3km 지점) 우리 해군이 5차례 경고방송을 했는데도 퇴각하지 않자 경고사격을 가하였고, 북한은 이에 대응해 북한경비정은 우리 해군선박을 직접 조준사격 하여 교전으로 이어진 사건으로서 북한경비정은 반파되어 북상하였다.

건,208) 황강댐 무단방류사건,209) 천안함 폭침사건,210) 연평도 포격사건211) 등을 벌여 여러 사람을 죽게 하거나 부상을 당하게 하는 등 피해 상대방이 동족이라는 생각을 하고 있다면 도저히 벌일 수 없는 사건들을 거리낌 없이 저질렀다.

또 다른 측면에서도 한번 살펴보자. 한국은 2010년 2월 13일~3월 1일간 캐나다 벤쿠버에서 열린 제21회 동계올림픽에서 많은 메달을 따면서 종합 5위의 놀라운 성적을 올렸고, 특히 피겨스케이팅부문에서 김연아 선수가 우승한 것은 세계적 관심과 찬사의 대상이 되면서 이목을 끌었다. 그럼에도 불구하고 조선민족제일주의, '우리민족끼리'를 열심히 주장하는 북한은 주민

---

208) 2008년 7월 11일 새벽 4시 30분 북한 금강산 특구 만리포 해수욕장에서 한국 민간인 관광객 박왕자(여, 53)씨가 북한군의 총에 맞아 피살된 사건이다. 북한 측은 피해자가 관광지구 경계펜스를 넘어 북한경내로 1.4km를 걷다 초병의 제지를 받자 도망갔고, 초병이 경고탄을 쐈는데도 계속 도망가자 1km를 쫓아가다 펜스에서 200m를 남기고 2발을 더 쏘았다고 주장하고 있다. 우리 측이 요구한 사건 진상규명과 사과·재발방지약속·관광객 신변안전 보장을 위한 제도적 장치 완비 등에 대해서는 답이 없다.
209) 2009년 9월 6일 새벽, 북한이 한국 측에 아무런 사전 통보 없이 황강댐을 무단방류하여 남한 쪽 야영객 6명이 임진강 급류에 희생된 사건을 말한다. 북한은 우리 측 사과 요구에 대해 유감을 표명하고 다음부터는 방류 시 사전 통보하겠다고 함으로써 대결 국면이 확산되는 것은 방지되었으나, 황강댐 무단 방류를 단순 해프닝이 아니라 전략적 의도가 있는 것으로 보는 견해가 있다.
210) 2010년 3월 26일 북한 잠수정이 서해 백령도부근 우리 영해에 은밀 침투하여 정상적인 임무를 수행 중이던 우리 해군 초계함 천안함을 어뢰로 공격하여 폭침시킴으로써 해군 40명 사망·6명 실종의 피해를 입힌 사건. 한국정부는 천안함 침몰 원인을 규명할 민간·군인 합동조사단을 구성하였고, 한국·오스트레일리아·미국·스웨덴·인도네시아 등 70여 명의 전문가로 구성된 국제조사단은 2010년 5월 20일 천안함이 북한의 어뢰공격으로 침몰한 것이라고 발표하였다. 조사결과는 미국과 유럽연합·일본 외에 인도 등 비동맹국들의 지지를 얻어 UN 안전보장이사회의 안건으로 회부되었으며 안보리는 천안함 공격을 규탄하는 내용의 의장성명을 채택하였다. 일부 한국인들은 북한 주장에 동조, 조사결과를 못 믿겠다고 음모론을 공공연하게 제기하는 등 남남갈등을 부추겼는데, 북한의 통일전선전술 영향이 크다는 사실을 여실히 보여주는 사례이기도 하다.
211) 2010년 11월 23일 북한 황해도에 배치된 해안포대가 우리나라 연평도에 기습포격을 가해 우리 해병대원 2명과 민간인 2명 등 4명 사망, 19명 이상의 중경상자와 많은 재산피해를 발생시켰다.

들에게 이런 사실을 알리지도 않았다. 북한은 우리나라 소녀축구팀이 2010년 9월 26일 트리니다드 토바고 포트오브스페인에서 끝난 'FIFA U-17 여자월드컵'에서 우승하는 쾌거를 거두었음에도 불구하고 역시 우리민족의 우수성을 자랑하지 않았다. 이는 '우리민족끼리'가 일반적인 대한민국 국민을 다 포괄하는 개념이 아니라 정치전략적 이데올로기라는 명백한 증거인 것이다.

김일성·김정일의 유훈을 관철하겠다는 김정은 정권도 현재까지는 유훈 통치를 표방하면서 김일성·김정일과 같이 폭압통치의 길을 걷고 있다. 이와 같은 김일성일가정권의 행태를 보면 그들의 '우리는 하나·우리민족끼리' 주장이 전혀 진정성이 없다고 볼 수밖에 없으며, 북한이 내세우는 민족이라는 단어가 김일성민족주의 강화, 궁극적으로는 김일성일가가 세습하는 봉건적 군주제 국가를 건설하기 위한 위계 수단으로서의 선동구호일 뿐임을 알 수 있다.

## 제2절 '우리민족끼리' 전략전술의 위해성

### 1. 종북주의 확산과 자유민주주의체제 위협

북한식 '우리민족끼리' 전략전술이 왜 문제되는가? 그 이유는 우리민족끼리 전략전술이 대한민국 안에 반미자주화와 반보수대연합 통일전선을 형성하고 종북주의[212]가 확산될 수 있는 토대로서, 북한 대남전략의 최종목적인 '전 한반도의 김일성민족화 통일' 전략의 핵심적 수단으로 기능하기 때문이

---

212) 종북주의는 '굴종'과 '북한'이라는 단어의 의미가 결합된 용어지만 일반적으로 대한민국 국민이 김일성주의, 즉 김일성일가정권의 주장에 굴종하는 행태를 의미하는 것으로 널리 사용되고 있다. 그러나 북한에는 김일성일가정권 지배세력과 억압당하고 있는 피지배세력이 존재하고, 피지배세력인 주민을 위한 대북정책이 필요하다는 점을 냉철하게 고려하면 '종북'이라는 용어는 '김일성일가정권 지배세력을 추종'한다는 의미로 적합한지 검토의 여지가 있다.

다. 우선 우리민족끼리가 통일전선 형성과 종북주의 확산 토대인 이유를 논증해보자. 북한 헌법 서문에는 "김일성동지와 김정일동지께서는 나라의 통일을 민족지상의 과업으로 내세우시고 (중략) 공화국을 조국통일의 강유력한 보루로 다지시는 한편 조국통일의 근본원칙과 방도를 제시하시고 조국통일운동을 전 민족적인 운동으로 발전시키시어 온 민족의 단합된 힘으로 조국통일 위업을 성취하기 위한 길을 열어 놓으시었다"는 구절이 있다. 그리고 북한 헌법 핵심 키워드중 하나는 '주체혁명위업'이다. 『조선말대사전』에는 주체혁명위업이란 "주체사상을 지도적 지침으로 하여 개척되고 발전하는 인민대중자신의 혁명위업이며 주체사상을 구현하여 인민대중의 자주성을 완전히 실현하기 위한 혁명위업"이라고 정의되어 있다.

북한이 주장하는 '우리민족' 개념은 이중적 의미로 활용되고 있는데 민족동질성을 앞세워 표현할 때는 '반만년 유구한 역사'를 강조하며 발생론적 입장에서 민족적 감성을 자극하고, 대남 전략적 차원에서 통일전선전술에 활용할 때는 '인민대중의 자주성 실현'을 강조하며 발전론적 입장에서 '김일성민족'을 중심으로 한 '반외세·민족공조'를 주장한다. 북한의 입장에서 보면 대한민국 안에 구축한 통일전선(동조세력)은 김일성민족주의체제를 확산하고 그들 중심의 통일논리를 펼치는데 있어 매우 강한 위력을 발휘할 수 있는 대남혁명의 수단이다. 통일전선전술은 원래 공산주의자들이 자신들의 세력이 부족하여 적과의 투쟁에서 혁명수행 목적을 달성하기 어려울 때 연대투쟁역량을 확대하여 적을 타도하기 위한 방편적 전술[213]이다.

---

213) 북한의 『정치사전』은 통일전선전술에 대해 "노동계급이 당의 영도 밑에 일정한 혁명단계에서 혁명의 승리에 이해관계를 같이하는 여러 정당, 사회단체, 계급계층 및 개별적 인사들이 공동의 원수를 반대하기 위해 모은 정치적 연합"이라고 규정하고 있다. 레닌이 1921년 6월 제3차 코민테른대회에서 제안하여 채택된 공산당의 전통적 전술의 하나다. 공산주의자들이 자기 당을 중심으로 '현 체제를 반대하거나 이익을 같이 하는 제정당·정파·사회단체 개별인사 등의 역량을 규합하고, 이들 동조세력과 연합세력을 형성하여 투쟁대상을 타도하고 정권을 탈취하는 전술'이다. 레닌은 '3개의 적이 있거든 그 중 둘과 동맹하여 하나를 타도하고 나머지 둘 중 하나와 동

북한의 통일전선전술상의 적(타격대상)은 1차적으로 소위 '남조선 괴뢰패당'이라고 하는 집권 보수정권과 지지층인 보수세력이다. 그들이 말하는 남조선 괴뢰패당은 타도하여 제거해야 할 대상이지 협력·공존의 대상이 아니다. 그들이 말하는 남조선 괴뢰패당은 대한민국의 정통성을 지지하고 안전을 확고히 지키려는 대한민국 정부와 국민들을 의미한다. 구체적으로는 대한민국 내 보수적 입장을 가진 정당들과 이를 지지하는 국민, 그리고 북한정권에 비판적인 진보세력을 포함한다. 역으로 생각해서 통일전선 형성을 위해 연대해야 할 대상은 대한민국 내 '종북주의자들'과 '김일성민족주의체제에 동조하는 국민들'이다.

북한의 우리민족끼리 전략전술은 대한민국 구성원들을 분열시키고 체제생존을 위협하는 것이기 때문에 우리 국민들이 '우리민족끼리'에 무조건적으로 동조하는 것은 매우 위험하다. 근본적인 문제는 북한정권이 민족주의를 가장하여 '애국주의'를 추구하고 있는 데서 발생하고 있다고 볼 수 있다. 그러므로 대한민국의 입장에서 보면 우리민족끼리 개념은 북한정권이 김일성민족을 중심으로 하는 애국주의적 입장을 폐기하고, 우리민족 전체가 중심이 되는 민족주의로 민족정체성을 회복하는 것을 전제로 할 때만 수용할 수 있는 개념이다.

대한민국은 6.25전쟁 시 북한의 침략에 의해 체제 존망의 위험을 경험하였기 때문에 생존문제를 해결하기 위해 미국과 군사동맹을 맺고 있고, 북한정권은 대한민국의 자유민주체제를 무너뜨리기 위해 '우리민족끼리'를 앞세워 반미투쟁과 민족공조를 선동하고 있다. 우리가 생존문제를 무시하고 항상 우리를 위협하는 북한정권의 의도에 따라 '끼리'할 수 있을까? 대한민국은 현대세계에서 정치·경제·사회·문화·국제 등 모든 면에서 북한과는 비교될 수 없는 모범적인 국가로 인정받고 있다.[214] 우리는 현 체제의 생존과

---

맹하여 다른 하나를 타도한 후 마지막 하나는 1대 1로 대결하여 타도하라'고 통일전선전술 구사방법을 설명한 바 있다.

안전이 보장되는 조건에서만 북한과 '끼리'가 가능한 것이다. 따라서 북한 정권의 대남 정치전략과 행태의 변화가 없는 상태에서 '우리민족끼리'에 동조하는 것은 매우 위험한 일이다.

'끼리'에는 대화와 협력·평화의 의미가 내포되어 있다. 여기에는 긍정적 이미지가 씌워져 있다. 대화와 협력·평화는 좋은 것이고, 대립과 무시·불화는 나쁜 것이라는 인식이 일반적이기 때문이다. 개인이든 집단이든 그 주체의 '생존'이란 기준에서 볼 때는 대화·협력·평화·대립·무시·불화 등이 선악의 개념으로 될 수 없다. 우리의 운명을 결정할 정도로 중대한 사안일 경우에는 생존에 유리한가 여부에 따라 판단하고 선택하는 것일 뿐이다.

김일성일가정권의 대남 정치전략을 추종하는 세력을 종북주의세력이라고 부른다. 그러면 종북주의란 무엇인가? 종북주의란 김일성주의, 즉 김일성민족주의체제 정권의 주장에 굴종하는 행태를 의미한다. 좀 더 구체적으로는 대한민국체제 안에서 생활하면서 국민으로서의 주체적·자주적 입장을 견지하지 못하고 북한 김일성일가정권에 비굴하게 복종하는 태도를 말한다. 종북주의는 종북세력의 이념성을 표현하는 개념으로 종북세력이라는 말은 사회당의 대표였던 원용수가 2001년 12월 21일 '민주노동당 대표 권영길의 통합논의 제안에 즈음한 기자회견'을 하면서 "민중의 요구보다 조선노동당의 외교정책을 우위에 놓는 '종북세력'과는 함께 당(활동)을 할 수 없습니다"라는 주장을 하면서 처음 공식적으로 사용되었다. 원용수는 이 회견에서 사회당과 민주노동당 양당 간에 뜨거운 논쟁을 불러일으킨 '반조선노동당 논쟁'[215)]에 대한 입장도 함께 설명했는데, "6.15남북공동선언을 무조건

---

214) 권위를 인정받는 영국의 EIU(Economist Intelligence Unit)는 '2012년도 민주화 지수'를 발표하면서 분석대상 167개국 중 대한민국을 아시아 1위, 세계 20위로 밝히고 민주주의의 본산인 미국(21위)과 프랑스(28위) 보다 높은 '완전한 민주국가(full democracy)' 중 하나로 평가한 반면, 북한을 최하위인 167위로 평가했다: http://www.eiu.com/Handlers/WhitepaperHandler.ashx?fi=Democracy-Index-2012.pdf&mode=wp&campaignid=DemocracyIndex12(검색일: 2013.12.20).

215) 사회당과 민주노동당이 2001년 10월 26일 재선거에서 2~3%대의 저조한 득표율을

지지해야 한다고 생각하는 사람들이 있다. 이들은 이 선언의 한 당사자인 김대중정권에 대해 퇴진을 요구하는 투쟁도 할 수 없다고 생각한다. 이는 민중의 요구보다 조선노동당의 외교정책을 우위에 놓는 것이며, 이들이 바로 종북세력이고 이들과는 당을 함께 하지 않겠다는 것이 바로 '반조선노동당'의 의미"라고 주장했다. 그는 일반화된 '친북' 표현 대신 '종북'이라는 신조어를 사용하는 이유를 "친북세력에는 종북세력, 즉 조선노동당 추종세력 말고도 북한과 친해지자고 주장하는 사람들도 포함되기 때문"이라고 설명했다.[216]

이후 2006년 일심회 간첩사건 때 민주노동당의 일부 당 간부들이 관련된 사실이 드러나 종북주의 논란이 일어났다. 민주노동당내 민중민주(PD) 계열은 간첩사건과 관련된 당직자의 제명을 요구했지만 받아들여지지 않았고, PD계열 조승수는 민주노동당내 다수파인 민족해방(NL) 계열을 '종북주의'로 규정한 뒤 2008년 2월 우선적으로 탈당했으며, 이어 노회찬·심상정도 탈당해 '진보신당'을 창당하는 일이 벌어졌다. 19대 총선이 끝난 뒤인 2012년 5월 '통합진보당(통진당) 부정경선사건'이 터져 이 사건을 다룬 일부언론이 "통진당 내의 경기동부연합 성향 인사들이 '종북주의' 성향이고, 이들이 부정 경선과 관련이 있다"고 보도함으로써 다시 종북논란이 벌어졌다. 이 시기에 자유총연맹·한국시민단체협의회 등 보수 시민단체들은 통진당 구당권파 의원들을 "종북주사파 의원"으로 지칭하며 사퇴를 촉구하기도 했고, 2012년 7월에는 국무총리실·외교부·국방부 등 정부 부처들이 '종북좌파 의원' 때문에 보안자료를 넘겨줄 수 없다며 국회의 자료 제출 요구에 불응하

---

기록한 뒤 민주주의민족통일전국연합(전국연합), 한국대학총학생회연합(한총련) 등의 민주노동당 가담을 추진하는 가운데 북한의 조선노동당에 대한 입장을 두고 벌어진 논쟁으로, 민주노동당 중앙연수원장 황광우가 2001년 11월 30일 '노동계급을 대표하는 사회당은 북한 조선노동당을 적으로 삼아서는 안 된다'는 취지의 주장을 한 데 대하여 사회당 대변인 신석준이 같은 해 12월 11일 "황 원장은 조선노동당 주도로 '조선민주주의인민공화국'의 사회체제가 전 한반도화하는 통일에 찬성하는가"라고 공박하면서 촉발되었다.

[216] "종북세력과 당 같이 안 해,"『연합뉴스』, 2001년 12월 21일자.

는 일도 있었다.

  종북주의는 결국 마땅히 비판받아야 할 북한 독재정권의 잘못된 행태에 대해서 자신들이 침묵하는데 그치지 않고, 우리 국민들에게 북한 정권에 동조할 것을 요구하면서 대한민국 자유민주체제와 이를 유지하는 세력을 공격의 목표로 삼고 있기 때문에 대한민국 체제 안정에 위협적 요소가 된다. "종북문제는 민주화·탈냉전 시대에 대한민국 사회의 이념적·정치적 분열을 격화시키는 뜨거운 감자이고, 다원화사회에서의 일탈 현상 혹은 절차적 민주주의의 경미한 착란쯤으로 여길 수 없는 대한민국 자유민주주의체제에 대한 본질적이고 중대한 도전에 해당한다. 반독재·민주화 투쟁과정에서 드러나기 시작한 NL(민족해방)파가 친북·반미의 급진 정치운동을 지속하면서 결집된 종북세력은 '북한의 반미·자주 이데올로기와 우리민족끼리 통일전선 전략전술에 동조하고 국가보안법 폐지와 주한미군의 철수를 주장하며, 대한민국 건국의 정당성을 부인하고 자유민주주의적 체제성에 도전하는' 반(反)대한민국 정치세력이다."217)

  그러면 북한의 우리민족끼리 전략전술과 종북주의 확산은 어떤 관계가 있는가? 우리민족끼리 전략전술은 단순히 우리민족끼리 잘 해보자는 의미가 아니다. 남북한은 서로 '우리민족'이니까 같은 편이어야만 하고, 미국은 북한의 적이므로 대한민국도 미국편을 들어서는 안 된다는 논리체계 위에 전략이 수립되어 있다. 종북주의의 논리체계도 마찬가지이다. 종북주의자들은 대부분 계급론적 입장에 서 있는데 노동자들을 대표로 하는 서민들은 자본주의를 반대해야 하고, 자본주의의 세계적 지배자인 미국을 반대해야 하며, 자신들과 같은 입장에 서 있는 북한정권은 적이 될 수 없고 뜻을 함께 해야 할 연대세력이라고 보는 것이다. 따라서 '우리민족끼리' 전략전술과 종북주의 확산은 상호 밀접한 관계가 있다.

---

217) 조성환, "'종북사태'와 한국 자유민주주의에의 도전 배경," 『시대정신』2013년 겨울호(서울: 시대정신, 2013), p. 81.

## 2. 민족주의적 환상 확산과 국민통합 저해

앞서 설명한 것처럼 '우리민족끼리'라는 개념은 대한민국 대통령 김대중과 북한 국방위원장 김정일이 2000년 6월 15일 평양에서 정상회담을 개최하고 공동선언문 제1항에 "남과 북은 나라의 통일문제를 그 주인인 우리 민족끼리 서로 힘을 합쳐 자주적으로 해결해 나가기로 하였다"는 표현을 포함하여 발표함으로써 탄생했다. 그 당시 우리민족끼리 구호는 남북한을 통틀어 금과옥조처럼 주창되고 유행하였는데, 감상적인 민족주의 구호가 한반도를 휩쓸고 있었던 것이다. 이런 분위기는 2008년 2월 25일 보수성향의 이명박 정부가 출범할 때까지 계속되었다.

불행하게도 김대중정권과 김정일정권은 우리민족끼리라는 하나의 단어를 전혀 다른 방향의 목적을 추구하는데 사용했다. 김대중정권은 햇볕정책을 내세워 북한정권과 주민을 구분하지 않고 "그들도 우리와 같은 민족이므로 화해하고 협력해 나가야 한다"는 의미로 우리민족끼리 구호를 사용했고, 이는 한반도에 거주하는 남북한주민 전체와 세계 각지에 흩어져 살고 있는 동포들을 포함하는 열린 민족주의 개념이다.

반면에 김정일정권은 한반도가 미제국주의의 지배로부터 완전히 해방되어 독립되어야 한다는 '반미자주화'를 표방하면서, 실질적으로는 한반도의 김일성민족주의체제로의 통일이라는 대남 전략목적을 추구하는데 우리민족끼리 구호를 적극적으로 활용했다. 이는 주체사상혁명이 이미 이루어진 북한주민들은 물론이고 대한민국 또는 해외 거주 동포들 중에서 김일성민족주의체제에 동조하는 사람들만을 '우리민족(김일성민족)'에 포함하는 분열적·폐쇄적 민족주의이다.

문제는 김대중정권은 남북한 간 화해와 협력을 통한 대북지원에만 관심을 집중하고 남북한통일을 적극적으로 주장하지 않은 반면, 북한 김정일정권은 자주적 민족통일을 앞세워 '민족공조와 외세배격'을 외치면서 민족주의 선동분위기를 주도해 나갔다는 점이다. 다시 말해서 김대중은 김정일과 우리민족끼리 개념을 사용하는데 합의했으면 당연히 '김일성민족'을 주장하는 북한에 대해 민족정체성 회복을 요구하고 민족통일 노력을 강화했어야 함에도 불구하고 이를 소홀히 하였고, 김정일은 민족주의를 강조하면서 대한민국 안에 친북 또는 반정부인사들과 통일전선체를 형성하는 전술을 적극적으로 구사했던 것이다. 그 결과 북한식 민족주의, 즉 폐쇄적이고 퇴행적인 민족주의—사실은 민족주의를 가장한 김정일애국주의—가 대한민국 안에도 세를 구축하였고, 이들 세력이 점점 확산되어 종북세력까지 등장하게 되면서 남남갈등도 심화되어 대한민국의 발전 저해 요인으로 등장하게 되었다.

김대중은 2000년 3월 9일 독일의 베를린자유대학에서 연설을 하면서 소위 '베를린선언'을 통해 "민족통일보다는 한반도의 냉전구조 해체와 항구적인 평화, 남북간의 화해·협력 달성을 당면목표로 설정하여 대북정책을 추진할 것임"을 발표했다. 그리고 그는 남북통일 의지를 당분간 접어두고 적극적인 대북경협지원을 통해 북한 김정일이 스스로 개혁·개방의 길로 나서도록 유도하여[218] 남북관계를 안정적으로 관리하겠다는 생각을 가지고 '햇볕정책'이라는 이름으로 대북포용정책을 주도했다.

이런 흐름은 뒤이은 노무현정부에까지 이어져 점점 확대되었고, 많은 국민들에게 '햇볕정책은 무조건적 대북 퍼주기'라는 인식을 각인시키게 되어 비판받으면서 결국은 2008년 2월 보수정권인 이명박정부를 탄생시키게 되었다. 이에 대한 북한정권의 반응은 '6.15선언의 핵심은 우리민족끼리'임을 수시로 강조하며, 이명박정부는 물론 뒤이은 현재의 박근혜정부에 대해서도 6.15선언과 10.4선언 이행을 압박하는 것으로 나타나고 있다.

햇볕정책은 중도보수 성향의 이명박정부 등장으로 다수 국민들에 의해 정치적인 심판을 받았다고 할 수 있다. 하지만 국민여론은 물론 학자들 사이의 구체적 평가 의견이 '민족우선이냐 국가우선이냐' 하는 관점에서 아직까지

---

218) 김대중은 대통령후보시절인 1997년 10월 8일 관훈클럽 토론회에서 "김정일과 담판하여 노동당 규약을 개정시키겠다"고 호언한 바 있고, 김정일의 인물됨에 대해서도 '합리적인 인물'이라는 등 수차례 긍정적인 평가 발언을 한 바 있다.

엇갈려 있어 여전히 남남갈등의 불씨가 되고 있다. 민족우선주의는 남북한의 국가적 분립 현실을 초월하거나 무시할 가능성과 함께 이와 연계된 국제적 역학과 주변 이해 당사국과의 마찰을 야기할 수 있는 것이다. 이는 북한이 전체적으로는 우리 민족의 일원으로서 포용과 공존의 대상이면서 대한민국에 최대의 위협을 가하는 주적(主敵)이며, 남북한은 공히 외부 국제세력과 동맹관계를 설정하고 있는 구조에서 연유한다.

조성환에 의하면 대북정책에 있어서 민족성과 국가성의 문제는 세계적인 차원의 냉전종식에도 불구하고 주종(主從)과 선후의 역전문제가 제기되기 힘든 상대적 혼용, 혹은 전술적 변용의 차원에서 운용될 수밖에 없는 구조를 지닌다. 민족성을 위주로 북한의 국가성을 포용할 경우 그 내부적 대상과 수준의 설정이 문제가 된다. 즉, 민족성의 원칙을 북한의 김일성일가정권과 주민을 구분하지 않고 무차별적으로 적용할 것인가? 이럴 경우 과연 대북포용과 공존정책이 궁극적으로 북한 주민의 인권과 복지를 증대시키고 비합리적 독재체제가 합리적 개방체제로 진화될 수 있을까?하는 문제에 이르는 것이다.

되돌아보면 6.15공동선언 이후 대한민국 안에서는 민족성의 원칙에 의한 대북 포용론에 대한 흑백논리적 시비가 일상화되었다. 그리고 햇볕정책의 정책적 구체화인 '대북지원'의 패턴과 정책결정의 투명성에 대한 공세와 방어가 양극화되었다. 김대중정부는 분단구조해체를 전제로 화해와 협력을 통한 남북관계를 국내의 개혁과 변화유도에 연계시켰다. '민족우선주의'가 실험되었고 동시에 민족화해 정책을 대한민국 내부의 냉전구조에 대한 재편의 매개로 삼았다.

이 과정은 초기에는 냉전질서의 유지와 탈냉전의 관리 · 화해 협력과 안보의 동시 추구 · 민족과 체제의 혼용 · 자주적 원칙과 국제화 병행 등 '전략적 모호성'에 입각한 유연한 이중전략이 유지되다가 남북정상회담 성사 이후로 탈냉전화 · 화해 협력 우선 · 민족성과 자주원칙의 강조라는 일방성이 강조되는 운용추이를 나타내면서 대북정책을 둘러싼 이념갈등이 증폭되게 되었다. 통일론은 이념주의화의 위험에 노출되었고 이는 다른 한편으로 민족성과 국가성의 상황적 이중성이라는 기본모순구조와 함께 정권과 인민의 괴리·한반도와 국제라는 두 개의 중요모순구조에 대한 입장의 선택 문제를 돌출시켰다.

남북한이 각기 주장하는 민족성의 원칙과 민족이익의 추구는 관념과 정책의 이질성을 내포하고 있다. 북한은 1970년대 초 계급주의적 사회주의체제 원칙에다가 민족성의 원칙 및 민족주의를 통치이념으로 설정했다. 이는 안으로 주체혁명 이데올로기를 강화하고 중소분쟁의 틈새에서 '우리식 사회주의'를 기치로 하여 대남 통일전략전술에 의거한 반외세·자주의 이데올로기로 전략화되었다. 따라서 북한의 '민족' 관념은 대남혁명과 반미자주의 정치전략 수행을 위한 이념적 지도 원리인 것이다. 이에 비해 대한민국의 민족주의는 '언어·문화·혈연과 역사에 기반한 민족의 통합과 발전원리'라는 객관적이고 보편적 의미로 관념되고 자유주의 방식으로 내면화되었다.

결국 민족성의 원칙은 남북한 사이의 국가체제 분단의 극복과 통일지향적 보편·유일·최고의 지도원리가 아닌 것이다. 민족성의 원칙이 남북한 전체성원의 보편가치로 설정되기 위해서는 이질적 국가성의 상호수렴(통합합의) 혹은 대체(남북한 일방에 의한 통일)가 선행하여야 하는 것이다. 따라서 현재 우리사회 일부에 기계적으로 도식되고 있는 '민족주의는 곧 통일주의'라는 표현은 전략이나 현실이라기보다는 허위의식 혹은 정치적 구호에 불과한 것이다.[219]

6.15공동선언 이후 북한이 우리민족끼리 전략전술을 활용하여 대남 정치전략을 성공적으로 수행함에 따라 대한민국 안에는 우리민족끼리 구호를 앞세운 퇴행적 민족주의, 즉 '김일성민족주의' 동조세력이 급속히 확산되었고, 이들은 진보라는 가면을 쓰고 진보진영에 침투하여 북한의 입장을 지지 옹호하는 활동의 폭을 넓히면서 남남갈등을 증폭시켰다. 6.15공동선언으로 우리민족끼리가 표면화된 전후 이들의 활동상을 정리해보면 위장진보의 진

---

[219] 조성환(2004), pp. 252~259에서 발췌 인용.

면목을 알 수 있다. 북한은 1999년 2월초 남북고위급정치회담을 열자고 제의하면서 외세와의 공조파기와 한미합동군사훈련 중지·국가보안법철폐와 범민련(조국통일범민족연합)220) 및 한총련(한국대학생총학생회연합)221)의 통일운동과 활동자유 보장을 전제조건으로 요구했다.

범민련의 강령 서문에는 "반만년 유구한 역사를 이어온 우리 민족은 거듭되는 난관과 시련에도 불구하고 단일한 민족성과 찬란한 민족문화를 지켜왔다. 분단으로 인한 고통과 불행이 클지라도 민족의 자주와 대단결의 기치아래 위대한 통일의 시대를 열고자 하는 7천만 겨레의 의지는 확고하며 승리는 확정적이다. 6.15공동선언은 부강한 통일조국을 예고하는 서막이며 조국통일의 새 시대를 알리는 이정표이다. 조국통일범민족연합은 6.15공동선언의 기치를 높이 들고 민족 자주와 대단결의 희망찬 새 역사를 향한 7천만 겨레의 힘과 지혜를 모아 가까운 앞날에 나라의 자주적 통일을 이룩할 것이다"라고 규정되어 있다. 또 한총련 창립대의원대회에서 회장으로 선출된 김재용(전 한양대 총학생회장)은 95년을 통일완수의 해로 정하고 6월 10일 판문점에서 남북대학생대표자회의를 갖자고 제안했다. 김일성이 당시에 북한 주민들에게 '95년을 통일원년의 해로 삼겠다'고 선전해온 주장에 호응해 나선 것이다. 이런 점들은 이들 단체가 북한 통일전선부의 선전선동공작과 밀접히 연관되어 있음을 짐작할 수 있게 한다.

김일성민족주의는 대한민국의 국가발전 및 우리민족의 번영과 어떤 상관관계가 있는가? 이 문제는 대한민국 내 김일성민족주의 동조세력의 반정부

---

220) 문익환, 계훈제, 고은, 오충일, 이효재 등 재야인사들이 1988년 8월 1일 '한반도 평화 및 통일을 위한 세계대회 및 범민족대회' 추진본부 결성을 제안하고, 남측대표 자격으로 밀입북한 황석영이 1990년 8월 19일 평양에서 결성사실과 구체적인 조직구성 내용을 발표했다. 범민족대회 북측준비위원장은 중국 북경을 무대로 활발한 대남공작을 지휘했던 통전부 소속 과장 전금철(본명: 전금진)이다.
221) 1993년 4월 전북 전주에서 창립대의원대회가 열려 5월 고려대에서 출범식을 거행함으로써 결성된 단체로 1987년 출범한 전대협(전국대학생대표자협의회)의 후신이며, 전국대학 총학생회장과 단과대학 학생회장까지 포함하는 대의원 연합체다.

활동과 국가발전이 어떤 상관성이 있으며, 민족통일에는 어떤 영향을 미치는가 하는 것에 관련된 것으로서 그들의 활동이 국가발전에 저해요소인가 하는 것이 핵심이다.

　개념적으로 민족주의에는 여러 종류의 민족주의가 있다. 민족주의가 사회에서 작동하는 방식에 대한 정의도 매우 다양하다. 김동노는 대한민국의 민족주의를 분석하면서 4가지의 양면적 기능을 분석기준으로 제시하고 있다. 즉, ① 사회 통합과 분열, ② 개인의 자유와 억압, ③ 폭력성과 관용성, ④ 보편주의와 특수주의 사이의 양면성이다. 이런 기준을 적용해서 북한 김일성민족주의 이데올로기를 평가해보면, 김일성민족주의는 남남갈등을 조장하여 사회분열적이고, 개인의 자유를 억압하며 적대세력에 대한 무자비한 폭력을 혁명수단으로 채용함으로써 세계화에 부응하여 발전할 수 있는 시민적 보편주의와 어울리지 않기 때문에 대한민국의 발전에 저해요인이 될 수밖에 없다.

　김일성민족주의에 동조하는 세력은 대한민국 정부의 성공과 국가의 발전을 진심으로 원하지 않으며, 끊임없이 국가정체성을 훼손하고 남남갈등과 분란을 조성하려 든다. 이들은 진보세력임을 가장하여 진보의 편에서 공간을 찾아 활동하지만 진보적 가치를 존중하고 정책비판적 입장에서 국가발전에 기여하는 진정한 진보세력과는 그 의도에 있어 차이가 크다. 이들은 종북주의와 진보 주의의 경계를 넘나들며 진보세력과 어울려 교묘히 활동을 하고 입장이 불리하면 진보의 가면을 뒤집어쓰기 때문에 법적 처벌이나 견제가 쉽지 않다는 점이 큰 문제다. 뿐만 아니라 진보세력도 정치적 필요에 따라 세력확산을 위해 김일성민족주의에 동조하는 정치세력과 연대하여 활동을 하기 때문에 그들을 옹호한다는 점 또한 국가발전을 위해 해결해야 할 문제다.

　예를 들자면 2002년 6월 13일에 발생한 신효순・심미선 양의 미군장갑차에 의한 사고사망사건 관련 반미 촛불집회나 2008년에 발생한 쇠고기파동 관련 반미 반정부적 비판 촛불집회에 진보세력과 함께 종북세력들도 합세하여 배후에서 거짓선전을 하고 과격투쟁을 선동했지만 당시에 이들을 구분하여 적극적 처벌이나 견제를 할 수 없었다. 효순·미선 양 사건 관련 촛불집회를 주도했던 세력은 '미군장갑차 고(故) 신효순, 심미선 양 살인사건 범국민대책위원회(이하 여중생범대위)'였으며, 여기에는 52개 단체가 참여했는데 중심적인 활동을 했던 민주주의민족통일전국연합·민주노총·민노당·한총련·반미여성회·평통사·전농·전국민중연대·범민련 등 33개 단체는 '평택미군기지확장 저지 범국민대책위원회(평택범대위)'에도 참여하였다. 이 두 '범대위'의 주도인물들은 반미주의자들이었고 종북주의자들도 끼어 있었다. 이들은 '한미 SOFA(주한미군 주둔군지위협정)'의 불평등성을 문제로 제기하며 거짓선동222)을 통해 반미운동을 맹렬하게 전개함으로써 전국을 혼란스럽게 만들고 국민들의 이성적 판단을 마비시켰다. 그들은 미국과 주한미군을 대한민국을 지배하는 제국과 제국주의 군대로 생각하고, 그들의 활동목적은 SOFA개정투쟁에 있는 것이 아니라 국민들의 반미감정을 고양시키고 주한미군 철수를 주장하는데 있었다.223)

한편, 2008년 5월 2일부터 본격화되어 100여일간 광화문과 청계천·시청일대를 거의 마비시키다시피 한 광우병촛불시위를 주도한 세력은 '광우병 국민대책위'이다. 여기에 참가한 단체는 한국진보연대·민주노총·전교조·범민련·범청학련·한총련·실천연대·우리민족연방제통일추진회·노동자의힘·사회주의노동자연합·민중연대 등 대한민국의 정통성을 부정하는 종북세력과 이명박 보수정권 출현에 불만을 가진 진보세력들이 거의 망라되었다. 이들 중 일부 종북세력들은 북한의 지령에 따라 사회혼란 조성을 목적으로 유언비어를 퍼트리며 움직이는 것으로 추정되었으나 이들을 완전 색출하여 의법처리하기는 어려웠다.

---

222) 한미SOFA는 비엔나 협약이나 대한민국이 군대를 파견한 키르기즈공화국 등 대상국가와 맺은 SOFA와 견주어 볼 때 결코 불평등하지 않고, 그렇기 때문에 실제로 한미 SOFA 개정도 진행되지 않았다.
223) 최홍재, "미군여중생 치사사건과 허위의 촛불시위," 『시대정신』 2010년 가을호(서울: 시대정신, 2010)에서 발췌 인용.

북한의 대남혁명전위조직인 '반제민전'은 2008년 4월 26일 자체 인터넷사이트인 '구국전선'에 논설을 싣고, "각계 민중은 이명박의 친미사대·외세의존·매국배족·반북대결행위를 반대하여 더욱 과감한 투쟁을 벌임으로써 이명박을 제때에 매장해야 할 것이다"라고 반정부투쟁을 선동했다. 마치 이에 부응하듯이 '6.15공동선언실천청년학생연대'는 같은 해 5월 2일 "미국의 요구에 머리를 조아리고 국민의 생명을 미국에 갖다 바치는 이명박은 친미사대 매국노이다. (중략) 청년학생들은 4.19 그날처럼, 1987년 6월 항쟁의 선구자로 나섰던 그 때처럼, 그리고 2002년 반미촛불항쟁의 선도적 투쟁을 전개했던 그 때의 기세로 촛불을 들고 민중의 투쟁진출로를 활짝 열어 제껴야 한다. (중략) 반이명박의 촛불을 과감히 들고 각계각층의 진보세력과 민중들과 함께 투쟁의 진격로를 개척하자(후략)"는 호소문을 발표했다. 같은해 6월 10일 발표된 북한의 '반제민전 시국선언'은 촛불시위를 단순히 쇠고기 수입을 반대하는 투쟁이 아니라 "4.19와 5.18, 6월 민중항쟁에 이은 반미·반파쇼투쟁의 전민항쟁으로 발전시켜 정권타도 및 6.15통일시대를 맞이하기 위한 조국통일투쟁으로 승화시켜야 한다"고 선동했다.

주도세력들의 거짓선동에 속아 반정부·반미 투쟁의 장으로 이용당했던 촛불집회가 장기화하고 불법시위로 변질됨에 따라 인근지역의 통행권과 영업권 침해 등 제3자에 대한 직접피해 6,685억 원, 국가적 손실 1조 9,228억 원 등 경제적 손실이 총 2조 5,913억 원에 달하고[224] 국가이미지가 실추되는 등 국가발전에 커다란 저해요인이 되었다. 결국 이들의 활동은 대한민국의 건강한 발전을 저해하고, 대한민국 내 순수한 진보세력의 입지를 좁힐 뿐만 아니라 한민족 구성원 전체의 번영을 추구하는 바람직한 민족통일을 더 어렵게 만드는 결과를 초래한다.

---

224) 조경엽·송원근·정연호·김필헌, 『촛불시위의 사회적 비용』(서울: 한국경제연구원, 2008), p. 51.

## 3. 독재정권 옹호와 동포들의 고난 외면

　북한의 우리민족끼리 전략전술은 김일성일가정권의 독재지배체제를 공고히 하고, 독재체제하에서 고통 받으면서 신음하는 우리 동포들의 고난을 외면하기 때문에 민족적 입장에서 매우 해악적이고 위험하다. 북한정권은 표면적으로 인종적민족주의 관점에서 남북한주민을 같은 민족이라고 주장하면서도 실질적으로는 국가적민족주의 관점에서 김일성민족을 내세워 우리 민족을 분리하고 있다. 더 분석적으로 살펴보면 북한정권은 김일성민족을 내세워 우리 민족을 둘로 나누어 분열시키고 있을 뿐만 아니라 북한 주민들에게도 실질적으로는 민족주의가 아닌 애국주의를 요구하고 있다. 애국주의의 내용은 목숨 걸고 김일성일가정권을 옹위하고 충성할 것을 강요하는 것이다.

　이런 사실들은 2013년 1월 1일 있었던 김정은의 신년사에서도 확인할 수 있다. 인종적민족주의를 내세우는 표현은 "반만년 우리 민족사에 처음으로 진정한 인민의 국가를 세우시고 자주·자립·자위의 사회주의강국으로 전변시켜주신 대원수님들의 불멸의 건국업적이 있고 탁월한 전략전술과 현명한 령도로 조국해방전쟁의 빛나는 승리를 안아 오신 수령님의 위대한 전승업적이 있어 우리 인민의 존엄높고 영광스러운 오늘이 있으며 무궁번영 할 우리 조국의 밝은 미래가 펼쳐져있습니다"라는 구절에서 '반만년 우리 민족사'를 찾아볼 수 있다.

　국가적민족주의를 내세우는 표현은 "민족의 어버이이시며 조국통일의 구성이신 위대한 김일성동지와 김정일동지께서는 민족분열의 고통을 누구보다 가슴아파하시며 우리 겨레에게 통일된 조국을 안겨주기 위해 한평생 온갖 로고와 심혈을 다 바치시어 나라의 자주적통일과 평화번영을 위한 든든한 토대를 마련해주시였습니다"와 "지난해의 자랑찬 성과는 위대한 장군님의 원대한 구상과 유훈을 현실로 꽃피워 김일성·김정일의 조선을 세계에 떨치려는 우리 당의 확고한 결심과 정확한 령도, 당에 끝없이 충실한 인민군

장병들과 인민들의 고결한 충정과 애국헌신이 안아온 고귀한 결실입니다" 등에서 찾아볼 수 있다. 또한 "김정일애국주의는 김일성민족의 영원한 넋이고 숨결이며 부강조국건설의 원동력입니다. 당 조직들은 모든 일군들과 당원들과 근로자들이 김정일애국주의를 피 끓는 심장에 소중히 간직하고 사회주의조국의 륭성번영을 위한 오늘의 성스러운 투쟁에서 애국적 열의와 헌신성을 높이 발휘해나가도록 하여야 합니다"에서 나타나고 있다.

특히 우리민족끼리 전략전술을 강조할 때는 인종적민족주의의 관점에서 주장하는 것처럼 가장하고 '전체조선민족'을 내세워 대한민국에 대해 6.15선언과 10.4선언 이행을 요구한다. 역시 김정은의 2013년 신년사중 한 대목을 예로 들어 보면 "북남공동선언을 존중하고 리행하는 것은 북남관계를 전진시키고 통일을 앞당기기 위한 근본전제입니다. 북과 남·해외의 온 겨레는 새 세기 민족공동의 통일대강이며 평화번영의 리정표인 6.15공동선언과 10.4선언을 철저히 리행하기 위한 투쟁을 적극 벌려나가야 할 것입니다. 조국통일문제는 우리민족끼리 힘을 합쳐 자주적으로 풀어나가야 합니다. 조국통일의 주체는 전체 조선민족이며 온 민족이 힘을 합치면 이 세상 못해 낼 일이 없습니다. 북과 남·해외의 전체 조선민족은 민족우선·민족중시·민족단합의 입장에 서서 전 민족적 위업인 조국통일의 대의에 모든 것을 복종시키고 지향시켜 나가야 합니다. 전체 조선민족은 외세의 지배와 간섭·침략과 전쟁책동을 단호히 반대배격하며 조국통일을 방해하는 그 어떤 행위도 절대로 허용하지 말아야 합니다"라고 주장하고 있는데, 이 대목에서는 '김일성민족'이 철저하게 숨겨져 찾아볼 수 없다. 그러나 결론은 "모두다 김일성-김정일주의의 기치를 높이 들고 당의 두리에 굳게 뭉쳐 내 나라, 내 조국의 부강번영을 위하여 힘차게 싸워 나갑시다"라는 것이다.

북한은 헌법 제8조에서 "조선민주주의인민공화국의 사회제도는 근로인민대중이 모든 것의 주인으로 되고 있으며 사회의 모든 것이 근로인민대중을 위하여 복무하는 사람중심의 사회제도이다. 국가는 착취와 압박에서 해방되어 국가와 사회의 주인으로 된 로동자·농민·군인·근로인테리를 비롯한 근로인민의 리익을 옹호하며 인권을 존중하고 보호한다"라고 규정하고 있지만, 이는 북한주민과 북한체제에 관심이 있는 외부 사람들을 기만하기 위한 기술일 뿐이다. 수많은 북한주민들이 김일성일가정권의 폭압적 독재체제 아래서 무고하게 죽거나 시련을 겪으면서 연명해가고 있다는 사실이 이를 잘 설명해준다. 김일성일가정권이 주민들을 얼마나 불행으로 내몰고 있는가 하는 것은 오늘날 2만 5천명이 넘는 귀순자들이 북한의 국경선을 몰래 통과할 때 사살될지도 모르는 위험을 무릅쓰고 은밀히 도강하여 북한체제를 이탈하고 대한민국으로 들어와 정착해 살아가고 있는 사실이 상징적으로 증명하고 있다.

이와 같은 북한주민들의 현실을 외면하고 북한식 '우리민족끼리'에 무조건적으로 동조하는 것은 김일성일가정권의 독재체제를 지원하는 것이며, 이는 스스로 자유민주주의와 인류의 보편적 가치인 인권을 무시하는 결과를 초래한다. 다시 부언하면 북한이 주장하는 우리민족끼리는 전체 한민족을 위한 민족주의적 입장에서 나온 구호가 아니라 전한반도의 주체혁명완성 목적을 숨기고 김일성민족주의체제를 확산시키려는 기만이라는 것이다.

북한정권의 기만성은 모든 부문에서 아주 일상화되어 있다. 북한 헌법에서도 쉽게 발견할 수 있다. 예를 들면 헌법서문에서 "김일성동지께서는 영생불멸의 주체사상을 창시하시고 (중략) 조국광복의 력사적 위업을 이룩하시였으며 정치, 경제, 문화, 군사분야에서 자주독립 국가건설의 튼튼한 토대를 닦은데 기초하여 조선민주주의인민공화국을 창건하시였다"고 주장하고 있는데, 조국광복은 연합국의 대일본전 승리의 결과로 얻어진 것이고, 김일성정권이 스탈린의 꼭두각시정권으로 창건되었다는 것은 이미 객관적 자료로 명백히 증명된 사실이다.

## 제3절 김일성민족주의 정치전략에 대한 대응

### 1. 공영·발전적 민족주의관 정립

　민족주의가 정치적으로 활용될 때는 다른 정치적 이념과 결합되는 경향이 있기 때문에 민족주의의 다원성은 더욱 복잡해진다. 따라서 같은 민족 안에서도 사회집단들 사이의 갈등이 심화될 가능성은 민족주의와 결합되는 정치적 이념의 이해관계에 의해 달라진다. 민족주의가 때로 사회통합의 힘으로 작용하기도 하지만 때로는 사회갈등의 원인이 되기도 하는 것은 이 때문이다. 기본적인 차원에서 보면, 민족주의는 개인의 정체성을 형성함에 있어 다른 어떤 가치보다 민족을 우선시하는 이념을 의미한다. 따라서 민족주의는 개인의 정체성에 있어 민족을 최상위에 두도록 요구하며 다른 범주, 가령 가족·부족·지역공동체 등과 충돌이 있을 경우 개인으로 하여금 민족의 가치와 이해관계에 따라 행동하도록 요구하는 사회적 힘이 된다.[225]

　이처럼 다원적인 민족주의 중에서 우리민족 전체의 생존과 공동번영을 위한 민족주의는 어떤 것이어야 할까? 우리가 추구해야 할 민족주의를 개념화하기 위해서는 몇 가지 합리적인 기준제시가 필요하다고 본다. 왜냐하면 민족주의는 다의적인 개념으로서 합리적인 설득력을 갖추지 못할 경우 추진동력을 얻기 어렵기 때문이다. 민족주의는 '민족의 독립과 통일을 가장 중시하는 사상으로19세기 이래 근대국가 형성의 기본원리'라는 일반적인 관점에서 볼 때 현재의 남북한은 각각 국제적으로 독립국임을 공인받고 있으므로 '타민족으로부터의 독립' 문제는 이미 해결이 된 것이고, '민족의 통일' 문제만 남아 있다고 할 수 있다. 그 이유는 북한정권이 대한민국을 미제국주의의 신식민지라고 주장하고 있지만, 그것은 대남 정치전략 목적달성을 위해 공격목표인 대한민국에 대한 '낙인찍기'에 불과하고 한미관계는 '제국주의와 식

---

225) 김동노(2012), pp. 370~372에서 발췌 인용.

민지' 관계가 아니기 때문이다.

결국 우리가 추구해야 할 민족주의는 독립이나 자주적인 문제가 아니라 민족의 통일과 관련된 것으로서, ① 남북한에 거주하는 민족 전체의 공동번영에 기여할 수 있어야 하고 ② 미래 지향적이고 발전적이어야 하며 ③ 정권유지를 위한 것이 아니라 민족구성원의 행복을 위한 것이어야 하고 ④ 국제사회의 일원으로서 타민족과의 관계가 배타적이거나 고립적이어서는 안 된다고 할 수 있다.

원래 하나의 민족이 터 잡아야 할 한반도에는 안타깝게도 현재 외형상 두 개의 민족이 존재하고 있는 현실이 되었다. '한민족'과 '김일성민족'의 존재가 바로 그것이다. 앞에서 살펴본 것처럼 한반도가 1945년 일본제국주의 식민지배로부터 해방된 후 지난 60여 년간 남북이 분단상태로 지내오는 동안 김일성일가가 한반도의 북반부를 점령하여 통치하면서 김일성민족을 구성해낸 결과다. 기본사상과 행태가 전혀 다르게 변해있는 소위 김일성민족이라는 '괴상한 민족'이 한반도 북반부에 생겨나 민족통일을 주도하겠다고 하면서 존재하고 있는 것이 현실인 것이다.

이런 현실에서 민족통일과 관련한 경우의 수를 가지고 본다면 남북한이 하나의 국가가 되는 방법은 3가지가 있다. 하나는 대한민국이 북한을 흡수하여 자유민주주의 시장경제체제 국가로 되는 것이고,[226] 다른 하나는 북한이 대한민국을 흡수하여 김일성사회주의 계획경제체제 국가로 되는 것이며,

---

226) 북한체제의 지속 또는 붕괴가능성에 대해서는 많은 연구결과가 있지만, '러시아 과학아카데미 세계경제 및 국제관계연구소(IMEMO)'가 2011년 3월 발표한 'Strategic Global Outlook 2030' 전략보고서에서 "2020~2030년에는 완전한 한반도 통일에 이르지는 못하더라도 대한민국 중심의 통일과정이 실질적 단계에 접어들 것이며, 결국 북한은 현재와 같은 형태로 존재하지 않게 될 것"이라는 전망을 내놓은 것이 주목을 끈다: Institute of World Economy and International Relations RAS, Ed. by A. A. Dynkin, *Strategic Global Forecast to 2030*(Moscow: Magistr, 2013); 알렉산드르 딘킨, 김현태·이상준 번역, 『글로벌 전망 2030 러시아의 전략적 시각』(서울: 한국외국어대학교출판부, 2012), pp. 394~398.

또 다른 하나는 남북한이 각각 별도의 체제를 유지하면서 하나의 국가를 칭하는 국가연합체제로 되는 것이다. 형식적·논리적으로 보아 대한민국이 북한을 흡수하면 '한민족 통일국가'가 되는 것이고, 북한이 한국을 흡수하면 '김일성민족 통일국가'가 되는 것이며, 국가연합체제가 되면 한민족과 김일성민족이 공존하여 진정한 의미의 통일 민족국가는 성립되지 않는다. 그렇기 때문에 완전한 통일 민족국가가 되려면 국체가 자유민주주의 시장경제체제나 김일성사회주의 계획경제체제중 하나로 되어야 하는데, 자유민주주의 체제가 되려면 북한이 김일성민족주의를 버려야 하고, 반대로 김일성사회주의체제로 되려면 한국이 한민족주의를 버려야 한다.

한민족의 시조는 단군이고 김일성민족의 시조는 김일성이기 때문에 한민족은 단군의 핏줄을 이어 받은 남북한 7,000만 겨레를 뜻하는 것이고, 김일성민족은 김일성의 후손이라고 왜곡시켜 놓은 2,400여 만 북한인을 뜻한다. 대한민국으로 대표되는 한민족은 세계 10위권에 해당하는 경제규모를 가지고 국제적 위상에 걸 맞는 역할을 다하며 자유롭게 살아가는 민족을 의미하고, 김일성민족은 풍부한 천연자원을 가지고 있으면서도 세계 최하위권의 경제수준에 처해 있고 국제적으로 고립되어 많은 주민들이 해마다 굶어죽는 형편에 있는 민족을 의미한다.

통일은 민족의 미래번영을 위해 추구하는 것이고 민족의 미래번영이란 민족구성원 다수가 통일된 국가에서 함께 잘 사는 것이다. 단군의 자손에서 비롯한 민족정통성의 의미를 생각해 보면 우리가 바라는 통일국가의 민족구성원 다수는 무엇이며, 함께 잘 산다는 것은 무엇인가 하는 것은 자명하다. 그리고 우리민족 전체의 번영을 위해 어느 체제가 바람직한 것이냐 하는 것은 지난 역사와 당면한 현실을 직시해 보면 쉽게 판단할 수 있다. 국제사회에서 몰락한 공산주의역사[227]가 우리민족이 김일성사회주의체제로 통일되어서

---

227) 중국은 1980년 등소평이 심천경제특구 설치를 선언함으로써 이미 시장경제체제로 개방의 길을 걷기 시작하였고, 1989년에는 동구 사회주의국가들이 몰락하기 시작했으며, 1991년 소련이 해체됨으로써 국제사회에서 공산주의는 완전히 몰락한 것으로

는 미래를 낙관할 수 없다는 것을 잘 보여주고 있다. 북한에는 1990년대 후반 4년여 기간에 수백만 명이 굶어 죽은 것으로 알려진 소위 '고난의 행군'이 있었고, 그 후에도 계속 대한민국과 국제사회의 식량지원을 받지 않으면 식량난을 해결할 수 없는 낙후된 경제상태[228]가 지속되고 있는 것이 엄연한 사실이다. 오늘 현재까지 어떻게든 보다 나은 삶의 길을 찾아보겠다는 결심으로 죽음을 무릅쓰고 탈북하여 국내로 들어온 귀순자가 2만 5천 명이 넘는 현실[229]이 북한의 실상을 잘 설명해준다.

　이는 한민족으로 통일되면 민족의 미래가 밝지만 김일성민족으로 통일되어서는 앞날이 캄캄하다는 것을 증명한다. 한민족으로 통일하는 것은 민족구성원 다수가 잘 살게 되는 길이요, 김일성민족으로 통일되는 것은 민족구성원 모두가 못 살게 되는 길임을 실증한다. 앞서 본 것처럼 우리의 민족통일은 서로 다른 '한민족'과 '김일성민족'이 통일하는 것이 아니라 같은 민족이면서도 분단되어 있는 '한민족끼리' 통일하는 것이기 때문에, 우리민족의 미래 번영을 위한 통일을 이루려면 결국 김일성민족은 정체성을 회복하고 본래의 한민족으로 변해야만 한다. 민족의 번영은 김일성일가에 의해 왜곡된 김일성민족주의 · 이를 기반으로 한 북한식 우리민족끼리를 버리고 진정한 우리 '한민족끼리'를 실현해야 이루어질 수 있다.

　북한이 조선민주주의인민공화국이라는 국호를 쓰고 있는 상황에서 완전한 민족통일이 달성되기 전에는 명분상 한민족으로 회귀하는 것을 거북스럽게 생각할 수도 있다. 북한이 오랜 민족사를 심하게 왜곡시키기는 했지만 단군을 완전히 부인하는 것은 아니므로 진정으로 민족애를 보여주기만 하면

---

간주되고 있다
228) 북한은 1996~2000년간 "고난의 행군"이라는 구호를 내걸어 난관을 극복했다고 선전하고 있으나, 현재 한국과 국제사회의 지원이 없으면 생존이 불가능한 '구호경제(救護經濟)'로 전락했다는 것이 일반적인 평가다.
229) 1999년 국내귀순 탈북자 숫자가 1,000명을 넘었고, 2007년에 1만 명을 돌파했으며, 2013년 10월 현재 2만 5천 명이 넘는 것으로 파악되고 있다.

한민족이라고 하지 않고 '단군민족'으로의 통일이라고 해도 좋을 것이다.

　그러나 김일성민족은 완전히 왜곡된 돌연변이형이기 때문에 우리가 같은 민족으로 받아들일 수 없다. 북한이 김일성민족을 고집하려면 '우리민족끼리 통일'을 운운해서는 안 된다. 북한이 김일성민족을 고수하면서 우리민족끼리 통일을 주장한다면 '김일성민족으로 통일'을 주장하는 것이 되고, 이는 남북한의 실상을 감안하여 볼 때 민족구성원 전체의 공동번영이라는 민족통일 추구의 근본목적과 모순된다. 북한에서 김일성민족주의가 고착화되고 대한민국에서 이를 방임 내지 지지하는 세력이 커지면 커질수록 민족통일은 점점 더 어려워진다. 따라서 '북한의 민족정체성회복은 통일을 위한 전제조건'이다.[230] 다시 말해서 김일성일가 권력유지를 위한 배타적 김일성민족주의는 결코 민족 공동번영을 위한 발전적 대안이 될 수가 없다.

　그러므로 우리가 '시·공간(時·空間)의 압축'으로 상징되는 세계화시대에 국제사회의 일원으로서 살면서 민족의 통일과 번영을 추구하려면 북한의 민족정체성회복을 대북정책의 핵심전략으로 삼고 한민족주의로 통합해야 하며, 세계화추세에 부응할 수 있는 열린 민족주의·민족구성원의 행복추구에 기여하는 시민적 민족주의를 추구하지 않으면 안 된다.

## 2. 민족정체성회복 및 정상국가화 유도

　김일성일가는 민족주의 가면을 쓰고 유일독재를 강화하면서 주체사상을 파라미터로 하여 정상국가인 '사회주의 보통국가'로부터 민족분열적이고 역사반동적인 '김일성민족주의·봉건적 군주제' 국가로 완전히 변모시켜왔음은 앞서 논증한 바 있다. 북한에 대한 정확한 이해와 인식이야말로 감상적인 통일지상론을 극복하여 현실적이고 합리적인 통일론을 도출해 낼 수 있는 바탕이 될 것이라는 면에서, 이 같은 체제의 질적 변화 결과를 중시하지 않을

---

230) 김광철(2011), pp. 35~38.

수 없다.

일반적이고 거시적인 관점에서 북한은 민족공동체의 일원으로서 포용해야 할 통일의 대상이라는 측면과 변화시키거나 타도해야 할 이념적 적대세력이라는 측면의 양면성을 동시에 가진 이중적 실체라고 평가되고 있다. 이러한 평가가 완전히 틀렸다고 할 수는 없지만, 북한의 구조를 엄밀히 들여다보면 이러한 평가에는 모순이 있음을 알 수 있고, 따라서 정확한 평가라고 동의하기 어렵다. 왜냐하면 북한은 김일성일가를 중심으로 한 핵심세력(김일성일가+엘리트지배연합+핵심계층)과 일반주민(동요계층+적대계층)으로 구성되어 있고, 일반주민들은 정치사회적으로 주체적 자기의사 결정권이 거의 없어 사회적 합의를 이루어 내거나 주권을 올바르게 행사할 권리를 보장받지 못하는 상황이므로, 본질적인 면에서 이들을 우리의 적대세력으로 규정하는 것은 무리라고 할 수 있기 때문이다.

따라서 북한을 분석하고 대북전략을 수립함에 있어서는 거시적으로 이중성이 있는 실체라고 뭉뚱그려 평가하기보다는 핵심세력과 일반주민을 분리하여 보는 것이 타당하다. 이것이 의미하는 바는 북한의 핵심세력은 이중성을 가진 존재로 우리가 포용하거나 변화시켜야 할 존재이고, 일반주민은 한민족의 일원으로서 인도적 지원을 하면서 포용해야 할 대상으로 봐야 한다는 것을 뜻한다.

그러면 민족공동번영을 위한 민족주의 확산이라는 관점에서 대북전략은 무슨 내용을 어떻게 추진해야 하는가? 북한문제의 본질은 ① 김일성인가가 민족정체성을 완전히 왜곡하여 '김일성민족주의·봉건적 군주제' 국가를 만들고 ② 우리민족끼리 구호를 내세워 대한민국 안에 통일전선을 계속 확장하면서 남남갈등을 부추겨서 ③ 번성하고 있는 대한민국 체제의 안정을 위협할 뿐만 아니라 우리 민속 전체의 미래번영을 위한 통일을 어렵게 한다는 데 있다. 그리고 북한은 대한민국에서 이명박정부 등장 이후 햇볕정책 역이용전략이 난관에 봉착했다는 것을 알기 때문에, 핵무기개발 완성을 근간으로 우리민족끼리 전략전술과 함께 공공연히 대남 공갈·협박과 군사도발을 감행하여 남북관계를 자신의 의도대로 끌고 가려는 '군사위협전략'을 구사하고 있다는 데에 문제가 있다.

이런 북한의 대남전략에 대처하고 자유민주체제로의 통일여건을 조성하기 위해서 우리의 대북전략 방향은 큰 틀에서 두 가지를 생각해 볼 수 있다. 하나는 북한이 김일성민족주의를 청산하여 민족정체성을 회복하도록 하는 것이고, 다른 하나는 현재 비정상국가인 북한을 정상국가화 하는 것이다. 그럼으로써 북한의 우리민족끼리 전략전술과 군사위협 전략전술 기도를 원천 무산시키고, 한반도는 물론 동북아의 지역안정과 번영에 기여하면서 민족통일을 완성하는 길을 열어나갈 수 있다고 보기 때문이다.

민족정체성회복 추구 전략은 북한 구성원들의 내면적 의식변화를 통해 민족동질성을 강화하고 북한의 대남 정치전략을 근본적으로 무력화하려는 것이므로 매우 중요하다. 따라서 민족정체성회복 실현이 문제해결의 관건이고, 남북관계 전반에 걸쳐 '해야 할 일과 해서는 안 될 일'을 민족정체성회복에 기여하느냐 여부로 결정하는 것이 필요하다. 북한문제 전문가들이나 대북정책에 관심 있는 사람들은 강경책과 유화책을 두고 그 유용성에 대해 대립적인 논란을 벌이며 분열하는 경우가 허다하다. 일부는 보수와 진보로 나누어진 정치세력과도 연관되어 남남갈등을 계속하고 있고, 선거철에는 정치세력과 일부 시민세력 간 상호 연대활동을 하면서 북한의 대남전략과 맞물려 갈등을 고조시키기도 한다.

일반적으로 남북관계 상황관리를 중시하는 사람들은 "강경책을 써서 북한정권을 자극하면 전쟁이 일어날 가능성이 있으므로 유화책을 써야만 남북관계를 평화롭게 관리할 수 있다"고 주장하고, 민족정통성과 자유민주체제로의 통일을 중시하는 사람들은 "북한은 비정상국가이므로 강경책을 써서라도 질적으로 변화시켜야 한다"고 주장하고 있다. 하지만 지난 과거사를 되돌아보면 반드시 그렇지만은 않다는 것을 알 수 있다. 달리 표현해서 민족전체의 미래번영을 위한 통일을 기준으로 생각하면 강경책이 효율적이냐 유화책이 효율적이냐 하는 양자택일적 논쟁은 무의미하다. 북한이 김일성민족주의를 포기하고 한민족정체성을 회복하도록 만드는 데 유효하다면 강경책이든 유화책이든 상관이 없다고 할 수 있기 때문이다.

김일성민족주의는 반민족적·반민주적·억압적 이데올로기이기 때문에 대한민국 안에서 김일성민족주의 동조세력이 확산되도록 더 이상 묵인하거나 방치해서는 안 된다. 더 나아가 민족전체의 번영을 위한 통일을 촉진하려면 북한식 우리민족끼리가 아니라 진정한 우리민족끼리, 즉 '한민족끼리'를 주장해야 하고, 북한이 민족정체성을 회복하도록 촉구하고 압박해야 한다. 정부차원에서 하든 민간차원에서 하든, 공개적으로 하든 은밀하게 하든, 정치가이거나 사업가이거나, 학자거나 학생이거나, 민족통일과 번영을 원하는 사람들은 북한에 대해 같은 민족으로서 마땅히 해야 할 주장·해야 할 비판을 삼가서는 안 된다. 왜냐하면 김일성민족과 한민족이 공존하는 통일 민족국가는 있을 수 없고, 민족정체성회복을 요구하는 것은 '정당한 민족적 권리이자 책임'이기 때문이다.

남주홍은 "현재의 북한은 결코 우리의 통일대상이 아니다. 통일을 반대하는 국민은 없지만 최후의 스탈린주의적 전제체제요, 최악의 인권유린국인 북한과 우리가 꿈꾸는 바와 같은 올바른 통일은 기대하기 어렵다. 이는 단순한 비관론이 아닌 살아 있는 역사요, 부인할 수 없는 엄연한 적대적 분단의 현실이다. 통일을 위한 체제변화는 반드시 비용과 대가를 수반하는 것이며 우리는 북한이 이를 두려워하지 않도록 유도해야할 민족사적 책임이 있다. 이런 방향으로 대북정책을 추진해야 우리도 살고 북한도 사는 민족통합의 길이 열리는 것이므로 북한 측에 할 말은 해야 한다"고 주장한다.[231] 김일성민족주의가 폐기되어 민족정체성을 회복해야 되고, 북한에 이를 당당하게 요구해야 된다는 주장과 맥을 같이 한다.

북한정권이 우리민속끼리 구호를 내세워 민족공조·외세배격을 주장하거나 경제협력 또는 물자지원을 요구할 때, 대한민국은 그들에게 '진정한 민

---

231) 남주홍(2006), pp. 266~268.

족애를 보여 같은 민족임을 증명할 것'을 주저 없이 요구해야 한다. 북한정권이 우리와 같은 민족임을 증명하는 상징적인 방법은 '김일성민족'을 포기하는 것이다. 우리가 북한의 핵심 지배세력이든 일반주민이든 진정 우리와 같은 민족임을 확인하고 민족애를 느낄 수 있게 된다면, 동족을 위한 대북지원이 그리 아깝지 않게 느끼게 될 것이다. 현재 대한민국 안에는 한반도관련 중요 현안들에 대해 북한에서의 김일성민족주의 고착상태를 애써 외면하고 내세우는 주장들이 많이 있다.

예를 들자면, 남북통일을 염원한다면서 대한민국에 의한 흡수통일은 안 된다고 주장하는 사람이 있다. 그들은 그러면서도 남북한 인사들 간에 민족통일운동을 활성화해야 한다고 주장하기도 한다. 이는 그들이 통일운동을 말하지만 실제로는 자유민주주의 시장경제체제로의 한민족 통일을 원하지 않거나, 김일성민족주의체제로 통일을 바라는 경우라고 해석할 수밖에 없다. 또 북한의 핵문제만 해결되면 미국을 비롯한 국제사회가 김일성일가정권의 안전을 보장해주어야 한다고 주장하는 사람이 있는데, 이는 김일성일가 독재정권을 위한 해결책이지 억압체제 아래에서 고통스럽게 살아가는 동족을 고려하는 북한문제 해결책이라고 할 수 없다. 왜냐하면 김일성민족주의체제가 공고해져 민족통일이 멀어지고 북한 주민들의 고통이 연장되는 결과를 초래할 것이 명백하기 때문이다.

또한 어떤 사람들은 북한에 사는 사람들은 모두 다 우리의 부모·형제자매 같은 동포들이기 때문에 그들의 실질적 생존권을 보장해주기 위해 김일성일가정권을 통해서라도 도와야 한다고 주장한다. 우리가 대량 제공하는 인도적 지원물자들이 김일성일가정권의 선물로 둔갑해 주민들에게 배급됨으로써 김일성일가정권의 억압통치기제가 더욱 강화되도록 방치한다면, 우리가 지원하는 물자가 재북 동포들의 생존권 향상에 쓰인다기보다는 독재권력 강화에 쓰이는 결과가 된다.

우리 정부가 미국과 공조하여 북한정권을 압박하거나 비위를 거스르면 북한이 전쟁을 일으킬지도 모르고, 전쟁이 일어나면 우리의 피해가 훨씬 더 크므로 미국의 대북강경정책에 반대해야 하며 북한을 자극하는 일은 없어야 한다고 주장하는 사람도 있다. 그러나 남북분단이래 북한의 도발은 계속 있어 왔고 포용정책을 썼던 김대중·노무현 정부시절에도 멈추지 않았다. 일부 사람들은 대한민국 정부가 남북관계 상황을 관리함에 있어 원칙적으로 대응하여 북한이 격한 반응을 보이면, 우리 정부를 향해 "동족 간 전쟁이라도 하자는 것이냐? 어떤 일이 있어도 전쟁만은 안 된다"고 하면서 정부의 대북정책 전환을 주장한다. 남북한 간 전쟁이 일어나지 않는 것이 바람직하긴 하지만, 김일성일가정권에 대한 굴종만이 유일한 전쟁방지 방법이 아니다. 그러므로 "어떤 일이 있어도 전쟁은 안 된다"는 말은 전쟁불사를 주장하며 위협하는 북한 김일성일가정권에게 굴복하라는 요구이며, 결국 김일성민족주의체제로 통일되어도 좋다는 주장과 다르지 않다.

이런 사례들이 발생하는 배경에는 김일성일가정권이 사회주의건설과 민족자주를 명분으로 내세워 '김씨조선' 군주제국가 건설을 추구하면서 민족정체성을 왜곡시켜 김일성민족주의를 한반도전체로 확산시키는 전략이 자리하고 있다. 진정한 민족의 통일과 미래 번영을 위해서, 우리가 북한의 남남갈등 조장 등 우리민족끼리 구호를 핵심으로 하는 통일전선전술에 말려들어서는 안 되는 이유다. 북한이 민족정체성을 완전히 회복하여 단군의 후손으로서 우리에게 위선을 부리거나 협박하지 않고 진정한 민족애를 가지도록 만든다면, 민족통일문제는 물론이고 북한핵문제·북한인권문제·남북이산가족문제·남북분쟁 등 남북분단관계에서 초래되는 모든 문제의 해결 실마리를 찾을 수 있다.[232]

다음으로 북한의 정상국가화 유도전략은 민족통일의 완성을 위해 매우 중요한 과제이다. 김정은정권이 스스로 정상화 의지를 보인다면 정상화의 길을 갈 수 있도록 환경을 조성해주면서 적극적으로 지원을 하되, 정상국가화를 거부하고 현재의 억압통치 체제를 유지하거나 더 퇴행적인 방향으로 국

---

232) 김광철(2011), pp. 39~42에서 발췌 인용.

가운영을 악화시킬 경우는 강경하게 압박해서라도 정상국가의 길로 유도해야 한다. 북한의 정상국가화를 지원하거나 유도하는 것은 '민족구성원 전체의 번영과 행복을 위한 통일'이라는 목적이 전제되어 있어야 한다.

국제정치는 물론 국내정치에서도 '정상국가'라는 용어는 자주 사용되고 있으나 여러 용도로 사용되고 있기 때문에 확립된 개념정의는 없다. 예를 들자면 일본 정치인 오자와 이치로는 "국제사회에서 자연스럽다고 간주되는 책임을 기꺼이 담당하고, 국민들의 번영과 안정적인 생활을 확보하는데 필요한 노력에 있어 다른 나라들과 충분히 협력하는 국가"를 정상국가라고 정의한 바 있고, 중국 중산대학 한국연구소장 웨이즈장(魏志江)은 2013년 7월 아산정책연구원 주최 강연에서 "중국 시진핑(習近平)체제는 중북관계에 있어 '신형대국관계전략'에 따라 북한을 '보통 정상국가'로 다룰 것"이라고 주장한 바 있다. 이들은 각각 자국중심의 관점에서 정상국가를 말하고 있는 것이고, 일반적인 국제담론으로서의 정상국가 개념과는 실질적인 내용에 있어서 차이가 있다.

따라서 정상국가라는 개념보다는 상대적인 개념인 '비정상국가'의 개념을 중심으로 이해하는 것이 오히려 더 수월하고 구체적일 수 있다. 정상국가 및 비정상국가 담론은 미국이 주도하고 있는데, 비정상국가란 '국제사회의 일반적 인식을 기준으로 정상적인 표준상태 또는 국제규범을 벗어난 국가'를 의미하며, '취약국가·실패국가·불량국가'라 불리는 국가들이 이에 해당한다.

'취약국가'는 국민에게 기본적인 공공서비스를 제공할 능력이나 의지가 없는 나라를 일컫는데 국가가 취약해지는 원인은 다양하다. 내전을 겪거나 외침을 당하는 경우도 있고, 부정부패가 만연하여 국가발전을 이루지 못하는 경우도 있으며, 권력을 가진 지배자들이 국민의 안녕과 복지를 무시하고 자신의 권력을 계속 유지하는 데만 진력하는 경우도 있다. 취약국가의 문제가 국제적인 관심사가 되는 것은 취약국가의 빈곤과 인권문제가 인류의 보편적 가치에 큰 위협이 되고 있을 뿐 아니라 세계안보에 악영향을 미치기 때문이다.

'실패국가'에 대한 이론적, 경험적 연구는 1994년 미행정부에 구성된 '국가 실패태스크포스(State Failure Task Force)'에 의해 본격적으로 연구되었다. 이 연구에서는 국제사회에서 통용되는 정상국가의 틀에서 벗어난 요소들을 대부분 포함시키고 있는데, 정부의 정치적 권위와 능력이 미흡하여 법치를 달성하기 어려운 경우와 범죄와 폭력적 분쟁이 난무하고 인도주의적 위기가 심각하게 만연해 있어 주변국의 안정성을 위협하는 경우뿐 아니라 국가 간 테러행위나 국내 테러행위를 조장하는 경우도 포함하고 있다.

'불량국가'는 대체로 국제규범을 거부하고, 테러리즘을 지원하며, 대량살상 무기를 추구하고 평화를 위협한다. 국내적인 면에서 불평등·차별·억압의 정도가 극심한 국가들도 불량국가로 정의한다. 미국 주도하에 수립된 불량국가 개념은 취약국가나 실패국가의 경우와 달리 국가의 기능이나 제도는 정상적으로 작동되는 경우에도 사용되고 있다. 대부분의 경우 불량국가는 핵무기와 같은 대량살상무기를 개발하려고 시도하며, 테러 등을 통해 정상적인 국제사회 구성원으로서 자리 잡기 어렵고, 대외적으로 협력을 거부함으로써 위협적인 행태를 보이는 경우를 일컫는다. 특히 오랜 기간에 걸쳐 수립되어 온 국제사회의 다양한 가치들에 대하여 도전하는 경우 불량국가로 지목된다. 오늘날 북한의 대외적 이미지는 대체로 취약국가 및 불량국가 개념으로 집약할 수 있다.233)

북한의 비정상성은 국제관계에서만 나타나는 것이 아니다. 한반도에서 민족의 번영을 담보할 통일국가 완성의 당위성을 고려하면 오히려 남북관계나 북한체제 자체에 내재하는 비정상에 더 주목하여 정상화 유도전략을 강구할 필요가 있다. 국제사회는 북한을 비정상국가로 보고 있으며 북한의 핵무기 개발을 비롯한 대량살상무기 추구와 인권탄압 등 극심한 억압체제에 심각한 우려를 하고 있다.

---

233) 민병원·조동준·김치욱, "탈냉전 이후 국제관계와 북한의 변화," 『복잡계 이론을 통한 북한의 정상국가화 방안 연구』(서울: 통일연구원, 2009), pp. 88~93에서 발췌 인용.

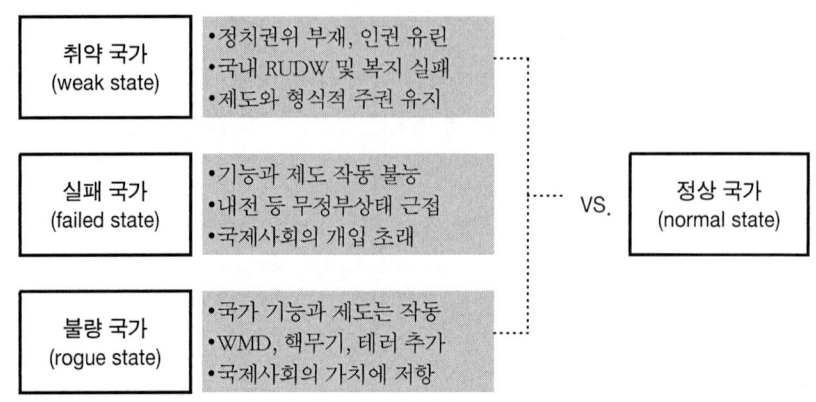

※ 출처: 민병원・조동준・김치욱(2009), p. 92. 〈그림 4-3〉 '정상국가 상대개념의 핵심 요소'를 인용.

〈그림 14〉 비정상국가 개념의 핵심요소

그 대표적인 증거가 북한의 핵무기 및 장거리미사일 개발과 관련한 유엔안보리의 제재결의234)와 유엔인권위원회・유럽연합・미국・일본・캐나다 등 국제사회의 대북인권결의안 채택 및 유엔기구의 북한 인권탄압실태조사235)이다.

대한민국은 국제사회의 일원으로서 이러한 움직임에 적극 동참하거나 협조해야함은 물론이거니와 민족정통성을 수호하고 민족의 생존과 번영을 추구해야할 주체로서 국제환경을 잘 활용하면서 독자적으로 북한을 정상화하

---

234) 북한이 2013년 2월 12일 3차 핵실험을 강행하자 유엔안전보장이사회는 3월 7일 제재결의 제2094호를 회원국 만장일치로 통과시켰다. 북한은 핵 및 미사일과 관련하여 이때까지 유엔안전보장이사회로부터 이사회결의 6건, 안보리의장성명 6건, 언론성명 2건 등 총 14건의 제재를 받았다.
235) 2013년 3월 21일 스위스 제네바에서 열린 유엔인권이사회(UNHRC: United Nations Human Rights Council) 제22차 회의에서 이사국의 만장일치로 채택된 결의안을 바탕으로 '북한인권조사위원회(Commission of Inquiry)'가 구성되어 1년간의 활동에 들어갔다. 위원장과 특별보좌관을 포함한 3명으로 구성된 이 위원회는 식량권침해・수용소인권침해・고문과 비인간적 대우・자의적 구금・차별 표현의 자유 침해・생명권침해・타국인 납치와 실종문제 등을 다룬다.

고 자유민주체제로 통일하기 위한 대북전략을 수행해야 한다. 민족적 차원에서 북한 비정상의 핵심은 '김일성민족주의·봉건적 군주제' 국가로 변질된 것으로서, 좀 더 구체적으로는 ① 김일성민족을 구성하여 민족분단의 영속을 기도하고 있는 것으로도 모자라 한반도 전체를 김일성민족화 하려는 것, ② 핵무기를 비롯한 화생방무기를 개발하여 대한민국의 안전을 직접 위협하고 지역안정을 해롭게 하는 것, ③ 반동적 김일성일가 군주제를 확립하여 정권유지에 몰입하며 북한 동포들을 억압하고 고난을 외면하는 것 등이라고 할 수 있다.

국제관계에서의 정상국가화란 북한이 인권유린·국제테러지원·대량살상무기 개발 및 확산 등 국제사회가 정한 규범으로부터의 일탈을 중지하고 한반도와 동아시아의 평화와 번영에 기여할 수 있게끔 만드는 일을 의미한다. 이러한 목표는 지난 수십 년 간에 걸쳐 추진되어온 다양한 대북정책의 맥락 속에서 볼 때 북한문제를 해결하기 위한 새로운 패러다임의 제시라고 할 수 있다.[236] 다른 한편 남북관계에서의 정상화는 '김일성민족주의 및 대남혁명전략 폐기'·'한반도비핵화합의[237] 등 각종 남북 간 합의 이행'·'대한민국에 대한 각종 도발 및 위협행위 금지'·'북한 동포들에 대한 인권탄압 중지' 등을 통해 민족 공동번영에 기여하는 역할을 하게끔 하는 것이다.

대한민국 역대정부의 대북전략 기본 틀은 초대 이승만정부를 제외하고는 거의 모두가 다 ① 남북관계 상황의 안정적 관리와 ② 북한체제의 변화 추진이라는 두 가지 큰 틀을 중심으로 추진하여 왔다. 대부분의 정부는 강온전략을 혼용하면서 상황관리에 중점을 두어왔고, 북한정권이 '남조선혁명역량

---

[236] 민병원·조동준·김치욱(2009), p. 78.
[237] 남북한은 1991년 12월 31일 한반도의 비핵화를 통해 핵전쟁의 위험을 제거하고 조국의 평화통일에 유리한 조건과 환경을 조성하며 아시아와 세계의 평화와 안전에 이바지하자는 취지에서 '한반도의 비핵화에 관한 공동선언'에 합의함으로써 전문과 6개항으로 된 공동선언문을 채택했다. 이 공동선언은 1992년 2월 19일 평양에서 열린 제6차 남북고위급회담에서 정식 발효되었으나, 북한은 끝내 비밀리에 핵무기를 개발하였으며 2012년 개정된 헌법에 핵보유국임을 명시하고 있다.

강화' 전략을 펼친 것과 같은 수준의 '북한 민주화 전략'이나 적극적인 '북한 체제 변화 전략'은 추진된 바 없다. 김대중정부의 햇볕정책이나 노무현정부의 평화번영정책은 적극적인 대북 경제협력과 지원을 통해 북한의 자발적인 변화를 유도한다는 명분으로 추진되었으나, 소기의 성과를 얻지 못하고 북한 김정일정권에 이용당하는 결과를 초래하고 말았다. 이 시기에 북한의 핵무기개발이 완료되고, '김일성민족주의・봉건적 군주제'가 구축되어 명실상부하게 운영되고 있는 북한의 현실이 이를 증명한다.

김정은정권이 스스로 김일성민족주의를 폐기하고 개혁・개방의 길을 택할 가능성은 희박해 보인다. 왜냐하면 현재의 북한내부 상황은 김정은이 '김일성・김정일주의'를 내세워 유훈관철을 계속 외치고 있고, 김정은 1인 독주체제가 더욱 공고해진 것으로 평가할 수 있기 때문이다. 예를 들면, 김정일 사망 후 김정은의 제1후견세력으로서 김정은 다음으로 가장 많은 정보와 권력을 갖고 있었고 중국과의 경제협력 사업을 주도하고 있어 개혁성향의 인물로 알려진 장성택(국방위원회 부위원장 겸 당행정부장)도 각종 죄목이 뒤집어 씌워져 불시에 숙청[238]당한 사실이 김일성민족주의가 쉽게 폐기될 수 없음을 상징적으로 설명해준다. 김정은의 고모부로서 인척이기도 한 장성택이 나이 어린 김정은의 정권 세습과 조기 안정을 도와 세칭 '섭정왕'으로 평

---

238) 조선중앙TV는 2013년 10월 7일 첫 방송 이후 같은 달 28일까지 9차례 내보냈던 김정은의 군부대 시찰 기록영화 '위대한 동지 제1부 선군의 한길에서'를 12월 7일 오후에 재방송하면서 과거에는 담겼던 장성택의 모습을 여러 군데에서 삭제하고 내보냄으로써 실각설을 사실로 확인시켜 주었다. 그리고 조선중앙통신은 12월 12일 "조선민주주의인민공화국 국가안전보위부 특별재판소는 피소자 장성택이 적들과 사상적으로 동조하여 우리 공화국의 인민주권을 뒤집을 목적으로 감행한 국가전복음모행위가 공화국 형법 제60조에 해당하는 범죄를 구성한다는 것을 확증하였으며, 흉악한 정치적 야심가・음모가이며 만고역적인 장성택을 혁명의 이름으로・인민의 이름으로 준열히 단죄규탄하면서 공화국 형법 제60조에 따라 사형에 처하기로 판결하였다. 판결은 즉시에 집행되었다"고 발표했다:
http://www.dailynk.com/korean/read.php?num=101869&cataId=nk02600(검색일: 2013.12.13).

가받기도 했었으나, 김일성민족주의체제 수령의 권위를 갖고 있는 김정은 으로부터 하루아침에 숙청을 당한 것은 김일성민족주의체제가 그만큼 견고해졌음을 반증하는 것이라고 볼 수 있다.[239]

그럼에도 불구하고 남북 당국 간 공식대화나 민간접촉을 통해 '김일성민족주의 폐기'를 설득하면서 지속적으로 요구해야 한다. 이와 병행하여 북한을 정상국가화하기 위해서는 김정은정권이 북한을 개혁·개방하지 않을 수 없도록[240] 국제사회와 협력하면서 압박하거나 민주화된 세력에 의해 정권교체가 이루어지도록 유도하는 전략 추구가 효과적인 대안일 수 있다. 그러나 대한민국을 비롯한 국제사회가 김정은정권을 압박하여 직접 영향력을 행사하는 것은 한계가 있다. 따라서 북한 주민들이 자각하여 민주화혁명을 할 수 있도록 각성시키고 그들의 활동을 적극 지원하는 대북전략, 즉 '북한체제 변화유도 전략전술'이 필요하다. 김일성일가정권은 정권안전이 곧 체제안전인 것처럼 선전선동하고 수령결사옹위정신을 주민들에게 강요하고 있으나, 독재정권을 민주정권으로 교체하는 것이 북한 주민들의 안전과 민족통일에 더 유리하다는 것을 일반 주민들이 인식하고 실행토록 여건을 조성해주고 지원해주는 대북전략이 필요한 상황인 것이다.

체제변화 유도전략은 대한민국 정부기관과 애국적 민간단체가 상호 협력

---

[239] 매들린 올브라이트 전 미국 국무부 장관은 2013년 12월 7일(현지시간) 블룸버그 TV와의 인터뷰에서 "김정은이 그의 고모부인 장성택 국방위부위원장을 해임하고 권력을 공고히 하고 있다"면서 "김정은은 자신이 북한을 책임지고 있다는 사실을 입증하고 싶어한다"고 평가했다: "올브라이트, '김정은 장성택 해임하고 권력 공고화'," 『연합뉴스』, 2013년 12월 7일자.

[240] 북한의 변화와 지속성 측면에서, 대체적으로 변화론자들은 북한지도부가 체제유지를 위해 유연성을 발휘한 것을 두고 북한사회가 변화되었다고 평가하는 반면, 회의론자들은 북한의 정책변화 시도를 김일성주의 체제생존을 위해 기존의 정책기소를 유지하는 가운데 정권자체가 진화하고 적응하는 능숙함을 보인 것이라고 평가한다; 정성장, "북한체제의 변화에 대한 인식: '희망적 사고를 넘어'," 정성장 엮음, 『북한은 변하고 있는가? 1997 vs.2007』(세종연구소, 2008), p.23.; 박형중·조한범·장용석, "북한 '변화'의 재평가와 대북정책 방향," 『KINU연구총서 09-07』(통일연구원, 2009), pp. 144~147.

하면서 진행해야 한다. 예를 들어, 정부기관은 북한체제 변화 지원을 목적으로 활동하는 민간단체에 거시적 방향을 제시하고 소요자금을 지원하며, 민간단체의 활동이 효율적으로 이루어지도록 지도·조정하되 자율성을 최대한 보장해주어야 한다.

전략과 전술을 구체적으로 제시하면, 전략적 최종목적은 '김정은정권을 대체할 친대한민국 민주정권 수립 후 통일 실현'으로 하고, 중간목적이라고 할 수 있는 활동목적은 ① 북한 내에 반체제 활동 지도자 및 지지세력을 은밀히 육성하고 지원하면서 ② 대내외 정보유통을 확대하여 주민 각성을 유도하고 자유민주주의 동조세력을 배양하는 한편 ③ 교류확대를 통하여 북한주민들의 남한동경 분위기를 조성하는 것으로 하면 전략목적 달성에 효율적일 것이다.

중간목적 달성을 위한 구체적인 방법은 ① 반체제세력 육성 지원과 관련하여 엘리트층에서 김일성일가 세습정권에 비판적 성향을 보이는 인물을 발굴하여 지원하면서 반체제의식이 있는 사람들을 세력화 하고 ② 정보유통 확산과 관련해서 대북전단 살포나 지상파 방송 등도 유용한 수단이지만, 정보전달의 지역적 한계가 있기 때문에 이를 극복할 수 있는 위성DMB 및 위성전화를 북한 전 지역으로 확대하여 보급할 수 있는 지원체제를 갖추며 ③ 남한동경분위기 확산과 관련해서는 북한주민들을 직접 대상으로 하여 의료기기·의약품·의류·식자재류 등 생필품 공급을 늘려 인도적 지원을 대폭 확대하고, 대한민국 휴전선 부근에 북한주민을 초청하여 고용할 수 있는 특별공단을 건설하거나, 북한주민들을 제주도 등 유명관광지 무료 관람을 지원하는 방안을 적극적으로 추진해 볼 수 있다. 예전처럼 방북이나 대북투자활동을 위주로 해서는 효과를 극대화하기 어렵고, 북한정권의 의도에 따라 사업진행 자체가 휘둘릴 수도 있기 때문에 전략전술을 바꾸어야 한다. 교류협력사업의 경우 북한인을 대한민국 각지로 불러들여 견문을 넓히도록 하는 한편 개인적으로 경제적 이익을 얻을 수 있도록 해주고, 해외 우리기업 사업장에서 근로자 연수를 하도록 협력사업을 늘려나가면 더욱 효율적일 것이다.

## 3. '보호책임(R2P)'론 정치화

'보호책임(Responsibility to Protect: R2P)'이라는 개념은 국제사회가 르완다사태[241]와 코소보 사태[242] 등을 거치면서, 주권국가의 정부가 자국민을 상대로 심각한 인권유린 범죄를 저지를 경우 국제사회가 이를 방기해서는 안 된다는 반성에서 출발하여 탄생한 개념[243]이다. 모든 주권국가는 4대 국제범죄, 즉 '집단살해 범죄 · 전쟁범죄 · 인종청소 및 인도에 반한 범죄'로부터 주민들을 보호해야 할 책임이 있으며, 주권국가가 이와 같은 책임을 이행할 수 없을 때는 국제공동체가 개입할 수 있다는 것이다.

보호책임(R2P)은 세계화의 진전에 따라 2000년대 이후 새롭게 형성된 글로벌 스탠다드로서, 1648년 '베스트팔렌조약'으로 확립된 국가주권불가침 및 내정불간섭을 근간으로 하는 근대의 국제질서에 대한 수정질서라고 할 수 있다. 보호책임의 개념이 발전하게 된 것은 인도주의 및 인도적 개입 개념과 관련이 있다. 인도주의는 인간존엄성을 최고의 가치로 여기고 인종 · 민족 · 국가 · 종교 등의 차이를 초월하여 인류의 안녕과 복지를 꾀하는 것을 이상으로 하는 사상이나 태도를 일컫는 것이다. 일반적으로 박애사상을 기

---

241) 1959년에서 1996년까지 아프리카 르완다와 부룬디에서 벌어진 후투족과 투치족의 종족전쟁으로 르완다 내전이라고도 불린다. 수십 년간의 끔찍한 학살과 질병, 기아 등으로 수백만 명이 사망했다.
242) 분리 · 독립을 요구하는 알바니아계 코소보 반군들이 1998년 3월초 세르비아 경찰을 공격하면서 벌어진 유혈충돌사태로, 세르비아는 같은 해 5월 3일 대규모 소탕 작전을 전개하여 수십 명의 알바니아계 반군을 사살하고, 알바니아계 주민들을 대상으로 이른바 인종청소작전을 펼쳤다. 미국과 유럽연합은 그 해 6월 코소보사태에 대한 개입을 선언하여 나토(NATO) 병력을 코소보 주변에 배치하고 코소보로부터의 세르비아 병력의 철수와 잔혹한 인종청소의 중단을 촉구하였으니 세르비아군이 불응하자, 1999년 3월 공습을 개시하고 11주간의 평화회담 과정을 거쳐 사태를 수습하였다.
243) 코피아난 유엔사무총장의 요청에 따라 2000년 9월 캐나다정부에 '국가주권과 개입에 관한 국제위원회(International Commission on Intervention and State Sovereignty: ICISS)'가 설립되었고, 이 위원회의 보고서에서 '보호책임(Responsibility to Protect: R2P)'이라는 용어가 처음으로 사용되기 시작했다.

초로 한 국제사회의 인도주의는 전쟁이나 자연재해·기근 등으로 고통을 겪는 사람들에게 구호물자 지원 등의 형태로 실현되어 왔으며, 해당국가의 주권을 침해하지 않는 범위에서 행사되어 왔다.

반면 인도적 개입은 한 국가에서 권력자에 의한 인권침해나 대재난이 발생할 경우, 제3의 국가가 해당국가의 동의를 받지 아니하고 단독으로 또는 집단적으로 개입하거나 혹은 유엔 등 국제기구를 통하여 개입하는 행위를 일컫는다. 여기에는 무력위협이나 무력사용을 수반하는 행위도 불가피한 조치로 간주한다. 그러나 인도적 개입은 행위국가의 이익증진을 목적으로 하는 전략적 개입과는 완전히 다른 개념이다.[244]

북한은 인도주의를 "모든 사람의 평등과 인류의 행복실현을 이상으로 내세우는 사상과 주장, 곧 인간의 존엄과 가치, 인간에 대한 사랑과 배려, 인간의 복리증진과 전면적 발전을 바라는 견해와 관점의 총체"라고 규정하고 "근로 인민대중에 의해 소박한 형태로 제기되었고, 중세기적인 봉건적 몽매주의(蒙昧主義, Obscurantism)를 반대하는 과정에 이론화되어 부르주아민주주의로 발생하였다. 제국주의단계에 들어오면서 인민대중에 대한 착취와 압박을 가리는 위장물로 이용되었다. 진정한 인도주의는 사람의 존엄과 가치를 최상의 경지에 이르게 하는 주체철학에 의하여 완전히 담보되게 되었다"고 설명하고 있다.[245]

보호책임(R2P)의 연원을 거슬러 올라가 보면 1959년부터 1996년까지 수십년 동안 벌어진 르완다 내전, 1992년 4월부터 1995년 12월까지 3년 반 이상 계속된 보스니아 내전, 1998년 3월부터 1999년 1월까지 진행된 코소보 사태 등에서 발생한 끔찍한 대학살과 인종청소, 난민발생에 따른 질병·기아 등에 의한 대량 사망자 발생 등이 배경이 되고 있다. 르완다에서는 종족 간

---

244) 이신화, "유엔과 보호책임," 『국제문제연구』 제10권 제4호(서울: 국가안보전략연구소, 2010), pp. 158~159에서 발췌 인용.
245) 『조선말대사전 2』(평양: 사회과학출판사, 1992), p. 1696.

대립이 격화되어 1990년 이후 1994년까지 약 150만 명이 학살되었다. 국민 814만 명중 240여만 명이 난민이 되어 주변국을 배회하는 가운데 르완다 난민의 대량 유입에 의해 주변 부룬디와 자이르의 내전이 악화되면서 해당 국가들은 르완다 난민의 축출을 실시하였으며, 난민들도 피난국의 내전에 휩쓸려 수십만이 학살되는 등 세계 최악의 인권유린이 자행되었다. 또한 난민의 피란 및 이동과정에서 대량 학살이 공공연히 자행되어 1997년 자이르에서 귀환 중이던 르완다 난민 20만 명이 행방불명되는 등 최악의 상황이 벌어지기도 했다.246) 보스니아내전에서는 430만 인구 중 27만 명이 사망하고, 230만 명의 난민이 발행했는데 희생자 중 상당수는 인종청소에 의해 집단학살을 당했다. 코소보사태는 알바니아계 주민들이 1998년 3월 분리·독립을 주장하며 세르비아 경찰을 공격하면서 시작되었다. 세르비아 정부는 이에 대한 보복으로 알바니아계 주민들을 대상으로 이른바 '인종청소'를 벌여, 1999년 1월까지 약 30만 명의 난민이 발생한 것으로 알려졌다.

UN 등 국제사회는 이런 상황에 적절하게 대응하는데 연속적으로 실패하였고, 그에 따라 학계와 국제정치계는 국가주권의 본질과 국가의 책무에 대한 인식에 변화를 나타내기 시작했다. 전 유엔사무총장 부트로스 갈리(Boutros Boutros Ghali)는 1992년 안전보장이사회 연설을 통해 한 국가의 잔혹행위가 다른 국가에도 영향을 미친다면서 국제체제의 상호의존성을 주장하고 국가내전 상황에서 벌어지는 잔혹행위에 대해 국제사회가 더 이상 방치해서는 안 된다고 역설했다.

이런 국제정치계의 분위기에서 아프리카 남수단 출신의 프란시스 뎅

---

246) "KIDA 세계분쟁 데이터베이스 르완다 내전," 『네이버 지식백과』:
http://terms.naver.com/entry.nhn?cid=3300&docId=1053772&mobile&categoryId=33(검색일: 2013.2.24).

245) "코소보사태," 『네이버 지식백과』:
http://terms.naver.com/entry.nhn?cid=505&docId=928647&mobile&categoryId=505(검색일: 2013.2.24).

(Francis M. Deng)은 1996년 브루킹스연구소에서 공동 출판한『책임으로서의 주권: 아프리카 분쟁 관리』라는 책에서 상호의존성에 기반하여 권리로서의 국가주권보다는 '책임으로서의 국가주권' 개념을 만들어 내고, "국가는 자국민과 국제공동체에 책임을 져야 한다"고 주장함으로써 '주권책임론'을 제기하게 되었다. 그는 베스트팔렌조약의 원칙에 따라 인정되어온 전통적 영토주권의 개념을 권리와 책임을 동시에 갖는 개념으로 바꾸어야 한다고 주장했다.247) 그의 이 주장은 베스트팔렌조약 이후 거의 400년간이나 유지되어온 배타적 권리로서의 주권에 대한 전통적 인식을 구조적으로 바꾸고 보호책임(R2P)의 초석을 쌓게 된 것이다. 분쟁해결·인권·법률·외교 분야 전문가이자 학자인 뎅의 저술은 주권에 대한 인식의 변화를 이끌어 내면서 학문분야에서 큰 공헌을 했다.248)

그러나 주권에 대한 인식변화를 국제정치계에 까지 확산시킨 것은 2001년 12월 발행된 '국가주권과 개입에 관한 국제위원회(International Commission on Intervention and State Sovereignty, ICISS)'의 보고서249)였다. 동 위원회는 유엔 사무총장이던 코피 아난(Kofi Annan)이 1999년 제54차 유엔총회에서 21세기에는 주민보호를 위한 인도적 개입의 문제를 국제공동체 전체의 책임으로 하여야 한다면서 유엔이 대책마련에 나설 것을 당부함에 따라 설립되었다.250)

캐나다 크레띠엥(Jean Chretien) 수상이 2000년 9월 유엔 밀레니엄 총회에서 소집하여 캐나다 정부 산하에 설치 운용한 동 위원회(ICISS)는 일부국가에서 인종청소 등 인권말살 행위가 대규모로 발생하고 있는 현실에 어떻

---

247) Francis M. Deng, et al., *Sovereignty As Responsibility*: Conflict Management in Africa (Brookings Institution Press, 1996).
248) http://www.ipu.org/splz-e/unga08/s1.pdf(검색일: 2012.11.12.).
249) International Commission on Intervention and State Sovereignty, *The Responsibility to Respect*(Ottawa: International Development Research Centre, 2001).
250) 박기갑·박진아·임예준,『국제법상 보호책임』(서울: 삼우사, 2010), p. 19.

게 대응할 것이냐 하는 문제에 대한 국제적 합의를 도출해내는 데 주력했다. 인도적 간섭의 대안으로 '보호책임(Responsibility to Protect)'이라는 개념을 처음으로 사용한 동 위원회의 보고서는 2가지 중요한 명제를 기본원칙으로 제시하고 있다. 첫째, "주권은 책임을 포함하고 주권국의 국민을 보호할 원초적 책임은 그 국가 자체에 있다"는 것이고, 두 번째는 "국민이 내전·반란·억압 혹은 통치실패의 결과로서 심각한 피해를 당하고 고통을 겪고 있는 상황인데도 불구하고, 그런 상황에 처한 국가가 그 상황을 중지하거나 개선할 의지도 능력도 없는 경우 국가주권 불간섭원칙은 국제보호책임으로 대체되어야 한다"는 것이다. 간단히 말해서 국가주권은 절대 불가침의 권리가 아니라 경우에 따라서는 국제적인 간섭을 받을 수도 있는 책임이 따른다는 말이다.[251]

보호책임에 대한 논의는 2003년 9월 유엔 사무총장에 의해 설치된 '위협·도전 및 변화에 관한 고위급 패널(The High-Level Panel on Threats, Challenges and Change)'이 2004년 12월 발간한 '보다 안전한 세계: 우리의 공동책임(A More Secure World: Our Shared Responsibility)'을 통해 본격화되었다.

이후 보호책임은 2005년 3월 발간된 유엔 사무총장 보고서 '보다 큰 자유: 모두를 위한 발전, 안보 및 인권을 향하여(In Larger Freedom: toward development, security and human rights for all)'[252]와 2005년 10월 24일 유엔 총회 결의 형식으로 채택된 '2005년 세계정상회의 결과(2005 World Summit Outcome)' 문서[253]를 통해 발전되었다. 그리고 2009년 1월에는 유

---

251) William W. Burke-White, "Adoption of the Responsibility to Protect," *University of Pennsylvania Law School, Public Law Research Paper* No. 11-40(2011): http://papers.ssrn.com/sol3/papers.cfm?abstract_id=1960086(검색일: 2013.2.26)
252) UN Doc. A/59/2005 (21 March 2005).
253) UN Doc. A/RES/60/1 (24 October 2005): 2005년 9월 14일부터 16일까지 유엔총회의 고위급본회의(High-Level Plenary Meeting)에 모인 정상들은 전 지구의 위협에

엔 사무총장의 '보호책임 이행 보고서(이하 '2009년 유엔사무총장 보고서')'254)가 채택되었고, 그리고 2010년 7월 14일에는 '조기경보와 평가 및 보호책임에 관한 유엔 사무총장 보고서(이하 '2010년 유엔 사무총장 보고서')'255)가 채택되었다.

한편, 2011년 3월 17일 유엔안전보장이사회는 유엔 회원국이 리비아에서 공격당할 위험에 처한 민간인 거주 지역과 민간인을 보호하기 위하여 지상군을 제외하고 '필요한 모든 수단'을 사용할 수 있도록 허가하는 결의안 1973호를 통과시켰다. 이후 유엔 사무총장은 2011년 6월 28일 '보호책임 이행에 있어 지역 및 소지역기구의 역할'이라는 제목의 보고서(이하 '2011년 유엔 사무총장 보고서')256)를 채택하였다.

이와 같이 보호책임 이론은 21세기 들어 최초의 10년 동안에 생성, 발전되었는데 2009년과 2011년의 유엔 사무총장 보고서 제목에서 알 수 있듯이 보호책임에 관한 논의는 점차 보호책임의 '이행'으로 초점이 맞춰지고 있다.257)

'2001년 ICISS 보고서'와 '2004년 고위급패널보고서'는 보호책임의 범위를 '인류의 양심에 반하는 심각한 인권침해로부터의 보호'라고 하여 대규모의 인명살상 위협이나 살해, 인종청소뿐 아니라 여성에게 자행되는 조직적인

---

적극 대항해 나아가기 위한 해결책을 모색하였다. 개발, 평화와 집단안보, 인권과 법치주의, 유엔의 강화를 원칙으로 진행된 세계정상회의 결과 문서는 총 178개 항으로 구성되어 있으며, 2005년 9월 16일 8번째 회의에서 확정되어 총회에 제출되었다. 세계정상회의 결과 문서는 2005년 10월 24일 제60회 유엔 총회에서 결의 제60/1호로 만장일치로 통과되었다.

254) "Implementing the Responsibility to Protect," UN Doc. A/63/677(12 January 2009).
255) "Early warning, assessment and the responsibility to protect," UN Doc. A/64/864(14 July 2010).
256) "The role of regional and subregional arrangements in implementing the responsibility to protect," UN Doc. A/65/877-S/2011/393 (28 June 2011).
257) 이규창·조정현·한동호·박진아, 『보호책임 R2P 이행에 관한 연구』, (서울: 통일연구원, 2012), pp. 3~5에서 발췌 인용.

강간, 국가실패로 인한 내전이나 대규모 기아사태, 자연재해나 환경파괴로 인한 중대한 인명피해 등을 포괄하고 있다.

ICISS 보고서는 '보호책임'을 구체적 이행단계에 따라 예방책임·대응책임·재건책임으로 나누어 규정하고 있다.

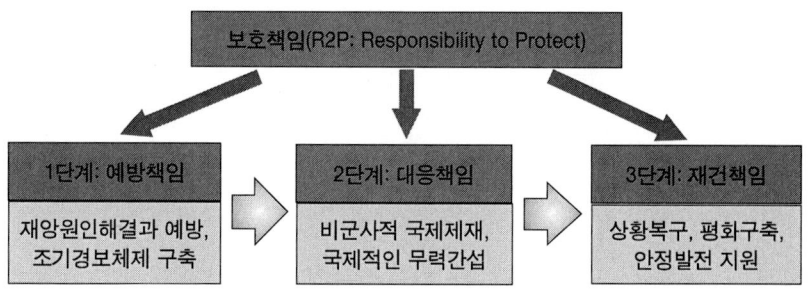

〈그림 15〉 ICISS 보고서의 '보호책임' 단계별 이행 절차

예방책임(responsibility to prevent)은 여러 가지 재앙의 근본적인 원인을 해결하고 미리 방지하기 위한 필요 조치, 조기경보(early warning)체제의 구축 등을 의미한다. 대응책임(responsibility to react)은 국제사회가 공동으로 수행하는 압력이나 제재 같은 비군사적 대응으로부터 무력을 사용하는 직접 개입에 이르기까지 적절한 수준으로 대응하는 것을 의미하며, 재건책임(responsibility to rebuild)은 대응책임을 수행하고 난 후 해당국가가 상황을 복구하여 지속적인 평화를 유지할 수 있는 정상적인 체제를 구축하고 안정적인 발전을 할 수 있도록 돕는 것을 의미한다.

그러나 국제사회가 무력개입을 실행할 때는 ① 문제가 되는 국가에서 발생하는 대규모 인명살상 등의 인권유린을 막거나 적절히 대응하기 위한 정당한 의도(right intention) ② 모든 비군사적 수단을 사용한 후의 나지막 수단(last resort) ③ 인권보호 목적에 상응하는 적절한 방법(proportional means) ④ 합리적인 기대가능성(reasonable prospects) 등의 요건을 갖추어야 하며, 정치적인 이익을 추구하기 위해 무력을 사용하는 일이 없도록 억제되어야 한다. ICISS 보고서는 이들 세 가지 책임 중 예방책임을 가장 중요한 것으로 보고 있다.

ICISS 보고서가 적시한 보호책임의 대상 중 무력개입이 가능한 경우를 구체적으로 정리해 보면 ① 1948년 '집단학살 방지 및 처벌에 관한 협약(Convention on the Prevention and Punishment of the Crime of Genocide)'에 정의되어 있는 대규모의 인명살상 위협이나 살해가 발생한 경우 ② 집단학살의 의도나 국가개입 여부와 관계없이 대규모 인명피해가 발생하거나 발생할 우려가 있는 경우 ③ 특정지역에서 특정집단 구성원을 없애기 위하여 행하는 체계적이고 조직적인 살해·조직적인 강제이동·강제추방 등의 테러행위, 그리고 정치적 목적을 가지고 특정집단의 여성에 대해 자행되는 조직적인 강간 등을 포함하는 인종청소가 자행되는 경우 ④ 제네바협약(Geneva Convention)과 보충의정서 등에 정의되어 있는 대규모 살해 또는 인종청소를 포함하여 인도에 반한 범죄나 전쟁범죄가 발생하는 경우 ⑤ 국가가 실질적인 붕괴 상태 내지 실패 상황으로 인하여 민간인이 내란 또는 대규모 기아사태에 직면한 경우 ⑥ 자연 재해나 환경 파괴로 인해 중대한 인명피해가 발생했으나 해당국가가 대처할 의지가 없거나 대처할 능력이 없고, 그에 대한 지원을 요청할 의지가 없는 경우 등으로 보호책임을 폭넓게 인정하고 있다.

그러나 '2005년 보고서'부터는 그 범위가 축소되어 국제형사재판소(International Criminal Court ; ICC)의 관할범죄에 포함되는 위법행위인 4대 범죄행위[258]에 대해서만 R2P를 적용시킬 수 있도록 제한하고 있다. '2005년 세계정상회의 결과' 문서와 '2009년도 유엔사무총장의 보고서'에는 보호책임 이행을 위한 세 가지 단계적 기준을 제시하고 있다. 첫째 단계는 해당국가가 우선 예방책임을 져야한다는 것으로 "국가는 집단학살·전쟁범

---

[258] 『국제형사재판소에 관한 로마규정』(Rome Statute of the International Criminal Court) 제5조에 명시된 "국제공동체 전체에 대한 가장 중대한 범죄"에 해당한다.

죄·인도에 반하는 범죄·인종청소(종족말살)범죄 등으로부터 자국민을 보호해야할 원초적 책임이 있다"는 것이고, 둘째 단계는 "국제사회는 해당국가가 이러한 책임을 다할 수 있도록 지원할 책임이 있다"는 것이며, 셋째 단계는 "국제사회가 이런 노력을 기울임에도 불구하고 해당국가가 명백히 자국민 보호 의무를 방기할 경우에 이런 범죄로부터 해당국가의 주민들을 보호하기 위하여 외교적·인도적·기타 적절한 수단을 행사할 책임이 있으며, 유엔헌장의 규정에 따라서 무력개입 등 집단행동을 할 수 있다는 것이다.

유엔이 인정하는 R2P의 적용대상 4대 범죄행위는 집단학살·인종청소·전쟁범죄·인도에 반하는 죄 등으로서, 구체적으로 살펴보면 ① 집단학살(genocide)범죄는 국민적·인종적·민족적 또는 종교적 집단을 전부 또는 일부를 파괴할 목적으로 행하여진 행위를 의미하며 인명살해, 육체적·정신적 위해, 강제 이주 등을 포함한다.

〈표 14〉 유엔인정 '보호책임' 적용대상 범죄

| 보호책임 적용대상 4대 범죄 | | | |
|---|---|---|---|
| 집단학살 (Genocide) | 인종청소 (Ethnic Cleansing) | 전쟁범죄 (War Crimes) | 인도에 반하는 죄 (Crimes against Humanity) |
| 살해, 육체적·정신적 위해, 강제이주등 포함 국민적·인종적·민족적·종교적 집단 파괴행위 등 | 타민족집단 강제제거 정책 포함 강제이동, 대량학살, 절멸행위, 강제추방, 강제임신 행위 등 | 분쟁 시 민간인폭행, 살인, 고문, 인권유린 행위 등 | 민간인에 대한 광범위하고 체계적 살해, 절멸, 노예화, 추방, 강제이주, 신체자유 박탈, 고문, 강간, 인종차별범죄 등 |

② 인종청소(ethnic cleansing)범죄는 타민족 집단의 구성원을 강제로 제거하는 정책을 포함하는 용어로 강제이동이나 대량학살·절멸행위·강제추방·강제임신 행위를 포함한다. ③ 전쟁범죄(war crimes)는 그 전제 상황인 국내적 분쟁에 있어서 민간인에 대한 폭행·살인·고문·인권유린을 의미한다. ④ 인도에 반하는 범죄(crimes against humanity)는 민간인에 대한

광범위하고 체계적인 공격으로, 그러한 목표를 갖고 이루어진 살해 · 절멸 · 노예화 · 추방 · 강제이주 · 신체적 자유의 박탈 · 고문 · 강간 · 인종차별 범죄 등을 포함한다.

반대론자들은 '보호책임' 개념이 현실화되어 나타나고 강화되는 것에 대해 주권국가에 대한 내정간섭이라는 논란을 제기하기도 한다. 하지만 국제사회가 '보호책임'을 인정하고, 유엔이 집행에 나선다는 것은 국가주권(sovereignty)에 대한 국제사회 인식이 크게 변하고 있음을 의미한다. NATO 연합군은 1999년 코소보에서 인종청소 행위가 자행되었을 때 유엔안보리 허가 없이 공습을 단행했지만, 국제사회는 이에 대해 큰 이의를 제기하지 않았다. 이러한 현실은 국가주권이 이제는 더 이상 영토와 국민에 대한 독점적인 통치권리만 의미하는 것이 아니라, 자국민의 안전을 보호할 의무도 포함하는 개념으로 바뀌고 있음을 잘 보여주고 있다.

북한 헌법 제4조에 "주권은 근로인민에게 있고, 근로인민은 최고인민회의와 각급 지방인민회의를 통해 주권을 행사한다"고 규정되어 있다. 제8조에는 '근로인민대중이 모든 것의 주인'이고, '사회의 모든 것이 근로인민대중을 위하여 복무'하며, '국가는 근로인민의 리익을 옹호하고, 인권을 존중하며 보호'한다고 기술하고 있다. 그러나 실제적으로는 최고 수뇌인 '수령이 주인'이고, 사회의 모든 것이 '수령을 위해 복무'하며, 국가는 '김일성일가정권의 이익'을 옹호하는데 주력하고, 주민들의 인권은 무시되고 유린당하는 경우가 비일비재할 뿐만 아니라 강제수용소 운영 등으로 인권탄압이 제도화 되어 있다.

이런 북한 정권에 대해 '보호책임'을 적용할 수 있을까? 현재까지의 북한 인권상황만으로도 '예방책임'을 적용할 수 있으며 이미 실행이 개시되었다고 볼 수 있다. 앞에서 살펴본 것처럼 R2P의 출발점은 '의무로서의 국가주권'이라는 인식이고, '예방책임' 적용범위는 '인류의 양심에 반하는 심각한 인권침해로부터의 보호'라고 할 수 있기 때문이다.

예를 들면, 미국과 일본은 2004년과 2006년에 이미 북한인권법을 제정해서 인권상황 개선을 지속적으로 촉구하고 있다.259) 또한 '북한반인도범죄철폐국제연대(ICNK)'가 2011년 9월에 결성되어 유엔 내에 '북한 반인도범죄조사위원회 설치'를 요구하고, 유엔인권이사회(UNHRC)가 2013년 3월 18일 투표 없이 '3명의 특별보고관으로 구성되는 조사위원회(Commission of Inquiiry: COI)'를 창설하여 1년 동안 활동하게 할 것을 결의했다. 그에 따라 '조사위원회'가 북한에서 일어나고 있는 체계적이고 광범위하며 중대한 인권침해 상황에 대해 조사하는 것을 임무로 하여 '식량권의 침해·수용소 시설 내에서 일어나는 인권침해·고문 및 비인간적 대우·자의적 구금·차별·표현자유 침해·생명권 침해·이동의 자유 침해 그리고 외국인 납치 등을 포함한 강제 실종·특히 이들 범죄의 정도가 인도에 반한 죄에 이르는 경우에 관한 문제' 등에 대한 조사활동을 전개하고 있는 상황260)이다.

국가 간 정치·경제·사회문화적 관계가 중요해지는 세계화가 진행될수록 인권보호와 인도주의라는 보편적 가치를 내세운 국제사회의 영향력은 앞으로 점점 더 커지게 될 것이다. 이런 상황에서도 북한정권의 인권탄압 문제나 폭정에 대해 우리 정부나 국회 또는 사회단체, 그리고 양심을 가진 국민들이 방관자적 태도를 보이는 것은 책임회피라고 할 수 있으며, 김일성일가정권의 억압체제 아래서 의사표현을 공개적으로 하지 못하는 북한주민들은 물론 국제사회로부터도 비난261)을 면키 어려울 것이다.

---

259) 미국은 2004년 10월 18일 "North Korean Human Rights Act of 2004"을 발효시켰고, 일본은 2006년 6월 16일 '납치문제와 북조선당국에 의한 인권침해문제 대처법안'을 제정하였다. 우리나라에서는 2005년 17대 국회 당시 한나라당 국회의원 23명에 의해 '북한인권법'이 최초 발의되었으나, 민주당 등 일부야당의 반대로 통과되지 못해 회기만료에 따라 자동 폐기되었고, 현재까지 북한 인권문제 대응책에 대한 여야 간 견해차이로 관련 법안이 마련되지 못하고 있다.
260) Rajiv Narayan, "UN Human Rights Mechanism, Commission of Inquiry and the Situation of Human Rights Violations in the DPRK," *UN Human Rights Mechanisms & Improvement of Human Rights Conditions in North Korea*, (Seoul: Korea Institute for National Unification, 2013), p. 15.
261) 마이클 커비 '유엔 북한인권조사위원회' 위원장은 2013년 11월 미국 현지에서 가진

우리가 북한정권에 대해 같은 민족으로서 보호책임을 제기할 수 있는 근거는 무엇일까? 이와 관련해서는 두 가지 측면에서 생각해 볼 수 있다. 첫째는 대한민국 헌법이다. 헌법 서문에 "(전략) 평화적 통일의 사명에 입각하여 정의·인도와 동포애로써 민족의 단결을 공고히 하고 (후략)"라고 규정하여 북한주민들도 우리의 결속 대상임을 표명하고 있고, 헌법 제3조는 "대한민국의 영토는 한반도와 그 부속도서로 한다"고 규정하여 영토주권이 한반도 전역에 미친다는 것을 기술하고 있다. 이는 대한민국 정부가 북한지역에 직접적으로 헌법적 권력을 집행할 수 없는 현실과는 별개로, 동족으로서 북한주민들을 위해 김일성일가정권에 보호책임을 추궁할 수 있다는 근거가 될 수 있다.

둘째는 우리나라가 국제사회의 일원으로서 가지는 보호책임론에 따른 권한이다. 이미 기술한 바와 같이 자국민의 안전을 보장할 책임을 감당할 능력이 없거나 책임질 의지가 없는 정권을 유지하고 있는 국가에 대해서는 유엔과 그 회원국들이나 비정부단체들이 개입하여 문제되는 국가의 주민을 보호할 권한과 책임을 안고 있는 것이다. 북한 김일성일가정권이 주민들을 제대로 보호하지 못하고 있다는 것은 국제적으로 널리 알려지고 있다.

북한정권에 대한 보호책임 이행은 이제 적용 가능성의 문제가 아니라 국제적으로 진행 중인 사항이다. 다만 현재는 국제사회의 보호책임 중 '예방책임'의 단계에 머물러 있다고 할 수 있다. 그러나 향후 북한 내 상황이 김일성일가 정권에 의해 심각하게 악화되면 다음 단계인 대응책임 → 재건책임의 단계로 이행할 가능성도 있다.

대한민국은 2010년 11월 '서울 G20 정상회의(2010 G-20 Seoul Summit)'를 주최할 정도로 선진국 대열에 합류했다.[262] 그리고 21세기의 국제정치

---

국내 언론사 특파원과의 인터뷰에서 대한민국의 북한 인권문제에 대한 무관심에 실망감을 나타내면서 "무관심한 한국은 인권탄압을 방조하는 중국보다 나을 것이 없다. 독일통일 전 서독은 이렇지 않았다"고 질타했다. "커비위원장, 북 인권유린 무관심한 한국에 실망,"『동아닷컴』, 2013년 11월 4일자:
http://news.donga.com/Main/3/all/20131103/58655004/1(검색일: 2013.11.4).

체제는 미국 정치사회학자 프랜시스 후쿠야마(Francis Fukuyama)가 『강한 국가의 조건(State-Building)』이라는 책에서 언급한 바와 같이, "독재자는 더 이상 국가주권의 원칙 뒤에 숨을 수 없으며 세계열강은 인권보호와 민주적 정당성 확보를 위해 방법과 절차가 신중해야한다는 것을 전제로 내정간섭의 권리뿐 아니라 의무까지 갖게 되었다.[263]

이러한 맥락에서 국가주권과 인권보호를 위한 국제사회의 개입을 상충되는 개념으로 보지 않고, 한 국가의 주민들을 반인도적 범죄행위로부터 보호할 책임이 해당국가 뿐 아니라 국제사회 전체에 있다는 R2P가 국제규범으로 자리매김하고 있는 것은 바람직한 일이다. 대한민국이 북한 김일성일가 독재정권에 대해 같은 민족으로서 제기하는 보호책임의 범위는 유엔이 정한 협의의 보호책임이 아니라, '2001년 ICISS 보고서'와 '2004년 고위급패널보고서'가 제시한 광의의 보호책임 이상의 것이어야 한다.

---

[262] G20 정상회의가 정례화되고 대한민국이 2010년 개최지로 결정된 것과 관련 미국의 블룸버그와 프랑스의 AFP통신 등은 "대한민국이 국제사회 주도국의 하나로 중점 부각될 것"이라고 했고, 영국의 파이낸셜타임즈 신문은 "새로운 조직이 경제의 리더십을 장악했다"고 보도했으며, 중국의 신화통신도 "국제금융 구도에서 권력관계 변화를 의미하는 중대한 전환"이라고 평가했다. 중국의 인터넷포털 환구망(環球網)은 "대한민국은 G20 정상회의 의장국이자 주최국으로서 글로벌 논의의 중심에 서게 되었으며, 대한민국의 높아진 국제적 위치가 반영된 것"이라고 보도했다.

[263] Francis Fukuyama, *State-Building : Governance and World Order in the 21st Century*(New York : Cornell University Press, 2004).

# 결 론

　이상의 논의에서 살펴본 것처럼 북한의 정치체제는 사회주의체제에서 '김일성민족주의·봉건적 군주제'로 질적 퇴행이 이루어졌다. 북한은 공산주의사회 건설을 주도했던 종주국 소련이 1990년대 초 붕괴하고 동구 공산권 정권들이 연쇄적으로 무너지는 등 냉전체제가 해체되면서 세계정세가 급변하자 지배이데올로기에 변화를 꾀하지 않을 수 없었고, 그에 따라 김일성일가정권은 주체사상을 파라미터로 하여 수령독재체제를 강화하면서 지배이데올로기를 스탈린식 사회주의로부터 점차 김일성민족주의로 전환시키고 국가체제를 봉건적 군주제로 변환시켜왔다. 북한은 이제 더 이상 사회주의국가 또는 공산주의국가가 아니다. 이념적인 측면에서는 '김일성민족주의'가 주체사상을 배경으로 확고히 자리를 잡았고, 사회구조적인 측면에서는 '봉건적 군주제'가 안정적으로 확립되었다.

　북한 정치이데올로기 핵심키워드는 '주체혁명위업의 완성'이고, '주체혁명위업 완성'의 본질적 내용은 김일성민족주의 정권이 전 한반도를 지배하는 것이다. 김일성시대의 대남전략 목표는 북한을 혁명기지로 하여 대한민국을 '공산화통일'하는 것이었으나, 김정일시대 이후는 '김일성민족화통일'로 바뀌었다고 봐야 한다. 김일성일가정권은 한민족과 구분되는 '김일성민족'을 구성하고 남북통일의 주체가 되려는 대남전략을 지속하고 있으며, 그들이 추구하는 통일국가 체제는 '김일성민족주의 · 봉건적 군주제' 성격을 띤다.

여기서 북한체제가 스탈린식 사회주의 국가에서 '김일성민족주의 · 봉건적 군주제'로 질적 변화가 일어난 것에 대해 그 함의를 제대로 인식할 필요가 있다. '김일성민족주의 · 봉건적 군주제'로 변한 오늘날 북한체제의 특성에서 무엇을 유추할 수 있는가?

첫째, 북한의 대남전략 최종목적이 '공산화통일'에서 '김일성민족화통일'로 변화하였음을 분명히 인식할 수 있다. 이는 북한의 대남전략에 대한 관점을 현실에 맞게 바꿀 것을 요구한다. 대한민국은 이제 '반공전략'이나 '적화통일에 대한 대응전략'을 필요로 하는 것이 아니라, '김일성민족화통일' 기도에 대한 대응전략이 필요한 상황에 있다는 것을 설명한다. 절대화된 김일성일가의 권위를 격하시키고 김일성민족주의를 해체하는 것을 대북전략의 우선적 목적으로 삼아야 한다.

둘째, 김일성일가정권은 한민족의 분열을 계속하고 있을 뿐만 아니라 세계역사의 흐름에 동반할 것으로 기대하기도 어려워, 궁극적으로 변화되거나 소멸되어야 할 대상일 수밖에 없음을 상징한다. 이것은 김정은정권이 스스로 정치체제를 긍정적인 방향으로 변화하도록 유도되거나, 주민들의 선택에 의해 정당성을 인정받을 수 있는 민주정권으로 교체되어야 함을 의미한다.

셋째, 오늘날의 북한체제는 김일성일가정권의 기만성과 반민족성을 함축하고 있다. 김일성일가정권의 기만성은 여러 특성 가운데 가장 두드러진 특징이다. 이것은 남북관계를 현실주의적 입장에서 다루어야 한다는 것을 설명한다. 정권안정이 곧 체제안정인 것처럼 주민들과 국제사회를 속이면서 주민들에게는 최고지도자 보호를 위해 총폭탄이 될 것을 강요하고, 국제사회에는 정권안전을 보장하라고 요구하고 있다. 북한이 대한민국과 국제사회를 속여가면서 핵무기를 개발한 사례에서 보듯이 세력균형에 급격한 변화를 초래할 수 있는 현대 군사기술의 속성을 감안할 때 기만전술의 위험성은 남북관계에 있어서는 특히 심각한 의미를 갖는다. 반민족성은 북한정권과 북한주민을 분리하여 대북정책을 수행하는 것이 필요조건임을 상징한다. 김일성일가정권이 단군의 후손인 한민족의 정체성을 왜곡하고 '김일성민족' 을 구성한 데서 연유하는 것이다. 주민들은 김일성일가정권을 주권적 의지로 선택한 것이 아니다. 이는 김일성일가정권에 득이 되고 북한 주민들에게 해가 되는 대북정책·대북사업은 반민족적인 것이 된다는 것을 설명한다. 김정은정권을 무조건적으로 옹호하거나 동조하는 것도 반민족적인 행위가 됨을 유의할 필요가 있다.

넷째, 김일성일가정권의 반민주성과 역사적 퇴행성을 함축한다. 북한정권의 주민들에 대한 인권탄압과 대한민국에 대한 위협은 계속 증가하고 있어 국제사회가 인도적 지원을 넘어 간섭 또는 개입을 통한 해결을 모색해야 할 단계에 다다랐다. 북한에 김정은정권을 대체하는 민주적 정권이 새롭게 탄생한다면 북한체제는 훨씬 안정화될 가능성이 높다. 그렇게 되면 남북관계는 협력적 발전가능성이 커지고 동북아지역의 평화와 안정도 증진될 것이며 민족통일의 전도도 밝아질 것이다. 우리가 북한민주화에 대해 국제사회를 선도하거나 보조를 같이 해야 할 이유다. 현재의 북한체제는 봉건적 군주제로 변화했기 때문에 진보가 아니라 역사적 퇴보다. 따라서 김일성일가정권을 찬양하거나 옹호하는 행태는 진보적 입장에서 나오는 것이 아니라 퇴보적·퇴행적인 것으로 평가될 수 있음을 의미한다. 공산주의사회 건설 실험은 실패임이 역사적으로 이미 증명되었다. 그럼에도 불구하고 대한민국 국민이 김일성민족주의나 김일성일가정권을 지지하는 입장을 고수한다면 스스로 진보주의자가 아님을 증명하는 것이 된다.

다섯째, 김일성일가정권 체제의 폐쇄성을 함축한다. 김일성일가의 독재체제는 오랫동안에 걸쳐 북한사회를 시공간의 모든 측면에서 점점 폐쇄사회로 만들어 왔다. 이는 대한민국을 비롯한 외부사회가 동포애적·인류애적 관점에서 북한사회에 정보를 유통시켜 북한주민들을 각성시킬 필요성을 제기한다. 폐쇄성의 장기화는 주민들로 하여금 폐쇄되었던 일부분이 열려도

닫혀있다고 지각하게 만들어 스스로 새로운 변혁을 시도할 수 없게 만든다. 북한사회를 변화시키기 위해서는 많은 노력과 인내는 물론 치밀하고 정교한 대북정책이 필요함을 설명한다.

　북한의 대남 정치전략적 측면을 보면, 김일성일가정권은 김일성민족주의를 바탕으로 민족주의 구호와 민족적 감성을 선전선동 수단으로 활용하고 있다. 북한의 민족주의 논리는 여러 가지 면에서 이중적인 구조와 기만성을 가지고 있다. 예를 들면 첫째, 민족의 발생에 대해서는 '반만년 유구한 역사'를 강조하는 발생론적 입장을 취하지만 민족주의에 대해서는 발전론적 입장을 강조하며 선전선동을 한다. 둘째, 민족개념을 체제논리에 활용할 때는 인민 또는 국가를 의미하여 애국주의 또는 국가주의와 결합하고, 통일논리에 활용할 때는 동족을 의미하여 '반외세 민족공조'를 앞세운 '우리민족끼리'와 결합한다. 셋째, 조선민족제일주의도 체제통합 이데올로기로 활용할 때는 주체사상으로 혁명화 된 '조선민족 최고'라는 의미이고, 전략전술상 대외적으로 활용할 때는 '민족이 제일 우선'이라는 의미다.

　김일성민족주의는 김일성주의와 '가면민족주의'의 결합으로 되어있다. 김정일이 1994년부터 '김일성민족'을 주창하기 시작했는데 수천 년의 장구한 민족사에 1912년에 출생한 김일성을 시조로 하는 민족의 존재는 인정할 여지가 없다. 그리고 자신들의 지배하에 있는 수백만의 백성들을 굶겨 죽을 때까지 방치하고, 마땅히 보장받아야 할 주민들의 인권을 말살할 뿐만 아니라, 평화롭게 번영을 구가하고 있는 대한민국 수천만 국민들에게 핵무기 보유를 배경으로 가공할 파괴 위협을 일삼는 세습정권에게 민족애(民族愛)는 없으며, 민족의 가면을 쓴 민족주의, 즉 정권유지를 위한 '민족'과 '민족주의' 구호가 있을 뿐이다. 동족을 파멸로 몰고 가려하고 다수 민족구성원의 번영과 행복을 무시하고 파괴하는 민족주의, 김일성민속주의는 민족주의라고 할 수 없는 것이다.

　북한에는 민족주의 구호만 있을 뿐 근대적 의미의 시민적 민족주의가 없다고 할 수 있다. 근대이후 권력체제가 조선왕조 → 일제식민지 → 김일성일가 군주제로 변화해 왔고, 김일성일가 군주제의 중심에는 주체사상과 민족주의로 포장된 가면민족주의, 즉 김일성주의가 자리하고 있다. 김일성・김정일이 말하는 '진정한 민족주의', '참다운 민족주의'는 보통사람들이 갖고 있는 민족주의 감성—즉, 각 개인이 자신과 동일시 할 수 있는 민족정체성—을 인민의 혁명역량 결집과 충성강요에 활용하기 위해 사용한 김일성일가정권 중심의 애국주의, 국가주의를 의미하는 것이다.

김일성일가정권은 2000년 6.15공동선언에 우리민족끼리 개념을 삽입하는 데 성공한 이후 우리민족끼리를 대남 전략전술의 핵심수단으로 활용하여, 보수세력의 지지를 받고 출범한 이명박・박근혜 정부에 대해서 6.15선언과 10.4선언 이행을 압박하며 대남 공세를 지속적으로 강화해 오고 있다. 특히 '우리민족끼리'를 구호로 내세워 대한민국 안에 통일전선을 형성하고 동조세력을 확대하는 한편 남남갈등을 조장하며 영향력을 키워 왔다. 우리민족끼리 개념의 등장 배경이나 북한의 전략전술적 활용 사례에서 보았듯이, 김일성일가정권이 주창하는 우리민족끼리는 실질적 내용이 민족 공동번영을 위한 '한민족끼리'가 아니라 '김일성민족과 그에 동조하는 세력끼리'임이 분명해졌다.

따라서 대한민국이 6.15공동선언 이행을 앞세운 김일성일가정권의 공세적인 '김일성민족화통일' 전략을 무력화하려면 북한 민족정체성을 회복시키고 정상국가화 하는 대북전략을 우선 추진해야 하며, 궁극적으로는 북한을 자유민주체제로 통일 하는 길 밖에 없다는 것을 분명하게 인식해야 한다. 이는 곧 대한민국이 북한 지배정권과 피지배 주민들을 분리하여 북한 지배세력을 변화의 대상으로 삼고, 주민들을 포용의 대상으로 삼아 냉철한 대북정책을 추진할 것을 요구하는 것이다. 왜냐하면 김일성일가정권의 반민족성, 반민주성, 퇴행성, 폐쇄성 등을 시정할 수 있는 실질적인 정책이 긴요한 상황이라고 할 수 있으며, 아울러 북한체제가 '김일성민족주의・봉건적 군주제'의 단계로까지 변모되고 '김일성민족화통일' 대남전략이 지속되는 상황에서, 우리의 대북전략 방향은 북한정권의 근본적 변화에 초점을 둬야한다는 결론을 내릴 수밖에 없기 때문이다.

대북전략에서 더 나아가 남북한 통일과 통합에 대해 이야기 해 본다면, 남북통일은 민족적 감성과 열정만을 앞세워 '민족이 하나되는 것'을 최고의 목적으로 추진되어서는 안 된다. 북한 '민족정체성의 이질화'와 '국가체제의 비정상' 현상을 방임하고 일단 '민족구성원이 하나의 공동체로 합치고 보자'는 식의 통일지상주의는 용인되어서는 안 된다. 우리는 흔히 통일에 대해 논의할 때 이상적인 통일의 표본으로 동서독일을 대부분의 예로 들고 있다. 실제로 동서독일의 통일은 진행과정의 정책평가에 대한 일부 논쟁들이 있기는 하지만 전체적으로 민족구성원의 공동번영을 위한 통일 모델로 삼아야 한다는 주장이 많다.[264] 이로 인해 남북통일과 통합의 지향점이 독일식이어야 한다는 관념들이 널리 산재해 있다.

그러나 북한 대남전략의 최종목적인 '김일성민족화 통일' 추구가 계속되는 한 우리가 꿈꾸는 바와 같은 올바른 통일은 기대하기 어렵다. "이는 단순한 비관론이 아닌 살아 있는 역사요, 부인할 수 없는 엄연한 적대적 분단의 현실이다. 독일과 예멘은 합의통일이라는 점에서는 같지만, 독일은 축적된 신뢰구축을 통해 평화적으로 했고 예멘은 지도부의 정치적 결단으로만 추구해 결국 내전을 겪었다는 점에서 서로 다르다. 베트남의 경우는 자유월남과 공산월맹 간의 상호신뢰가 전혀 없었으므로 결정적인 기회가 왔을 때 한쪽의 힘에 의한 통일을 시도할 수밖에 없었다."[265] 민족통일을 달성한 동서독의 통일과 민족구성원의 희생이 매우 컸던 베트남이나 예멘의 통일 사례를

---

264) 염돈재는 독일통일이 한반도통일에 주는 교훈과 시사점으로 ① 안정되고 부강한 국가·사회건설 우선 ② 원칙고수와 도덕성 확보 ③ 화해정책 성공을 위한 힘의 우위 확보 ④ 전략적 고려하의 경제지원 ⑤ 적극적인 외부 통일지원자 확보 ⑥ 국가 최고 지도자의 확고한 의지 ⑦ 갑작스런 통일기회 도래 유의 ⑧ 통일후유증의 불가피성 인식 ⑨ 나눔과 고통분담 자세 필요 등을 제시하고 있다: 염돈재, 『올바른 통일준비를 위한 독일통일의 과정과 교훈』(서울: 평화문제연구소, 2010), pp. 253~259, pp. 353~361.
265) 남주홍(2006), pp. 225~232. p. 266.

타산지석의 교훈으로 삼아야 한다.

대한민국이 북한과 함께 6.15공동선언 정신을 받아들이려면 북한의 '김일성민족주의' 폐기가 전제되어야 한다. 북한정권이 6.15공동선언 정신의 핵심은 '우리민족끼리'라고 주장하고 있으며, 우리민족끼리는 '김일성민족주의자들과 이에 동조하는 사람들끼리'라고 판단되기 때문이다. 대한민국 정부는 김일성일가정권이 김일성민족주의를 고수하고 민족정체성회복을 거부하면서 '김일성민족화통일' 전략을 계속할 경우, 북한정권의 '우리민족끼리' 전략전술 기도가 숨어있는 6.15공동선언을 폐기하지 않으면 안 되는 상황에 놓여 있다. 우리민족끼리는 하나의 민족을 의미하므로 개념상 '한민족'과 '김일성민족'의 공존은 불가한 것이기 때문이다. 그리고 국민들은 이제 김일성민족주의론에 대한 비판적 관점을 확립함과 아울러 북한의 우리민족끼리 전략전술의 위험성을 제대로 인식하고 민족 공동 번영을 위한 민족주의, 세계화의 역사적 흐름에 동행할 수 있는 민족주의, 열린 민족주의관을 확립할 필요가 있다.

남북관계가 계속해서 이데올로기 대립과 긴장상태에 머무르는 것을 바람직한 현상이라고 할 수는 없다. 하지만 오늘의 북한 현실은 "남북이 협력하면 더 이상 전쟁은 없다"라는 거짓 평화론 또는 "어떤 일이 있어도 전쟁만은 안 된다"는 굴종적 자세나 이념적 대결을 회피하는 자세를 가지고는 북한의 대남전략에 대응하는데 한계가 있음을 분명히 증명해주고 있다. 또한 오늘날 김일성일가정권은 개혁·개방을 하면 외부사조의 영향을 받고 반체제세력이 형성되어 정권유지가 불안해지는 것을 걱정해야 하고, 폐쇄정책을 계속하면 국가가 쇠퇴하고 백성들의 삶이 곤궁해져 역시 체제불만 세력이 증가하여 정권유지에 부담이 되는 상황, 진퇴양난의 딜레마에 빠지게 되었다. 북한의 현실은 김일성일가정권을 유지하려면 일반주민들을 희생시켜야 하고, 일반주민을 자유롭고 행복하게 살도록 하려면 개혁·개방을 하여 정권이 희생되지 않으면 해결방법이 없는 처지에 있다.

퇴행한 북한체제를 변화시키는 데 있어서 강경압박책이 효율적이냐 온건

지원책이 효율적이냐 하는 논쟁은 불필요하다. 소위 '종북세력'을 제외한 많은 국민들이 자신의 입장이나 신념에 따라 북한 변화에 대한 주장을 계속하는 것을 보면, '북한체제가 변해야 한다'는 점과 '대북정책의 일관성 유지가 중요하다'는 인식에 큰 차이를 보이고 있지 않다. 따라서 정책과 신념의 일관성 유지 기준과 북한체제 변화를 위한 실질적 노력이 중요하다. 그 기준은 '북한의 민족정체성을 회복시키고 국가체제를 정상화시켜 공동번영을 위한 통일에 기여할 수 있느냐 여부'가 되어야 한다. 이와 같은 인식을 바탕으로 향후 민족공영을 위한 통일에 유리한 방향으로 북한체제의 근본적 변화를 이루어낼 수 있는 후행 학술적 연구 분석과 민관협력을 통한 실천 필요성이 더욱 절실해지고 있다 하겠다.

## 1. 국내문헌

1) 학위논문

강명옥, "북한인권과 국제사회 : 개선전략과 비교분석," 연세대학교 대학원 박사학위논문, 2006년 8월.

곽인수, "북한의 대남혁명전략 전개와 변화에 관한 연구," 북한대학원대학교 박사학위논문, 2013년 2월.

김난희, "북한 통치이데올로기의 형성·변화와 사상교육에 대한 연구," 강원대학교 대학원 박사학위논문, 2008년 8월.

김용현, "북한의 군사국가화에 관한 연구-1950~60년대를 중심으로," 동국대학교 대학원 박사학위논문, 2001.

김형성, "북한헌법의 변화에 관한 연구," 성균관대학교 대학원 박사학위논문, 2012년 8월.

문순보, "박정희시대의 한미갈등-관념, 제도, 정책의 분석적 관점에서-," 성균관대학교 대학원 박사학위논문, 2007.

이대근, "조선인민군의 정치적 역할과 한계-김정일 시대의 당·군 관계를 중심으로-," 고려대학교 대학원 박사학위논문, 2000년 12월.

이미경, "주체사상의 기원과 초기 형성과정에 관한 연구," 이화여자대학교 대학원 박사학위논문, 1997년.

이승열, "북한 '수령체제'의 변화와 '수령승계방식'의 한계에 관한 연구," 북한대학원대학교 박사학위논문, 2009년 2월.

전용헌, "北韓政治體制의 變化에 關한 硏究 : 北韓權力構造의 變化와 이데올로기 變化間의 相關關係를 中心으로," 고려대학교 대학원 박사학위논문, 1991년.

정현수, "北韓 社會主義政治體制의 變化에 관한 硏究 : 이데올로기와의 關係를 中心으로," 경희대학교 대학원 박사학위논문, 1992년 2월.

차두현, "북한 당·군관계의 변화과정 : 변화의 동인과 그 의미," 연세대학교 대학원 박사학위논문, 2006년 8월.

최경석, "김정일 시대의 신년사와 통치강령 변화에 관한 연구," 경기대학교 정치전문대학원 박사학위논문, 2006년.

최성, "수령체계의 형성과정과 구조적 작동 메커니즘에 관한 연구," 고려대학교 대학원 박사학위논문, 1993년.

한기범, "북한 정책결정과정의 조직행태와 관료정치: 경제개혁 확대 및 후퇴를 중심으로(2000~09)," 경남대학교 박사학위논문, 2009.

2) 학술지

기광서, "해방 후 북한 중앙정권기관의 형성과 변화(1945~1948년)," 『평화연구』, vol.19 no.2, 서울: 고려대학교 평화와 민주주의 연구소, 2011.

김갑식, "북한 민족주의의 전개와 발전: 민족공조론을 중심으로," 『통일문제연구』통권 제45호, 서울: 평화문제연구소, 2006.

김동노, "민족주의의 다원화와 이념갈등," 『東方學志』제159집, 서울: 연세대학교 국학연구원, 2012.

김동성, "동북아 안보질서의 형성과 민족주의," 『국가전략』제15권 4호, 서울: 국가안보전략연구소, 2009.

김연철, "북한현대사연구의 쟁점과 과제," 역사문제연구소편, 『한국의 '근대'와 '근대성' 비판』, 서울: 역사비평사, 1996.

김영수, "국가이데올로기의 변화: 이데올로기적 국가장치의 역할을 중심으로," 최완규 엮음, 『북한의 국가성격 변용에 관한 연구』, 서울: 한울아카데미, 2001.

김재한, "북한 및 미국 관련 남남갈등의 변화추세: 조선일보 및 한겨레신문 사설분석을 중심으로"『통일과 평화』제2호, 서울: 서울대학교 통일연구소, 2009.

김정수, "북한체제 연구방법론의 쟁점과 과제: 외재적 접근법과 내재적 접근법의 유용성과 한계성을 중심으로,"『통일문제연구』, 서울: 평화문제연구소, 1998.

류길재, "'예외국가'의 제도화: 군사국가화 경향과 군의 역할 확대," 최완규 엮음,『북한의 국가성격 변용에 관한 연구』, 서울: 한울아카데미, 2001.

민병원·조동준·김치욱, "탈냉전 이후 국제관계와 북한의 변화,"『복잡계 이론을 통한 북한의 정상국가화 방안 연구』, 서울: 통일연구원, 2009.

백범석·김유리, "유엔 북한인권조사위원회 설립의 이해와 전망,"『THE ASAN INSTITUTE for POLICY STUDIES ISSUE BRIEF NO. 50』, 서울: 아산정책연구원, 2013.

브루스 커밍스, 김동춘 엮음, "북한의 조합주의,"『한국현대사 연구Ⅰ』, 서울: 이성과 현실사, 1988.

서재진, "북한의 민족주의: 주체사상의 이론적 변용을 중심으로,"『통일연구논총』제2권 1호, 서울: 민족통일연구원, 1993.

손기웅 외 4인, "국제사회 동향과 북한의 대응,"『북한인권』제7권 2호, 서울: 통일연구원, 2013.

손호철, "남남갈등의 기원과 전개과정,"『남남갈등 진단 및 해소 방안』, 서울: 경남대학교 출판부, 2004.

오경섭, "주체사상의 구조와 정치적 기능의 변화,"『세종정책연구』2012-17, 성남: 세종연구소, 2012.

윤대규, "북한사회의 변천과 헌법의 변화,"『2009년 북한헌법 개정과 북한체제 변화』, 서울: 국가안보전략연구소, 2009.

윤황·고경민, "남북이동통신의 협력현황과 전망,"『글로벌정치연구』4권 2

호,서울: 한국외국어대학교 글로벌정치연구소, 2011.

이미숙, "군사협상과 군사도발 병행 행태를 통해 본 북한의 대남전략,"『통일정책연구』제20권 2호, 서울: 통일연구원, 2011.

이상우, "서론: 김일성체제의 특질,"『북한 40년』, 서울: 을유문화사, 1988.

이신화, "유엔과 보호책임,"『국제문제연구』제10권 제4호, 서울: 국가안보전략연구소, 2010.

이우영, "김정은체제 북한 사회의 과제와 변화 전망,"『통일정책연구』제21권 1호, 서울: 통일연구원, 2012.

이호규 · 곽정래 · 박성욱, "북한의 사회적 커뮤니케이션 구조와 미디어," 서울: 한국언론진흥재단, 2011.

장철현, "북한의 통일전선사업부 해부,"『북한조사연구』, 서울: 국가안보전략연구소, 2007.

전현준, "북한의 정치: 정치체제의 특성에 관한 일 고찰,"『북한체제의 현주소』, 서울: 통일연구원, 2002.

_____, "북한의 사회통제기구 고찰: 인민보안성을 중심으로", 서울: 통일연구원, 2003.

정영철, "북한 민족주의의 이중구조 연구,"『통일문제연구』통권 제53호, 서울: 평화문제연구소, 2010.

조경엽 · 송원근 · 정연호 · 김필헌, "촛불시위의 사회적 비용," 서울: 한국경제연구원, 2008.

조민, "통일성책과 국민통합: 보혁갈등을 넘어,"『통일연구논총』제12권 2호, 서울: 통일연구원, 2003.

조성환, "통일론의 비판적 지식사회론: 민족패러다임의 비판적 인식,"『동양정치사상사』제3권 1호, 서울: 한국동양정치사상사학회, 2004

_____, "'종북사태'와 한국 자유민주주의에의 도전 배경,"『시대정신』2013년 겨울호, 서울: 시대정신, 2013.

최경희, "인도네시아, 말레이시아, 필리핀, 태국의 정치체제 민주성 결정요인에 관한 경험분석," 『동남아시아연구』 16권 2호, 서울: 한국동남아학회, 2006.

최광, "개념과 이념의 오류 및 혼란과 국가정책," 『제도와 경제』 제5권 제5호, 서울: 한국제도경제학회, 2011.

최기철, "북한의 유무선통신 현황과 전망," 『TTA저널』 제78호, 성남: 한국정보통신기술협회, 2001.

최완규, "북한 국가성격의 이론과 쟁점: 비교사회주의적 관점," 최완규 엮음, 『북한의 국가성격 변용에 관한 연구: '예외국가'의 공고화』, 서울: 한울, 2001.

최진욱, "북한의 '민족공조'론과 남북관계 10년: 평가와 전망," 『통일연구논총』 제13권 1호, 서울: 통일연구원, 2004.

최홍재, "미군여중생 치사사건과 허위의 촛불시위," 『시대정신』 2010년 가을호, 서울: 시대정신, 2010.

3) 단행본

국토통일원, 『조선노동당대회 자료집 4권』, 서울: 국토통일원 조사연구실, 1988.

권헌익 · 정병호, 『극장국가 북한』, 서울: 창비, 2013.

기든스, 진덕규 옮김, 『민족국가와 폭력』, 서울: 삼지원, 1991.

김광철, 『북한의 민족정체성 왜곡과 우리민족끼리 전략 비판』, 성남: 세종연구소, 2011.

김국신외 4인, 『복잡계 이론을 통한 북한의 정상국가화 방안 연구』, 서울: 통일연구원, 2009.

김국후, 『비록: 평양의 소련군정-기록과 증언으로 본 북한정권 탄생 비화』, 파주: 한울아카데미, 2008.

김동성, 『한국민족주의 연구』, 서울: 도서출판 오름, 1995.

김병로, 『북한사회의 종교성: 주체사상과 기독교의 종교양식 비교』, 서울: 통일연구원, 2000.

김운태, 『정치학원론』, 서울: 박영사, 1985.

김학준, 『북한의 역사 제2권: 미소냉전과 소련군정아래서의 조선민주주의인민공화국 건국 1946년 1월~1948년 9월』, 서울: 서울대학교출판부, 2008.

남시욱, 『한국진보세력연구』, 서울: 청미디어, 2009.

남주홍, 『통일은 없다』, 서울: 랜덤하우스중앙, 2006.

데이비드 맥렐런, 구승회 옮김, 『이데올로기』, 서울: 이후, 2002.

레오나드 샤피로, 장정수 옮김, 『전체주의 연구』, 서울: 종로서적, 1983.

리차드 게릭·필립 짐바르도, 박권생 외 6인 옮김, 『심리학과 삶』, 서울: 시그마프레스, 2006.

매들린 올브라이트, 김승욱·백영미·이원경 옮김, 『마담세크리터리 매들린 올브라이트 2』, 서울: 황금가지, 2003.

박형중, 『북한의 변화 능력과 방향, 속도와 동태』, 서울: 통일연구원, 2001.

박형중·조한범·장용석, "북한 '변화'의 재평가와 대북정책 방향," 『KINU연구총서 09-07』, 서울: 통일연구원, 2009.

박형중 외 6인, 『독재정권의 성격과 정치변동: 북한관련 시사점』, 서울: 통일연구원, 2012.

박종철 외 5인, 『재스민혁명의 분석과 북한에 대한 시사점』, 서울: 통일연구원, 2011.

배정호 외 3인, 『북한체제 전환을 위한 전략적 과제와 한국의 동북아 4국 협력전략』, 서울: 통일연구원, 2009.

백학순, 『북한 권력의 역사』세종연구소 세종정책총서 2010-4, 성남: 한울아카데미, 2010.

베네딕트 앤더슨, 윤형숙 옮김, 『민족주의의 기원과 전파』, 서울: 나남, 1991.

북한인권정보센터, 북한인권기록보존소 역, 『북한의 반인도적 범죄에 대한 국제사회의 대응』, 서울: 북한인권정보센타 북한인권기록보존소,

2011.

서대숙,『현대 북한의 지도자: 김일성과 김정일』, 서울: 을유문화사, 2000.

스즈키 마사유키, 유영구 옮김,『金正日과 수령제 사회주의』, 서울: 中央日報社, 1994.

아태평화재단,『김대중의 3단계 통일론』, 서울: 한울, 2009.

알렉산드르 딘킨, 김현태·이상준 번역,『글로벌 전망 2030 러시아의 전략적 시각』, 서울: 한국외국어대학교출판부, 2012.

R. C. 매크리디스, 이은호·이신일 공역,『현대정치사상』, 서울: 박영사, 1999.

앤드류 헤이우드, 조현수 옮김,『정치학』, 서울: 성균관대학교 출판부, 2006.

와다 하루키, 서동만·남기정 옮김,『북조선』, 서울: 돌베개, 2002.

염돈재,『올바른 통일준비를 위한 독일통일의 과정과 교훈』, 서울: 평화문제연구소, 2010.

이규창·조정현·한동호·박진아,『보호책임 R2P 이행에 관한 연구』, 서울: 통일연구원, 2012.

이종석,『새로 쓴 현대북한의 이해』, 서울: 역사비평사, 2000.

정영철·한동성,『서울과 도쿄에서 평양을 말하다』, 서울: 선인, 2008.

전상인,『북한민족주의 연구』, 서울: 민족통일연구원, 1994.

전현수,『쉬띠꼬프 일기 1946~1948』해외사료총서 10, 서울: 국사편찬위원회, 2004.

정성장, "북한체제의 변화에 대한 인식: '희망적 사고를 넘어'," 정성장엮음,『북한은 변하고 있는가? 1997vs.2007』, 분당: 세종연구소, 2008.

정치교육연구회,『공산주의: 체제와 이데올로기 비판』, 서울: 문우사, 1981.

조정아 외 4인,『북한주민의 일상생활』, 서울: 통일연구원, 2008.

조정현,『보호책임(R2P)의 이론 및 실행, 그리고 한반도에의 함의: 리비아 및 코트디브아르 사태를 중심으로』, 서울: 통일연구원, 2011.

조한범,『남남갈등 해소방안 연구』, 서울: 통일연구원, 2006.

존 베일리스·스티브 스미스·퍼트리샤 오언스 편저, 하영선 외 옮김,『세계
　　　정치론』제5판, 서울: 을유문화사, 2012.
최영진,『한국 지역주의와 정체성의 정치』, 서울: 도서출판 오름, 1999.
통일교육원,『북한이해 2013』, 서울: 통일부 통일교육원, 2013.
헨리 M. 드러커, 김영수 옮김,『이데올로기와 정치』, 서울: 홍성사, 1983.
황장엽,『인간중심철학원론』, 서울: 도서출판 시대정신, 2008.
　　＿＿＿,『민주주의와 공산주의』, 서울: 도서출판 시대정신, 2009a.
　　＿＿＿,『변증법과 변증법적 전략전술』, 서울: 도서출판 시대정신, 2009b.

## 2. 북한문헌

김일성, "현정세와 당면과업,"『김일성선집 3』, 평양: 조선로동당출판사,
　　　1953.
　　＿＿＿, "당원들 속에서 계급교양을 더욱 강화할 데 대하여(1955.4.1.),"『김일
　　　성저작집 9』, 평양: 조선로동당출판사, 1980a.
　　＿＿＿, "현실을 반영하는 문학예술 작품을 많이 창작하자,"『김일성저작집
　　　10』, 평양: 조선로동당출판사, 1980b.
　　＿＿＿, "사회주의진영의 통일과 국제공산주의 운동의 새로운 단계,"『김일성
　　　저작집 11』, 평양: 조선로동당출판사, 1981.
　　＿＿＿,『김일성저작집 18』, 평양: 조선로동당출판사, 1982.
　　＿＿＿,『김일성저작집 25』, 평양: 조선로동당출판사, 1983.
　　＿＿＿,『주체사상을 구현하기 위한 조선인민의 투쟁에 대하여』, 평양: 노동
　　　당출판사, 1985.
김정일, "온 사회를 김일성주의화하기 위한 당사상사업의 당면한 몇가지 과업
　　　에 대하여,"『주체혁명위업의 완성을 위하여』, 평양: 조선로동당출판
　　　사, 1987a.
　　＿＿＿, "전당과 온 사회에 유일사상체계를 더욱 튼튼히 하자,"『주체혁명위업

의 완성을 위하여 (3)』, 평양: 조선로동당출판사, 1987b.
_____,『김정일선집 9』, 평양: 조선로동당출판사, 1997a.
_____, "우리나라 사회주의는 주체사상을 구현한 우리식 사회주의이다,"『김정일선집 10』, 평양: 조선로동당출판사, 1997b.
_____, "주체사상교양에서 제기되는 몇 가지 문제에 대하여-조선노동당 중앙위원회 책임일군들과 한 담화 1986년 7월 15일,"『김정일선집 8』, 평양: 조선로동당출판사, 1998a.
_____,『김정일선집 8』, 평양: 조선로동당출판사, 1998b.
_____,『김정일선집 13』, 평양: 조선로동당출판사, 2000.
사회과학연구원,『정치사전』, 평양: 사회과학출판사, 1973.
사회과학출판사,『위대한 주체사상 총서 9: 령도체계』, 평양: 사회과학출판사, 1985.
인민대학습당, "조선민족제일주의," 평양: 인민대학습당, 2011.
"정론: 민족의 징표,"『남조선문제』, 평양: 사회과학출판사, 1985.
『정치사전』, 평양: 사회과학출판사, 1973.
조선노동당중앙위원회 당역사연구소,『김정일동지략전』, 평양: 조선로동당출판사, 1999.
『조선말대사전 1』, 평양: 사회과학출판사, 1992.
『조선말대사전 2』, 평양: 사회과학출판사, 1992.
『주체사상의 지도적 원칙』, 평양: 사회과학출판사, 1985.

## 3. 해외문헌

Abercrombie, Nicholas and Turner, Bryan S., "The Dominant Ideology Thesis," *British Journal of Sociology*, Vol. 29, No. 2, 1978.

Anderson, Benedict, *Imagined Communities: Reflections on the Origin and Spread of Nationalism*, London: Verso, 1983.

Baradat, Leon P., *Political Ideologies*, Englewood Cliffs: Prentice-Hall, 1979.

Baylis, John and Smith, Steve, *The Globallization of World Politics 5th Edition*, Oxford University press, 2011.

Builder, Carl H., *The Masks of War: American Military Styles in Strategy and Analysis*, Baltimore: The Johns Hopkins University Press, 1989.

Burke-White, William W., "Adoption of the Responsibility to Protect," *University of Pennsylvania Law School, Public Law Research Paper No. 11~40*. 2011.

Chandler, David, "Unravelling the Paradox of 'The Responsibility to Protect'," *Irish Studies in International Affairs*, Vol. 20, Dublin: Royal Irish Academy, 2009.

Christenson, Reo M., Engel, Alan S., Jacobs, Dan N., Rejai, Mostafa, Waltzer, Herbert, *Ideologies and Modern Politics*, New York: Harper & Row Publishers, 1981.

Day, Graham and Thompson, Andrew, *Theorizing Nationalism*, Houndmills: Palgrave Macmillan, 2004.

Deng, Francis M., et al., *Sovereignty As Responsibility: Conflict Management in Africa*, Washington D.C.: Brookings Institution Press, 1996.

"Early warning, assessment and the responsibility to protect," UN Doc.

A/64/864(14 July 2010).

Edward, Shils, "Primordial, Personal Sacred and Civil Ties." *British Journal of Sociology* No. 8, 1957.

Friedrich, Carl J. & Brzezinski, Zbigniew K., *Totalitarian Dictatorship and Autocracy*, 2nd ed., New York: Frederick A. Preager, 1965.

Fukuyama, Francis, *State-Building : Governance and World Order in the 21st Century*, New York : Cornell University Press, 2004.

Gans, Chaim, *The Limits of Nationalism*, Cambridge: Cambridge University Press, 2003.

Geertz, Clifford, *The Interpretation of Culture*, New York: Basic Books, 1973.

Gellner, Ernest, *Nations and Nationalism, Ithaca*, New York: Cornell University Press, 1983.

Global Centre for the Responsibility to Protect, "About the Responsibility to Protect," *2008 Parliamentary Hearing at the United Nations*(20～21 November 2008).

Habermas, Jurgen, "Citizenship and National Identity: Some Reflections on the Future of Europe," *Theorizing Citizenship*, Albany: State University of New York Press, 1995.

Hamilton, Malcolm B., "The Elements of the Concept of Ideology," *Political Studies*, ⅩⅩⅩⅤ, 1987.

"Implementing the Responsibility to Protect," UN Doc. A/63/677 (12 January 2009).

Institute of World Economy and International Relations RAS, Ed. by Academician A. A. Dynkin, *Strategic Global Forecast to 2030*, Moscow: Magistr, 2013.

International Commission on Intervention and State Sovereignty(ICISS),

"The Responsibility to Protect: Report of the International Commission on Intervention and State Sovereignty," Ottawa: International Development Research Centre, 2001,

International Peace Institute, "Conflict Prevention and the Responsibility to Protect," *IPI Blue Paper* No. 7, Task Forces on Strengthening Multilateral Security Capacity, New York, 2009.

Jost, John T., Federico, Christopher M. and Napier, Jaime L., "Political Ideology: Its Structure, Functions, and Elective Affinities," *The Annual Review of Psychology*, 2009.

Knight, Kathleen, "Transformations of the Concept of Ideology in the Twentieth Century," *The American Political Science Review*, Vol. 100, No. 4, 2006.

Lankov, Andrei Nikolaevich, *From Stalin to Kim Il Sung*, London: Hurst and Co., 2002.

Macridis, Roy C., *Modern Political Regimes: patterns and Institutions*, Boston: Little Brown and Company, 1986.

Mann, Michael, "A Political Theory of Nationalism and Its Excess," Sukumar Periwal ed., *Notions of Nationalism*, Budapest: Central European University Press, 1995.

Marx, Karl Heinrich and Engels, Friedrich, *The German Ideology*, New York: International Publishers, 1978.

McCormak, Gavan, "Kim Country: Hard Times in North Korea," *New Left Review*, No. 198, 1993.

Nairn, Tom, *The Break-up of Britain*, London: New Left Books, 1977.

Narayan, Rajiv, "UN Human Rights Mechanism, Commission of Inquiry and the Situation of Human Rights Violations in the DPRK," UN *Human Rights Mechanisms & Improvement of Human Rights Conditions in*

*North Korea*, Seoul: Korea Institute for National Unification, 2013.

O'Brien, Conor Cruise, "The Wrath of Ages: Nationalism's Primordial Roots," *Forien Affairs*(November/December, 1993.

Rejai, Mostafa, *Political Ideologies*, New York: M E. Sharpe, 1991.

Robert, Erikson S. and Kent, Tedin L., *American Public Opinion.* 6th ed., New York: Longman, 2003.

Rousseau, David L., *Identifying Threats and Threatening Identities: The Social Construction of Realism and Liberalism*, Stanford, California: Stanford University Press, 2006.

Staline, Joseph, *Le Marxisme et la Question Nationale*, Paris: Editions du Centenaire, 1978..

"The role of regional and subregional arrangements in implementing the responsibility to protect," UN Doc. A/65/877-S/2011/393 (28 June 2011).

UN Doc. A/59/2005 (21 March 2005).

UN Doc. A/RES/60/1 (24 October 2005).

UN Security Council, *Security Council Summit Statement Concerning the Council's Responsibility in the Maintenance of International Peace and Security*, UN Doc S/23500, Jan. 31, 1992.

Van Dijk, Teun A., "Ideology and Discourse Analysis," *Journal of Political Ideologies*, 2006.

Vincent, Andrew, *Modern Political Ideologies*, Cambridge: Blackwell Publishers, 1992.

Wendt, Alexander, *Social Theory of International Politics*, Cambridge: Cambridge University Press, 1999.

Williams, Howard, *Concepts of Ideology*, New York; Wheatsheaf books, 1988.

World Summit Outcome, Resolution adopted by the General Assembly, Sixtieth session, 24 October 2005.

## 4. 기타

http://munibook.unikorea.go.kr/?sub_name=information&cate=1&state=view&idx=72&page=1&ste=(검색일: 2012.12.19.)

http://news.chosun.com/site/data/html_dir/2006/07/23/2006072370426.html(검색일: 2010.8.5.)

http://news.chosun.com/site/data/html_dir/2010/08/04/2010080400149.html(검색일: 2010.8.11.)

http://papers.ssrn.com/sol3/papers.cfm?abstract_id=1960086(검색일: 2013.2.26.)

http://terms.naver.com/entry.nhn?cid=3300&docId=1053772&mobile&categoryId=3300(검색일: 2013.2.24)

http://terms.naver.com/entry.nhn?cid=505&docId=928647&mobile&categoryId=505(검색일: 2013.2.24.)

http://www.chogabje.com/board/view.asp?C_IDX=52385&C_CC=AZ(검색일: 2013.10.20.)

http://www.eiu.com/Handlers/WhitepaperHandler.ashx?fi=Democracy-Index 2012.pdf&mode=wp&campaignid=DemocracyIndex12(검색일: 2013.12.20.).

http://www.ipu.org/splz-e/unga08/s1.pdf (검색일: 2012.11.12.).

http://www.nis.go.kr/svc/affair.do?method=content&cmid=11333(검색일: 2013.3.17.)

http://www.pressian.com/article/article.asp?article_num=10130213180055(검색일: 2013.4.2.)

http://www.tongilnews.com/news/articleView.html?idxno=77451 (검색일: 2013.12.12.).

『로동신문』,『뉴시스』,『동아닷컴』,『동아일보』,『연합뉴스』,『조선닷컴』,『조선일보』,『중앙일보』,『통일뉴스』 등.

## Abstract

Ph. D. Dissertation

# The Political Strategies of 'Kim Il-sung Nationalism' and 'Uriminzokkiri': A Critical Analysis

Kim Kwang-cheol
Department of North Korean Studies
Graduate School of Politics Studies
Kyonggi University

This study offers proposals for how the ROK(South Korea) government can respond to DPRK(North Korea)'s ethnicity based inter-Korean strategies. This is accomplished by examining the strategies themselves as well as the qualitative transformations in North Korea's current ruling ideology 'Kim Il-sung Nationalism' and hereditary Kim family rule, in order to look more deeply into the ideological character of the current North Korean regime.

The study ascertains that North Korea's political system was formed under the absolute influence of the Soviet Stalin regime, but went on to strengthen a monolithic Kim family centered system through the ideology of 'Juche'. Today's North Korean ruling ideology takes the form of a Korean-ethnicity based 'Kim Il-sungism' or 'Kim Il-sung Nationalism', although it originated from Marxist-Leninist ideologies. In addition, North Korea's political system has gone from being communist-socialist to becoming a Kim family centered-feudal monarchy.

Since North Korea successfully inserted the clause of 'Uriminzokkiri' in the 6.15 South-North Summit Joint Declaration(6.15 Joint Declaration), has used 'Uriminzokkiri'(meaning 'between our folks' and 'by our nation') as the key strategic feature in its pursuit of 'Reunification of Kim Il-sung's people'. The North Korea continues to wage propaganda campaigns on this premise, pressuring the South Korean government to fully implement the 10.4 and 6.15 Joint agreements. In essence, North Korea has been using 'Uriminzokkiri' to form a united front to amplify the voice of DPRK sympathizers within South Korea and exacerbate ideological polarization along South Korea's political spectrum.

As North Korea's political system has undergone qualitative changes and settled into the stage of 'Kim Il-sung Nationalism' and feudal monarchy, and as it continues to pursue 'Reunification of Kim Il-sung's people. South Korea is left with no choice but to pursue fundamental changes in the North Korean system, if the spirit of the 6.15 Joint Declaration is to be observed: North Korea's 'Kim Il-sung Nationalism' must be denounced to honour the 6.15 Joint Declaration.

North Korea persists in its calls for a Korean ethnic unity rooted in 'Kim Il-sung Nationalism', and continues with its pursuit of 'Reunification of Kim Il-sung's people', South Korea will be forced to be the party that abrogates the 6.15 Joint Declaration. The phrase 'Uriminzokkiri' represents one ethnic group, but the concept of a unified Korean race based on ethnicity is mutually incompatible with Kim Il-sung race based on politics.

To Summarise, North Korea's ruling ideology has gone from 'Stalinist Marxist-Leninism' to 'Kim Il-sung Nationalism'; and its political system has gone from being communist-socialist to a feudal monarchy. Today, as North Korea has finished its transfiguration and has become a political system rooted in 'Kim Il-sung Nationalism' and feudal monarchy, its inter-Korean strategy has gone from a pursuit of 'Communist' reunification to a 'Kim Il-sung race' reunification.

In this understanding, South Korea's government and people should work on the these four areas:

1) Overcoming the political strategy of 'Uriminzokkiri' based on 'Kim Il-sung Nationalism';

2) Denouncing 'Kim Il-sung Nationalism' as the basis of Korean racial unity and proposing a recovery of ethnicity-based identity;

3) Encouraging North Korea to become a normal state and not a rogue one;

4) Pursuing a civil-society based nationalism, for the sake of prosperity on the Korean peninsula.

key words: Kim Il-sung Nationalism, Uriminzokkiri, North Korean ideology, 6.15 Joint Declaration, reunification, feudal monarchy.

# 부 록

※ 필자(국가안보전략연구소 연구위원)가 국군방송 FM라디오 〈북한의 오늘〉에 출연하여 대담 방송한 내용이다. (인터넷을 통해 다시듣기도 가능하다)

### 1. 북한식 '우리민족끼리' 전략전술 해부

**Q1** 그동안 북한은 우리 정부에 '6.15공동선언'과 '10.4선언' 이행을 끊임없이 촉구해왔잖습니까. '6.15공동선언'과 '10.4선언'이 어떤 선언인지 정리해주시죠.

**A1** 6.15공동선언이라고 하는 것은 2000년 6월 15일 우리나라의 김대중 전 대통령과 북한의 김정일이 평양에서 회담을 마친 후에 발표한 남북공동선언을 말하는 것인데 다섯 개항의 합의 내용을 포함하고 있습니다. 6.15 공동선언문 제1항 속의 '우리민족끼리'와 제2항 속의 '낮은 단계 연방제' 부분은 우리나라에서 끊임없는 사회적 논란을 불러일으키고 있습니다.

10.4선언은 노무현 전 대통령이 2007년 10월 4일 평양에서 김정일과 회담 후에 8개항의 합의문을 발표한 것을 말하는 것인데, 정식명칭은 "남북관계 발전과 평화번영을 위한 선언"입니다. 핵심내용은 6.15선언을 고수하고 적극 구현해 나간다는 것이고 나머지 부분들은 협력방안을 좀 더 구체적으로 정리한 것입니다. 북한에서는 이 선언을 6.15선언 실천강령이라고 평가하고 있지요.

두 선언은 김정일이 비밀리에 핵무기개발을 추진하면서 대외적으로 평화를 위장한 선전선동의 수단, 한국 내 통일전선구축의 일환으로 정상회담을 활용한 결과물이라는 데에 근본적인 문제가 있다고 봅니다. 북한은 1차 남북정상회담에서 우리민족끼리 표현을 공동선언문에 삽입하는 데 성공한 후, 2차 정상회담에서도 '6.15남북공동선언과 우리민족끼리정신'을 포함시켜 당시 우리정부가 그들이 표방한 '우리민족끼리' 전략전술의 울타리를 벗어나지 못하도록 족쇄를 채움으로써 상층부통일전선을 계속 유지할 수 있었습니다.

**Q2** 김정은은 올해(2013년) 신년사에서 '6.15공동선언'과 '10.4선언'을 철저히 이행하기 위한 투쟁을 적극 벌려나가야 된다'라고 강조했잖습니까. 북한이 이와 같이 '6.15공동선언'과 '10.4선언'을 강조하고, 또 이에

집착하는 이유는 무엇입니까?

**A2** 그 이유는 6.15선언과 10.4 선언이 그들의 대남전략, 다시 말해 한반도의 김일성민족화 통일전략에 유용한 전략 전술적 수단이기 때문입니다. 6.15선언의 핵심은 제1항 남과 북은 나라의 통일문제를 그 주인인 우리 민족끼리 서로 힘을 합쳐 자주적으로 해결한다고 하는 것과 제2항 남과 북은 남측의 연합제안과 북측의 낮은 단계의 연방제안이 서로 공통성이 있다고 인정한다는 것인데, 이 항목의 표현은 김대중 전 대통령이 서울 귀환 후 국무회의에서 배경을 설명한 것을 기초로 판단해 볼 때 북측에 의해 주도된 것입니다. 북측의 저의를 고려해서 보면 제1항은 '우리민족끼리' 이념이 핵심이고, 제2항은 자유민주체제로의 '흡수통일반대'가 핵심내용입니다. 6.15선언과 10.4선언을 유지하면 그들의 '우리민족끼리' 전략전술이 통할 수 있는 환경이 조성되는 것이기 때문에 이에 집착하는 것입니다.

**Q3** 북한은 남북 관계를 개선시키고, 통일을 앞당기기 위해서는 '6.15공동선언'과 '10.4선언'을 존중하고, 이행해야 된다고 강조하잖습니까. 그동안 북한은 '6.15공동선언'과 '10.4선언'을 어느 정도나 존중하고, 이행했는지 말씀해주시죠.

**A3** "남북관계를 개선시키고 통일을 앞당기기 위해서"라는 것은 객관적 입장에 서 들어보면 좋은 표현으로 들립니다. 하지만, 이념적으로 대치하고 있는 남북한의 입장에서는 통일의 의미가 정반대의 목표를 갖고 있습니다. 그렇기 때문에 주관적 관점이 중요하다고 생각합니다. 북한의 이런 주장은 자신들의 전략적 입장을 숨기고 마치 우리가 생각하는 통일, 한민족통일을 앞당기기 위해서라는 착각을 하게 만듭니다. 북한은 6.15선언 이후 남북교류를 활발하게 진행할 때에도 우리 국내 보수세력을 적대세력으로 규정하고 반보수대연합 투쟁을 선동했습니다. 그런 행태를 보면, 그들이 존중해야 한다고 하는 두 선언은 한민족을 위한 것이 아니라, 김일성민족을 위한 것임을 알 수 있습니다. 북한이 진정 한민족의 입장에서 두 선언의 정신을 존중한다면, 김일성민족이

라는 주장을 버리고 민족정체성을 회복해야 합니다. 약속 이행여부를 보더라도 자신들의 입장에 유리한 것만 주력하고, 불리한 것은 지연시키거나 아예 이행하지 않는 그런 행태를 보여왔습니다. 소위 진보진영에서는 금강산관광사업이나 개성공단사업을 성공사례로 꼽고 있습니다. 하지만, 이들 사업도 금강산사업은 북한군인이 우리 민간인 관광객 박왕자씨를 총격살해한 사건으로 중단되었고, 개성공단사업은 북한정권의 유지강화를 위한 금고역할에 활용되고 있는 측면이 강합니다. 개성공단 안에서조차 우리 한국사람과 북한사람의 자유스러운 접촉이 이루어질 수 없습니다. 우리민족끼리라는 기치하에 진행되는 사업장에서 대화조차 할 수 없다는 것이 말이 됩니까? 김정일의 답방 약속도 물론 이행되지 않았지요.

**Q4** 이제는 우리 국민들도 북한이 수시로 사용하는 '우리민족끼리'라는 말에 익숙해졌는데, 북한이 주장하는 '우리민족끼리'라는 용어의 실체에 대해 말씀해주시죠.

**A4** '우리민족끼리' 구호는 '김일성민족주의자와 그에 동조하는 사람들끼리'라는 구호로 보는 것이 타당합니다. 왜냐하면, 북한이 김일성민족주의를 바탕으로 해서 우리 한국 내 동조세력의 활동공간을 확대하고, '반외세 민족공조'를 선동하기 위해 전술적 투쟁도구로 활용하고 있는 개념이기 때문입니다. 그런데, 북한에서의 민족주의는 주체사상으로 혁명의식화된 국가주의 또는 애국주의를 의미합니다. 한민족인 우리 대한민국 국민이 북한이 주장하는 우리민족끼리 구호에 무조건적으로 동조하는 것은 '김일성민족끼리'에 동의하는 것이 됩니다. 그것은 곧 스스로 '반민족적임, 다시 말해서 한민족이 아님'을 선언하는 것이고, 세습독재 김정은정권을 옹호하는 것이며, 더 나아가 김일성민족주의 체제로의 통일을 돕는 이적행위가 된다고 봅니다. 현재의 북한 세습정권은 한민족의 정체성을 왜곡하여 김일성민족임을 주장하고 있습니다. 그러나 한민족은 절대로 김일성민족과 동일시 될 수가 없지요.

**Q5** 북한이 '우리민족끼리'라는 용어를 공식적으로 사용하기 시작한 것은 언제입니까?

**A5** '우리민족끼리' 용어는 2000년 6월 15일 발표된 제1차 남북정상회담 공동선언문 제1항에 "남과 북은 나라의 통일문제를 그 주인인 우리민족끼리 서로 힘을 합쳐 자주적으로 해결해 나가기로 하였다"는 문구를 삽입하면서 사용되기 시작했습니다.

**Q6** '우리민족끼리'라는 북한의 인터넷 선전 매체도 있잖습니까? 그 매체의 주요 업무와 역할에 대해 말씀해주시죠.

**A6** 북한의 웹사이트 '우리민족끼리'는 기사와 논평, 동영상 게시는 물론 유튜브·트위터 계정을 보유하고 인터넷TV도 운영하고 있습니다. 북한은 '우리민족끼리' 사이트 외에도 조선중앙통신과 노동신문에 홈페이지를 만들고 트위터와 유튜브를 개설했지요. 그리고 대표적 대남방송인 평양방송에도 인터넷 사이트 '민족대단결'을 개설했습니다. 이들 매체의 주요업무는 대남심리전입니다. 북한에서는 일반주민들이 인터넷을 사용할 수 없기 때문에 이들 매체는 대외용이고, 주로 한국인과 해외동포들을 겨냥하고 있습니다. 북한정권은 이들 매체를 통해 북한체제 찬양 선전뿐만 아니라 대남 비방, 공갈위협, 남남갈등 조장, 친북 분위기 조성 등 선동활동을 적극적으로 합니다. 우리가 여기에 올라오는 자료들을 잘 분석해서 구체적으로 누가 민족을 분열시키고 반역적 역할을 적극적으로 하는지 기록으로 남겨두었다가 통일 후 처벌할 준비를 하는 것도 필요할 것입니다. 지금은 저들이 미친 듯이 날뛰면서 경거망동하는 자료를 거리낌 없이 내보내고 있습니다만, 훗날 자신들에게 독이 될 것이라는 것을 잘 모르고 하는 짓입니다.

**Q7** 북한은 언제부터 '우리민족끼리'라는 구호로 대남 선전 공세를 시작했습니까?

**A7** 앞서도 말씀드린 바와 같이 '우리민족끼리' 구호는 6.15공동선언에 처음 등장했습니다. 북한 노동신문은 2006년 6.15공동선언 6주년기념 사설에서 "지난 6년간은 온 삼천리강토에 우리민족끼리 이념이 나래쳤다. (중략) 6.15통일시대에 협력교류도 우리민족끼리, 반전평화운동도 우리민족끼리, 통일운동도 우리민족끼리 했다"고 평가한 바 있습니다. 이는 북한의 입장에서 우리민족끼리 구호 전술이 아주 활발했으며, 성공적이었다고 자랑하고 있는 것입니다.

**Q8** 북한이 '우리민족끼리' 전략을 대남 전략으로 선택한 이유는 무엇입니까?

**A8** 김정일은 김대중 전 대통령의 남북관계 개선과 정상회담 추진 욕망을 간파하고, 김 전 대통령이 제안한 햇볕정책을 역이용 한 것입니다. 우리 국민들의 민족의식을 친북·반미활동에 활용하려는 전략적 의도를 가지고 우리민족끼리 개념을 공동선언에 채용한 것입니다. 북한은 1990년대 말에 수백만 명의 백성들이 굶어 죽어서, 체제유지가 위협받을 정도로 심각한 경제난을 겪고 있었습니다. 그런 가운데 핵무기개발을 둘러싸고 미국과 첨예한 대립을 하고 있었지요. 그렇기 때문에, 김대중정부의 대북지원 의지와 우리 한국의 경제력을 이용하여 경제위기로 인한 체제붕괴를 모면하고, 미국의 대북 핵폐기 압박정책을 견제하기 위해서는 우리민족끼리라는 이념적 구호를 활용할 필요가 있었던 것입니다.

**Q9** 지난 1일, 북한이 제94주년 3.1절을 맞아 '일본이 군국주의 부활에 열을 올리고 있다'라며 맹비난했잖습니까. 이렇듯 북한이 일본을 비난하는 것도 일종의 '우리민족끼리' 전략으로 보이는데, 어떻습니까?

**A9** 김일성은 정권수립 초기부터 항일 독립운동을 집권 정당성의 기초로 삼아 독재체제를 강화했고, 체제우월성의 소재로 선전해왔습니다. 북한의 입장에서 보면 미국이나 일본은 언제나 통일전선전술상 '반외세 민족공조'의 좋은 소재라고 할 수 있지요.

**Q10** 북한은 핵실험과 장거리 미사일 발사도 '우리민족끼리'라는 논리로 강변했잖습니까. 그 부분에 대해 말씀해주시죠.

**A10** 북한은 자신들의 핵무기와 장거리 미사일 개발은 "미국의 대북 압살 정책에 대항하기 위한 것"이지 우리 한국을 겨냥한 것이 아니라고 합니다. 뿐만 아니라 자신들의 이런 무력이 우리민족의 안전을 보호해준다고 강변하는데 터무니없는 주장이지요. 북한이 수시로 "서울이 휴전선에서 멀지 않다"는 등 우리에게 공격위협을 하고, 천안함과 연평도를 공격한 것들이 이를 증명합니다. 지난달 19일에도 스위스 제네바에서 열린 유엔 군축회의에서 우리나라를 "최종 파괴(final destruction)하겠다"는 위협을 한 바 있지 않습니까? 국내에도 언젠가 통일이 되면 북한의 핵무기나 장거리 미사일도 다 우리 것이 된다는 망언을 하는 세력들이 있습니다. 이것은 북한의 무력강화에 대한 비판을 약화시키려는 의도에서 하는 발언이라고 생각합니다. 김일성민족주의체제로 통일이 되면 그렇게 될 수도 있겠지요. 그러나 김일성민족주의체제로 통일된다는 것은 상상만 해도 우리민족의 비극중의 비극입니다.

**Q11** 북한이 '우리민족끼리'라는 용어를 끊임없이 사용하고, 또 강조하는 의도는 무엇입니까?

**A11** 북한의 의도는 우리민족끼리 구호를 계속해서 대남 통일전선전술 수단으로 활용하겠다는 것입니다. 북한은 2010년 9월 당 규약을 개정하고, 서문에 "(전략) 남조선인민의 투쟁을 적극지지 성원하며 우리민족끼리 힘을 합쳐 (중략) 조국을 통일하고 (하략)"라고 우리민족끼리 개념을 새로이 추가하여 명시했습니다. 그럼으로써 '우리민족끼리'가 통일전선전술의 일환임을 숨기지 않고 있습니다. 북한정권은 '우리민족끼리' 구호를, 그들 표현에 의하면, "혁명투쟁의 강위력한 수단"으로 보고 있습니다.

**Q12** 북한은 '미군 철수'라는 궁극적인 목적을 숨긴 채 '자주', '우리민족끼

리', '평화협정'이라는 용어를 사용하고 있습니다만, 이와 같은 전술은 '적화혁명전략'의 한 방법이잖습니까. 그 부분에 대해 말씀해주시죠.

**A12** 심리전술의 한 방법이죠. 보통 용어혼란전술로 알려져 있는데, 겉으로 표방하는 구호는 동일하지만 내재되어 있는 목적은 상이한 언어를 선택함으로써 자연스럽게 상대방의 인식을 혼란시키는 것을 말합니다. 민족적 동질감 자극을 통해 '북한은 우리에게 적이 아닌 같은 민족공동체'라는 인식을 심어줌으로써 북한정권에 대한 적개심(이른바 적색공포증)을 해소시키는 것입니다. 즉, 북한에 대한 주적 개념을 흩트려 놓음으로써 적이 아닌 동지라는 인식혼란을 유도하는 목적이 감춰져 있습니다. 우리 국민은 북한의 이런 전술적 의도를 간파하고 대응할 수 있는 인식능력을 갖고 있어야 합니다.

**Q13** 북한이 지난 2009년의 신년 공동 사설에서는 '우리민족끼리' 정신을 강조하면서 이례적으로 우리 국민에게 반정부 투쟁을 주문했잖습니까. 어떤 의미가 있다고 보십니까?

**A13** 통일전선전술의 활용의도가 있는 것이라고 볼 수 있을 것입니다. 이명박정부가 들어서자 자신들이 희망하는 대로 6.15선언과 10.4선언이 계속 실천될 전망이 어둡게 되었지요. 그러자 우리정부를 타도해야 할 적으로 규정하고 국내 친북세력에게 반정부활동을 강화하라고 주문했던 것입니다. 공동사설에서 "6.15 통일시대와 더불어 활력있게 전진하던 조국통일운동은 지난해 남조선 보수당국의 집권으로 엄중한 도전에 부딪치게 되었다"고 한 표현과 이후 각종 매체를 통해 이명박정부에 대한 투쟁을 선동한 것이 이를 설명해주고 있습니다. 역설적으로 북한의 이런 전술구사 행태는 그들이 강조하는 6.15정신이나 '우리민족끼리'가 민족의 가면을 쓴 김일성주의라는 것을 우리나라의 건전한 국민들에게 일깨워 주고 있기도 합니다. 그럼에도 불구하고 북한의 주장을 비판없이 계속 옹호하는 일부 사람들이 여전히 행세하는 것이 문제입니다.

**Q14** '고려연방제'가 비교적 이념적이었다면 '우리민족끼리' 전략은 실리적으로 보이는데, 어떻습니까?

**A14** '우리민족끼리' 전략전술이 김대중정부의 햇볕정책을 역이용하는 배경을 가지고 시작되었기 때문에 북한의 입장에서 실리 추구적인 면이 강합니다. 하지만 민족끼리라는 표현 자체에 이념적 요소가 많이 배어있다고 볼 수 있습니다. '우리민족끼리'는 민족주의를 표방하고 있기 때문입니다. 민족주의의 기원에 대한 연구로 잘 알려진 베네딕트 앤더슨은 민족을 '시공을 초월하여 운명을 같이할 수 있는 상상의 공동체'라고 설명하고 있습니다. "조상 혹은 후손의 이해를 민족공동체의 이익과 일치시키면서 자신의 정체성을 민족의 일원이라는 데서 찾게 된다"는 것입니다. 또 오 브라이언 같은 학자는 "사람들이 정의나 자유의 가치보다 민족적 이해를 더 중요시하며, 많은 사람들이 민족의 이름으로 서로 죽이고 기꺼이 목숨을 버릴 수도 있는 본성을 가지고 있다"고도 합니다. 그런 면을 고려해 보면 '우리민족끼리'는 이념성도 강하게 포함되어 있습니다. 앞에서도 말씀을 드렸지만 '우리민족끼리'는 「민족주의의 가면을 쓴 김일성민족끼리」이기 때문에 김일성주의 이념이 내포되어 있는 것입니다. 국내 일부 종북세력들이 많은 국민들로부터 지탄을 받으면서도 아랑곳하지 않고, 마치 순교자라도 되려는 것처럼 북한 세습정권을 옹호하는데 '우리민족끼리'에 이념성이 있기 때문이라고 생각합니다.

**Q15** 북한은 지난 2009년부터 지난해까지 헌법과 당 규약을 개정하고, 수정하면서 '한민족'을 '김일성 민족'으로, '북한'을 '김일성 조선'이라고 명기했잖습니까. 그 부분에 대해 말씀해주시죠.

**A15** '김일성민족'이라는 표현은 김정일이 1994년 10월 일성이 죽은지 100일이 되는 날 「당중앙일꾼들에게 한 담화」에서 "해외동포들은 조선민족을 김일성민족이라고 하고 있습니다"라고 한데서 비롯되었습니다. 그 이후 김일성우상화 작업의 일환으로 노동신문 등 북한 언론매체에서 공개적으로 사용했습니다. 북한의 최신 헌법과 당 규

약을 보면 북한이라는 나라는 '김일성의 나라'요, 법은 '김일성의 법' 이며, 김일성은 '민족의 태양'이고 북한의 '시조로서 영원한 주석'이 며, '통일은 김일성이 제시한 근본원칙에 따라 이루어져야 한다'고 되어 있습니다. 북한의 실질적 유일정당인 조선노동당도 '김일성의 당'으로 규정해 놓았습니다. 북한의 헌법이나 당 규약은 우리나라에 도 공개되어 있으니까 누구나 이런 현실을 확인해 볼 수 있습니다. 당 규약이나 헌법에서 뿐만 아니라 군중강연에서도 "김일성민족" "김일성조선"이라는 표현을 쓰면서 선전선동을 하고, 노동신문 등 언론매체들은 북한주민들을 "김일성후손"이라고 합니다.

**Q16** 북한의 통일전선사업부는 대외적으로 '우리민족끼리'라는 용어를 사용하고 있습니다만, 대내적으로는 '햇볕 정책 역이용 전략'으로 명명한 것으로 알고 있는데, 어떻습니까?

**A16** 그런 사실은 북한 통일전선사업부에서 근무하던 사람의 증언을 통해 알려진 내용입니다. 심각한 경제난으로 체제유지의 위기에 몰린 김정일은 1998년 정세가 호전될 때까지 우리 대한민국의 경제지원을 북한의 발전에 이용한다는 결심을 하고, 통일전선사업부 핵심간부에게 전략을 수립토록 지시를 했습니다. 그에 따라 통일전선사업부는 대외적으로 '우리민족끼리'를 표방하되 적인 우리나라와는 '끼리'할 수 없다는 원칙하에 "햇볕정책 역이용 전략"이라는 보고서를 마련하고, 김정일의 재가를 받아 대남공작을 추진하게 되었던 것입니다. 이때부터 6.15정상회담 추진토대가 검토되기 시작한 것으로 볼 수 있습니다. 김대중정부는 정상회담추진에 목을 매다시피 한 상황을 연출하고 있었기 때문에, 북한의 입장에서 남북정상회담 추진을 설계하는 것은 식은 죽 먹기였을 것입니다.

**Q17** 북한의 '우리민족끼리' 전략의 최종 목적은 무엇인지 말씀해주시죠.

**A17** 그것은 노동당 규약을 보면 알 수 있는데 '우리민족끼리' 전략의 최종 목적은 한반도를 김일성민족주의체제화 하는 것이라 해석할 수

있습니다. 북한은 2010년 9월 28일 제3차 당대표자회에서 당 규약을 개정했는데 개정규약 서문에 "조선로동당은 (중략) 주체혁명 위업의 승리를 위하여 투쟁한다. 당면목적은 (중략) 전국적 범위에서 민족해방과 인민민주주의 혁명의 과업을 수행하는데 있으며 최종목적은 온 사회를 주체사상화하여 인민대중의 자주성을 완전히 실현하는데 있다"라고 기술하고 있습니다. 대남전략의 최종 목적은 한반도를 김일성민족주의체제로 통일한다는 것입니다. 우리가 예전에는 "공산화통일" 또는 "적화통일"이라고 했는데, 현재의 북한체제는 정통 공산주의체제가 아니라 김일성왕조 유일독재 체제이기 때문에 "김일성민족주의화 통일"이라고 하는 것이 더 사실에 부합한다고 생각합니다. 당 규약 서문 말미에는 "조선로동당은 전 조선의 애국적 민주력량과의 통일전선을 강화한다. (중략) 우리민족끼리 힘을 합쳐 (중략) 조국을 통일하고(하략)"라고 하고 있습니다.

**Q.18** 최근 북한이 '민족'이라는 용어를 사용하는 웹사이트를 잇달아 개설하면서 대남 인터넷 심리전을 강화하고 있잖습니까. 북한의 이와 같은 대남 인터넷 심리전에 동조하는 우리 국민들이 있어서 무척 안타까운데, 그 실상이 어떤지 말씀해주시죠.

**A.18** 북한은 다수의 인터넷공작원을 양성하여 대남공작을 추진하고 있습니다. 한 가지 방법은 양성된 해커를 중국 등 해외에 사업가로 위장 파견하여 국내 중요정보를 해킹하여 취득하는 것이고, 다른 한 가지는 공작원이 국내 인터넷에 접속하고 여론을 선동하여 자기들의 기도를 관철시키는 것입니다. 해외에 있는 북한 공작원은 물론 공작원이 평양에 앉아서도 가능합니다. 우리나라는 해외여행 시 또는 방북 시 국민의 이름과 주민등록번호를 동시에 노출시키도록 제도화되어 있습니다. 여권에 이것들이 다 표시되어 있고, 방북 시 신고서류에도 기재하도록 하고 있습니다. 이미 수백만 명의 우리 국민이 금강산 또는 개성관광, 대북사업 등 목적으로 방북 시에 신원사항을 고스란히 제공하여 북한 공작기관의 수중에 들어가 있습니다. 이 자

료를 활용하면 국내 인터넷언론에 접근하는 것은 식은 죽 먹기나 다름없습니다. 북한 공작원들이 국내 인터넷언론에 실명확인 절차를 마치고 익명의 ID를 가지고 활약하면 거의 속수무책인 상황입니다. 또 한가지는 지적하신 대로 북한의 대남심리전에 동조하는 국민들이 있다는 것이 문제입니다. 특히 국내 인터넷매체들 중에는 고의적이든 부주의에 의한 것이든 북한언론의 선전선동 기사를 비판 없이 그대로 옮겨 보도함으로써 북한의 선전도구로 활용되는 경우가 많습니다. 북한 공작기관은 한국의 언론, 특히 인터넷매체를 유용하게 활용하고 있는 것입니다.

**Q19** 지난 4일, 북한의 입장을 대변하는 조총련 기관지 조선신보가 '우리민족끼리'만이 자주 통일과 평화 번영을 담보해 준다는 것이 지난 5년 동안에 찾은 교훈이라고 주장했는데, 어떤 의도가 있다고 보십니까?

**A19** 새로 출범한 박근혜정부에 대해 6.15선언과 10.4선언을 수용하라고 간접적으로 압박하는 전술입니다. 이명박정부 기간 동안에는 우리민족끼리 전략전술의 효과를 못 얻었기 때문에 신정부에 대해 대북정책을 전환하라고 요구하는 것입니다. 북한의 3차 핵실험에 대한 국제적 비난과 제재조치 강화에 대비하기 위한 포석이기도 합니다. '우리민족끼리'가 자주통일과 평화번영을 담보해 준다는 주장은 용어혼란전술과 기만전술을 복합적으로 활용하고 있는 것입니다. 김일성일가의 세습정권 유지·확대가 기본목적인 김정은정권이 대남전략의 본질을 숨기고, 마치 민족의 번영을 최우선 추구하는 것처럼 기만하고 있다는 것을 인식해야 합니다.

**Q20** 지난 달 25일, 우리의 새 정부가 출범했는데, 북한의 '우리민족끼리' 전략이 어떻게 전개될 것으로 보십니까?

**A20** 우리의 박근혜정부에 대해 6.15선언과 10.4선언을 이행하라고 지속적으로 압박할 가능성이 많다고 봅니다. 종북세력들이 우리나라 안

에서 '우리민족끼리' 구호를 내걸고 북한정권 지원활동을 마음대로 할 수 있는 통일전선을 보장하라는 요구나 다름없는 것입니다. 그러나 선언내용 자체에 논란거리가 많을 뿐만 아니라 북한이 지난 달 12일 3차 핵실험을 강행하여 남북관계 개선의 기회를 무산시켰기 때문에 우리 정부로서도 선뜻 호응하기는 어렵다고 생각합니다.

**Q21** 박근혜 정부에서의 남북관계, 어떻게 전망하십니까?

**A21** 박근혜대통령은 지난달 25일 취임사에서 확실한 대북억지력을 바탕으로 한반도 신뢰프로세스를 추진해 나가겠다고 했습니다. 남북 간 대화를 통해 신뢰를 쌓아가면서 한민족 모두가 행복한 통일시대의 기반을 만들고자 한다"는 희망을 피력한 것입니다. 우리정부는 북한핵을 포기시키려는 목적을 가지고 있고, 북한은 핵보유국임을 기정사실화 하고 있습니다. 남북 간에 서로 대화 필요성을 주장하지만 북한핵이라는 너무 큰 장애물이 가로 놓여 있기 때문에 북한체제의 기본성격이 변하지 않는 이상 의미 있는 진전을 기대하는 것은 쉽지 않다고 봅니다.

**Q22** 북한의 '우리민족끼리' 전략에 우리가 어떻게 대응해야 된다고 보십니까?

**A22** 김일성민족주의를 더 이상 방치하거나 지원해서는 안 된다고 생각합니다. 우리는 민족번영을 위해서 북한식 '우리민족끼리'가 아니라 '진정한 우리민족끼리', 즉 '단군의 자손끼리'를 주장하면서 북한이 김일성민족주의를 버리고 민족정체성을 회복하도록 설득해야 합니다. 설득으로 안 되면 압박도 해야 합니다. 왜냐하면 민족번영을 위해서는 통일국가를 지향해야 하는데 '한민족과 김일성민족이 공존하는 통일민족국가'는 있을 수가 없기 때문입니다. 그리고 북한정권에 민족정체성회복을 요구하는 것은 우리의 정당한 민족적 권리이자 책임입니다. 대북정책방향을 두고 강경책이 효율적이냐 포용책이 효율적이냐 하는 논쟁이 있지만 양자택일적 논쟁은 무의미하다

고 봅니다. 북한이 김일성민족주의를 포기하고 민족정체성을 회복하도록 하는데 유용하다면 사실 대북 강경책이든 포용책이든 상관이 없습니다. 북한이 단군의 후손으로서 민족정체성을 완전히 회복한다면 민족통일문제는 물론이고, 북한핵문제・인권문제・이산가족문제・남북분쟁문제 등 분단관계에서 초래되는 모든 문제의 해결 실마리를 찾을 수 있을 것입니다. 끝으로 한 말씀만 더 드리자면, 우리 국민들이 북한의 가면민족주의인 '우리민족끼리' 구호에 속아 북한정권의 주장에 무조건적으로 동조하는 일은 앞으로 결코 없어야 할 것입니다. 우리민족서로돕기 상임대표로 10여 차례 방북하는 등 민간 대북지원활동에 열성적이었던 송월주 전 불교조계종 총무원장이 2006년 7월 국내의 한 일간지 기자와 인터뷰하면서 한 말을 상기시켜드리고 싶습니다, 그는 "김구선생은 김일성에게, 김대중 전 대통령은 김정일에게 속았다. 나도 속은 느낌이다. (중략) 이런 점을 국민들과 대북 관련 업무를 하는 사람들에게 분명히 알리고 싶다"고 토로한 바 있습니다.

## 2. '종북(從北)세력'이 궁금하다!

**Q1** '종북주의'란 어떤 개념이며, '종북세력'은 우리에게 무엇인가?

**A1** 종북주의란 '김일성주의', 즉 '김일성민족주의체제' 정권의 주장과 대남전략에 굴종하는 태도를 의미한다. 좀 더 구체적으로는 대한민국체제 안에서 생활하면서 국민으로서의 주체적·자주적 입장을 견지하지 못하고 북한 김일성일가정권에 비굴하게 복종하는 태도를 말한다.

종북주의는 종북세력의 이념성을 표현하는 개념으로, 종북세력이라는 말은 사회당의 대표였던 원용수가 2001년 12월 21일 '민주노동당 대표 권영길의 통합논의 제안에 즈음한 기자회견'을 하면서 "민중의 요구보다 조선노동당의 외교정책을 우위에 놓는 '종북세력'과는 함께 당(활동)을 할 수 없습니다"라는 주장을 하면서 정치권에서 처음 공식적으로 사용되었다.

종북세력의 이데올로기적·정치적 반정부활동은 거의 모두 북한 김정은정권을 이롭게 하며, 반대로 우리의 자유민주체제에는 해로운 결과를 초래한다고 할 수 있다. 그렇기 때문에 명확한 종북세력은 척결대상인 것이다. 그것은 관련 개념을 정확히 인식하면 분명해진다.

일부 종북주의자들은 보수세력이 자신들을 '종북주의자' 또는 '종북세력'이라는 낙인을 찍어 비난한다고 주장하지만 그것은 사실과 다른 것이다.

**Q2** 이석기 등의 '내란예비음모'에 대한 수사가 온 나라를 충격에 빠드렸는데 이 사건을 어떻게 보아야 하나?

**A2** 이번 사건은 아직 국가정보원의 초기수사가 진행중인 가운데 피의자가 혐의내용을 강력하게 부인하고 있는 상황이기 때문에 범죄사실을 단정짓으로 평가하기는 어렵다.

하지만 법원이 구속영장을 발부한 사실과 그 과정에서 드러난 혐의사실, 그리고 언론을 통해 확인된 일부 사실들을 감안해 볼 때 이석기 등의 혐의내용은 매우 엄중하다.

사건이 표면화된 후 많은 국민들이 충격을 받고 놀라움을 표시하고 있다. 사실은 국가안보를 담당하는 기관이나 종북세력의 발호에 관심을 가져온 애국적 인사들은 수년전부터 종북세력이 늘어나는 것을 걱정해 왔고, 일반 시민들 중에서도 작년 총선에서 종북세력 상당수가 제도 정치권인 국회로 입성할 때 우려를 하는 분위기가 더러 있었다.

지난 대선과정에서 모 유명 정치인이 "대한민국에 빨갱이가 어디 있습니까?"라고 발언을 한 것으로 알려졌었고, 일반 국민들 중에는 "그래 맞아! 요즘 같은 세상에 북한 독재정권을 위해 일할 사람이 있겠어?" 하면서 종북세력의 존재를 무시했던 사람들도 많았다. 그래서 더 충격적으로 받아들여지고 있다는 것이다.

**Q3** 종북세력이 어떻게 국회까지 진출할 수 있었는가?

**A3** 종북세력이 국회에 진출할 수 있었던 것은 '기본적으로 유권자인 국민이 선택한 결과'이지만 몇 가지 요인이 있다.

첫째는 이들이 "민주" 그리고 "진보"의 가면을 쓰고 활발하게 활동을 할 수 있는 사회적 환경이 조성돼 있었기 때문이다.

둘째는 우리의 헌정질서인 자유민주주의체제 수호보다는 정치세력 확산을 통한 정권획득에 최우선적 관심을 두었던 정치세력의 연대전략 때문이다.

셋째는 이런 정치현실을 직시하여 냉철하게 주권을 행사해야 하는 국민들중 일부가 국가안보에 대한 고려없이 국민주권을 잘 못 행사한 때문이다.

다시 말하면 대한민국이 헌정질서를 유지하면서 건전한 발전을 하기 위해서는 스스로 자유민주주의 시장경제 체제를 지켜낼 수 있는 역량이 마련되어야 하는데 사회환경이나 정치권, 국민의식 각 측면에서 미흡한 점이 있었다.

아마도 이번 사건을 충격적으로 받아들이는 사람들은 국가안보 위협세력에 대한 경각심을 느끼게 되었을 것이다.

**Q4** 종북세력이 국회에 진출하는 것을 막기 위해 어떤 제도적 조치가 필요한가?

**A4** 제도적인 면에서 종북세력이 국회에 진출할 수 없도록 하는 것은 입법 차원의 문제인데 국회법과 공직선거법을 개정하여 종북인물에 대해 피선거권을 제한하는 방법을 생각해 볼 수 있다.

우리 국회가 금년 6월 "국회 내에서 회의방해를 목적으로 폭력을 행사한 의원에 대해 500만 원 이상의 벌금형이 확정되면 10년간 피선거권을 박탈"하기로 하는 정치쇄신안을 여야합의로 마련한 바 있다.

여러 가지 측면에서 논란은 있겠지만 종북인물의 피선거권 제한에 대해서도 요건을 정하여 입법화 할 수 있을 것이다.

또 현행 헌법에는 국회재적의원 3분의 2이상의 찬성이 있으면 국회의원에 대해 제명이나 자격심사를 할 수 있고, 당사자가 그 결과에 대해 법원에 제소할 수 없도록 규정하고 있다. 제명이나 자격심사 모두 가결되면 본인의 의사와 상관없이 의원자격은 소멸된다.

이 규정은 국회의원의 신분인 사람을 대상으로 하는 것이긴 하지만, 자유민주체제를 부정하는 것이 명백한 종북 국회의원에 대해서는 현재의 의결요건을 완화하는 방향으로 법개정을 검토해볼 수 있다.

또 이번 내란예비음모사건에서 보듯이 국회의원의 행위가 국민의 의사를 대변하는 것이 아니고, 반국가범죄행위를 자행하여 국회의원의 직무와 무관함이 명백할 경우에는 '불체포특권'을 배제하도록 규정을 개정해야 한다.

제도적인 차원에서 종북세력의 국회진출을 막는 방법도 중요하지만, 국민들이 국회의원 선거를 할 때에 종북세력의 위험성을 인식하고 이들이 당선되지 않도록 선거권을 올바르게 행사하는 것이 더 중요하다. 19대 국회의원 300명중 28명이 보안법 및 반공법 위반 전력자이고, 그 중 19명은 반국가단체 및 이적단체에 가입한 사실이 있는 사람들이란 것과 이석기 체포동의안 처리에 찬성하지 않은 국회의원의 숫자가 정원의 10%를 넘는 31명이었다는 점을 상기해볼 필요가 있다.

**Q5** 경기동부연합 지하조직인 'RO'는 어떤 조직인가?

**A5** 경기동부연합이라고 하는 것은 주사파 민족민주(NL) 계열인 약칭 '전국연합(민주주의민족통일전국연합)'의 하부조직이다.

계보를 살펴보면 전국연합은 '전민련(전국민족민주운동연합)'에 뿌리를 두고 있는데 1991년 '전민련'이 와해되면서 창립되었다.

그리고 전국연합의 전신인 '전민련'은 분열되어 있던 운동권세력이 89년 1월 힘을 결집하여, "애국적 민중민주운동 역량의 총결집체"를 표방하면서 200여개의 단체를 모아 창립했다.

'전국연합'은 2001년 9월 충북보람원수련원에서 있었던 '민족민주전선 일꾼전진대회'에서 〈3년의 계획, 10년의 전망, 광범위한 민족민주전선 정당건설로 자주적 민주정부 수립하여 연방통일조국 건설하자〉면서 소위 '9월 테제(별칭: 君子山의 약속)'를 채택한 바 있다.

이런 계보를 감안해볼 때 'RO'는 김일성일가 정권, 즉 김정은정권을 추종하는 대한민국 내 주체혁명 전위조직이라고 생각할 수 있다.

구체적인 조직의 성격이나 활동 등 자세한 내용은 수사결과를 지켜봐야 알 수 있지만, 북한의 대남전략인 '김일성민족주의화 통일'을 한국사회에서 선도하는 비밀조직이라고 생각된다.

**Q6** 'RO' 조직은 과거의 간첩, 종북 사건과 비교했을 때 어떤 특징이 있나?

**A6** 내란예비음모 혐의가 적용된 것으로 봐서는 폭력혁명 예비조직으로 보이지만, 'RO' 조직이 어떤 조직인지 명확히 규명되지 않은 상황이기 때문에 과거의 종북사건과 비교하여 특징을 언급하는 것은 아직 이르다.

그러나 조만간 국정원과 검찰의 수사결과가 발표되면 모든 것이 명확해질 것이다.

이번 내란예비음모 사건과 관련하여 특별히 주목할 상황이 있는데 북한 김정은정권이 지난해 9월 "전시사업세칙"을 개정하여 전시상태를 선포할 수 있는 3가지 경우를 제시한 것이다.

그 두 번째 경우가 "남조선 애국역량의 지원 요구가 있거나 국내외에서 통일에 유리한 국면이 마련될 경우" 전시상태를 선포할 수 있다고 되어 있다.

여기서 "남조선 애국역량"이란 종북세력을 비롯한 '김일성민족주의 체제'에 동조하는 세력을 말한다.

전시사업세칙은 종북세력이 선봉에서 폭력시위 등 사회혼란을 조성하고 동조세력이 합세하여 내란을 일으키면, 북한 정권이 이를 지원한다는 명분으로 무력통일을 시도할 수 있음을 노골적으로 표현한 것임을 특별히 유념할 필요가 있다.

참고로 덧붙이면 "미국과 한국의 침략의도가 확정되거나 북한을 침공했을 때"와 "미국과 한국이 국지전을 일으켜 확전할 경우"에도 전시상태를 선포할 수 있다고 하고 있다.

**Q7** 북한이 구사해온 '통일전선전술'은 어떤 전술인가?

**A7** 북한의 『정치사전』은 통일전선전술에 대해 "노동계급이 당의 영도 밑에 일정한 혁명단계에서 혁명의 승리에 이해관계를 같이하는 여러 정당, 사회단체, 계급계층 및 개별적 인사들이 공동의 원수를 반대하기 위해 모은 정치적 연합"이라고 규정하고 있다.

통일전선전술은 레닌이 1921년 6월 제3회 코민테른대회에서 제안하여 채택된 공산당의 전통적 전술의 하나다.

공산주의자들이 자기 당을 중심으로 '현 체제를 반대하거나 이익을 같이 하는 제정당·정파·사회단체 개별인사 등의 역량을 규합하고, 이들 동조세력과 연합세력을 형성하여 투쟁대상을 타도하고 정권을 탈취하는 전술'이다.

레닌은 '3개의 적이 있거든 그 중 둘과 동맹하여 하나를 타도하고 나머지 둘 중 하나와 동맹하여 다른 하나를 타도한 후 마지막 하나는 1대 1로 대결하여 타도하라'고 통일전선전술 구사방법을 설명한 바 있다.

**Q8** 북한의 대남 통일전선전술의 특징은 무엇인가?

**A8** 북한의 통일전선전술은 1990년대말을 기점으로 중요한 변화를 보인

것으로 평가된다.

2000년 이전에는 지하당구축을 통한 하층통일전선 구축에 주력했으나 2000년 이후에는 상층통일전선에 주력하면서 하층통일전선을 배합하여 적극적으로 활용하는 특징을 보이고 있다.

그 배경은 김정일이 1997년 8월 '김일성의 조국통일 유훈을 철저히 관철하자'는 논문을 통해 "남조선의 자본가이건 군 장성이건 집권 상층에 있건 관계치 않고 손잡고 나갈 것"이라고 하고, 1998년 4월에도 '민족대단결 5대방침'을 제시하면서 "남조선의 집권상층이나 여야인사들, 대자본가, 군장성들과도 민족대단결 기치 밑에 단합할 것"이라고 선언한 데에 있다.

그러나 이 선언에는 민족적 단결을 주장하는 외에도 "외세와 반통일세력에 대한 반대투쟁" 방침도 함께 들어 있어 상층부통일전선 형성을 도모하기 위한 선언이라고 볼 수 있다.

타격대상과 단합대상을 구분하고 있는 것이다. 대표적인 통일전선전술중 하나가 6.15공동선언에서 탄생한 '우리민족끼리'를 앞세운 "외세배격, 민족공조" 투쟁이다.

북한정권의 통일전선전술 구사방법상 특징을 정리해 보면 ①하층통일전선과 상층통일전선을 유기적으로 결합 ②낮은 형태의 공동투쟁에서 높은 형태의 공동투쟁으로, 부분적인 연합으로부터 전반적인 연합 실현 ③전략적 동맹대상과 전술적 동맹대상을 엄격히 구별하되 양자를 적절히 연합 ④통일전선대상이 영세한 역량이라 할지라도 무시하지 말고 한사람이라도 더 쟁취 ⑤정세변화에 따라 신축성 있게 적응 ⑥반미·반파쇼 민주화운동에 적극적인 사람은 과거를 불문하고 포섭 ⑦지하당사업과 통일전선 사업을 엄격히 분리할 것 등이다.

**Q9** 우리나라에는 지하당을 구성하고, 간첩활동을 하는 세력들이 있는데 이러한 세력들은 북한 어느 기구가 관리하는가?

**A9** 지하당구축 공작은 당 소속으로 되어 있는 225국에서 주로 담당한다. 225국은 1974년 5월 조선노동당의 문화부와 연락부가 합쳐져 만들어

진 문화연락부에 뿌리를 두고 있다.

그후 다시 연락부로 개명되어 1년 정도 운영되었다가 사회문화부, 대외연락부로 바뀌고 2009년 2월 공작부서 전면개편 때 일부 직제를 개편하면서 225국으로 이름을 바꾼 것이다.

225국의 활동목표는 대한민국 내에 비밀지하조직을 만들고 결정적시기에 이 조직을 활용하여 대한민국 체제를 전복하는 것이다.

북한에는 225국 외에도 국방위원회 산하에 '정찰총국'이라는 방대한 공작기관이 있다. 정찰총국은 2009년 2월 기존의 인민무력부 산하 정찰국, 노동당 산하 작전부와 35호실 등을 통합한 기관이다. 대남 직접 침투와 해외공작 업무가 정찰총국의 업무로 통합되었다.

그 외에 인민무력부에는 인터넷과 방송을 통한 심리전업무를 주로 하는 '적공국'이라는 조직도 있다.

**Q10** 국내에 북한의 대남 전략에 적극적으로 동조하는 세력은 얼마나 되나?

**A10** 북한에 동조하는 세력이라는 것은 종북세력이라는 개념보다도 그 범위가 더 넓다고 할 수 있는데, 이들 조직특성중 하나가 비밀성이고 활동은 은밀히 이루어지는 경우가 대부분이다.

동조(同調)란 남의 의견이나 일에 뜻을 같이하고 지지하는 것을 말하고, 이런 사람들이 모여 사회적 역할을 하는 집단을 이루고 세력화되면 이를 동조세력이라고 한다.

사실 종북세력이나 동조세력을 산출할 만한 객관적 기준은 없기 때문에 그 세력이 어느 정도라고 구체적으로 말하는 것은 어렵다. 규모에 대해 여러 가지 설이 난무하는 이유가 여기에 있다.

동조세력은 그 규모도 중요하지만 그 세력의 질적인 측면을 중요시해야 한다. 질적인 측면과 양적인 측면을 합해서 그 세력의 파워를 표현하는 개념으로 '동조역량'이란 말을 쓸 수 있다. 우리는 북한에 대한 동조역량이 급속히 확대되어 나타나는 현실에 주목할 필요가 있다.

북한의 현 체제는 "김일성민족주의 봉건적 군주체제"이다. 민족주의의 가면을 쓴 시대역행적 군주체제로 변모했다는 것을 인식해야 한다는 의미다.

'김일성민족주의체제' 동조는 김일성민족주의체제 구성원의 입장에서 뜻을 같이하고 지지하는 것을 말하며, 김일성민족주의체제는 동조세력의 행동을 규율하는 규범을 형성하게 된다.

북한이 대남 전략전술적 차원에서 동조역량 확대를 기도하고 있는 중요한 이유다. 극단적인 경우 북한 독재정권에 대한 동조역량이 많이 늘어나고 대한민국이 이를 제대로 제어하지 못하면 김정은정권에 의해 우리의 운명이 좌우지될 수도 있다.

**Q11** 근래 들어 종북세력이 확산된 것으로 알려졌는데, 그 이유는 어디에 있나?

**A11** 앞서 밝힌 것처럼 현재의 북한체제는 그들이 주장하는 것처럼 공산사회주의 체제가 아니다. 민족주의의 가면을 쓴 김일성주의체제이고 김일성일가를 위한 봉건적 군주체제다.

이 체제는 그 자체로 반민주성, 전근대성, 민족반역성, 역사적 반동성을 가지고 있다. 그럼에도 불구하고 대한민국에는 이 체제를 추종하는 종북세력이 많다.

그 이유는 첫째 김일성일가정권이 북한은 "자주적인 사회", "인민대중중심의 사회", "민족우선의 사회"라는 기만전술을 중단 없이 꾸준히 구사하여 대한민국 내 진보성향의 사람들에게 감성적으로 영향을 미쳤기 때문이다.

둘째는 김정일이 '우리민족끼리'를 6.15공동선언에 포함시켜 대한민국 내 각 분야에서 통일전선을 확대시키는데 성공한 반면, 정부를 포함한 자유민주주의체제를 수호해야 할 세력이 상응한 노력을 철저히 하지 않았기 때문이다.

세 번째는 한국 내 민주화의 진전과 인터넷 등 통신의 발달로 북한이 대남 선전선동 등 정치전략을 구사할 공간이 예전에 비해 훨씬 넓어

졌고, 선전선동 내용을 삽시간에 전파할 수 있을 정도로 공작여건이 상당히 좋아졌기 때문이다.

네 번째는 진보세력의 역량부족과 비판의식의 퇴화를 들 수 있다. 종북세력이 '민주' '민족'의 가면을 쓰고 노골적으로 북한 독재정권을 옹호하면서 진보세력 행세를 해도 진보세력은 그들을 비판하기는커녕 그들과 손을 잡아 세를 불리려고 했다. 진보세력이 진보의 가면을 쓰고 활개치는 종북세력을 걸러낼 역량이 부족하다.

**Q12** 과거 우리 사회를 떠들썩하게 만들었던 '민혁당사건'과 '일심회사건' 그리고 '왕재산사건'은 어떤 사건인가?

**A12** 민혁당사건이란 '민족민주혁명당' 사건을 말한다. NL계열 주사파 운동권이던 김영환, 하영옥, 이석기 등이 주축이 되어 92년 3월 지하조직을 결성하고 북한과 연계하여 활동하다가, 김영환은 1997년 7월 북한체제에 회의를 느껴 민혁당을 해체하고 전향했다. 그러나 하영옥, 이석기 등은 이에 불복하고 민혁당 재건을 시도하다가 1999년 9월 국가정보원에 검거되었다.

'일심회사건'은 개인사업가 장민호가 3회의 밀입북을 통해 공작원으로 포섭된 후 북한의 지령을 받고 민주노동당 전 사무부총장 최기영, 민주노동당 전 중앙위원 이정훈 등 4명을 포섭해 "일심회"라는 이름의 지하조직을 결성하여 간첩행위를 하다가 2006년 10월 국가정보원에 의해 검거되어 처벌받은 사건이다.

'왕재산사건'은 김일성의 지도노선을 따르는 '주체사상파' 운동권 출신들이 북한 225국에 포섭돼 '왕재산'이란 지하조직을 결성한 뒤 장기간 간첩 활동을 벌이다 2011년 7월 국가정보원에 적발된 사건이다.

당시 225국이 "주요시설 폭파 및 혁명을 위한 총기무장"을 지령했던 점과 이번에 국가정보원이 적발한 이석기 등의 내란예비음모사건의 혐의내용 중에 "주요시설 폭파 및 총기무장" 등의 내용이 있는 점이 유사성이 있어 보이는데 북한과의 연계관계 여부가 어떻게 규명되는가를 주의 깊게 볼 필요가 있다.

**Q13** '왕재산간첩단' 같은 종북세력이 국내에서 여론 형성에 영향을 미치는 방법은 어떤 것인가?

**A13** '왕재산간첩단'은 조직내에 연락책, 지역책, 선전책, 조직소조책 등을 두고 지하당을 운영하는 한편, IT업체를 설립하여 위장거점을 운영하면서 '코리아콘텐츠랩'이라는 실재 회사를 통해 '조선신보사'와 연계하여 김일성일가 선전활동을 함으로써 여론선동을 기도하다 적발되었다.

종북세력의 여론 왜곡을 통한 영향력행사 방법은 여러 가지가 있지만 온라인상에서는 1:9:90의 법칙이라는 것도 있다.

북한 대남공작기관의 지령을 받은 골수 종북세력이 '민주화운동' '인권운동' '통일운동' 등을 가장하여 투쟁을 선동하는 글을 올리면 9% 정도의 동조세력이 그 글에 댓글을 추가하여 나머지 90%의 일반인들에게 영향을 주는 것을 말한다.

**Q14** 종북세력도 북한의 실상과 참상을 잘 알고 있을 텐데 그럼에도 불구하고 북한정권을 추종하는 이유는 무엇인가?

**A14** 그 이유는 첫 째 자주, 민주, 민족대단결을 내세우는 북한정권의 기만전술에 말려들어 발을 담근 후 조직에 의해 계속적으로 세뇌당하기 때문에 인식의 틀이 거기서 벗어나지 못하는 경우가 있다.

두 번째는 종북주의자 개인의 조직 내 기득권과 권위에 대한 욕심 때문에 일반인들로부터 강한 비판을 받더라도 종북조직의 틀에서 벗어나오려고 하지 않는 경우도 있다.

세 번째는 북한의 실상을 잘 알고 비판적 의식이 있다 하더라도 북한의 조직에게 약점이 잡혀 종북노선을 벗어나지 못하는 사람도 있다. 은밀히 포섭된 간첩들이 대표적인 예라고 할 수 있다.

네 번째는 이념적으로 민족통일과 자주성 면에서 김일성일가 정권의 열성이 대한민국 정부보다 우월하다는 인식에 매몰되어 북한정권의 기타 부정적인 면들은 부수적인 문제라고 치부하여 북한정권을 추종하는 사람도 있다.

종합적으로 설명하면 종북주의자들이 김일성일가정권을 추종하는 이유는 보편적 정의를 무시하면서 포악한 독재정권을 옹호할 수 있는 사악한 심성을 가졌거나, 보통사람 수준의 현실비판 능력도 없는 정도로 어리석어 북한의 실상을 제대로 인식하지 못하기 때문이라고 할 수 있다.

**Q15** 지난해 북한은 전시사업세칙을 바꿔서 '남조선 애국역량의 요청이 있으면 전시상태를 선포하겠다'라는 내용을 담았는데 이것이 무엇을 의미하는가?

**A15** 북한은 2004년 4월 7일 당 중앙군사위원회 지시로 전시 행동요령을 규정한 '전시사업세칙'이라는 것을 만들었다. 당 중앙군사위원회는 이 지시를 내리면서 "전당, 전군, 전민이 총동원되어 전쟁준비를 더욱 완성함으로써 김일성의 조국통일유훈을 기어이 실현하고 통일된 조국을 후대들에게 물려주리라는 것을 굳게 믿는다"고 강조했다. 언제든 김일성의 의도대로 통일을 할 수 있도록 전쟁준비를 철저히 하라는 지시였다.

김정은정권은 작년 9월 '전시사업세칙'을 개정하여 "남조선 애국역량의 요청이 있으면 전시상태를 선포한다"는 내용을 추가하였다. 전시사업세칙 제정을 지시한 당 중앙군사위원회 지시 내용과 결부시켜 이깃이 의미하는 바를 판단해보면 '김일성의 통일유훈을 관철하기 위해 대한민국 내 종북세력으로 하여금 지원요청을 하도록 대남공작을 하고, 이를 빌미로 전쟁을 벌여 무력통일을 시도하겠다'는 의도라고 할 수 있다.

이번 이석기 등 일당의 내란예비음모 혐의도 아직 국가정보원에서 수사중이라 확실히 규명된 것은 아니지만, 북한의 대남공작과 직접 관련된 것이 아닐까하는 의심을 할 수밖에 없다.

**Q16** 북한이 대남 인터넷 심리전을 강화하고 있는 것과 관련하여, 북한이 주장하는 '우리민족끼리'의 실체는 무엇인가?

**A16** 북한이 주장하는 '우리민족끼리'는 통일전선전술의 일환으로서, 한두 마디로 정리하면 '김일성민족주의자들과 그에 동조하는 세력끼리'가 실체다. 노동당 규약 서문에 '우리민족끼리'가 통일전선전술의 일환임을 밝혀 놓고 있다.

김일성일가 정권은 1994년 10월부터 '김일성민족'이라는 말을 사용하기 시작하여 계속적으로 구성주의적 관점에서 분열적 민족관을 공공연히 표명해왔다. 그뿐만 아니라 대한민국 내 친북세력 및 급진 좌파세력과 통일전선을 형성하여 자유민주주의 수호세력을 타격의 대상으로 끊임없이 공격해오고 있다.

북한이 주장하는 '우리민족끼리'가 대한민국 국민들이 일반적으로 생각하는 것처럼 '단군의 자손끼리'나 '한민족끼리'가 아니라는 증거라고 할 수 있다. 북한정권은 우리 국민들의 민족적 감성을 통일전선전술에 이용하고 있는 것이다.

**Q17** '우리민족끼리'라는 인터넷 선전 매체의 주요 업무와 역할은 무엇인가?

**A17** 북한의 '우리민족끼리' 인터넷사이트는 대남공작기구인 '조국평화통일위원회(조평통)'가 대한민국 국민과 해외에 있는 동포들을 상대로 중국에서 운영하는 인터넷 매체다. 주요 업무와 역할은 북한체제와 김일성일가 정권을 선전하고 대한민국 반체제 혁명활동을 선동하는 것이다.

이 사이트는 중국 심양에 본부를 두고 2003년 4월 1일부터 활동을 개시한 것으로 알려지고 있는데, 활동방법은 주로 '조평통' 등 북한 대남기구의 성명을 직접 발표하거나 중앙통신 등 타 언론사의 보도 내용을 인용하는 형식으로 활동을 하고 있다.

2010년 8월부터는 유튜브와 트위터 계정도 운영하고 있다. 북한 김정은정권의 인터넷심리전 전진거점 역할을 하고 있으며, 국내 종북세력들의 반체제 투쟁 선전선동자료 출처로서의 기능도 하고 있다.

**Q18** 북한의 대남 인터넷 심리전에 동조하는 우리 국민들도 많다고 알려져 있는데 실상은 어떠한가?

**A18** 북한의 대남 인터넷 심리전에 동조하는 국민들이 있다는 것은 국가안보적 관점에서 보면 매우 심각한 문제다. 북한 공작기관은 인터넷 매체를 대한민국의 여론을 왜곡하고 반체제활동을 선동하는 데 유용하게 활용하고 있다.

인터넷매체를 포함한 국내 언론사들은 고의적이든 부주의에 의한 것이든 북한의 선전선동 기사를 비판 없이 그대로 인용보도하는 경우가 많아 북한에 의해 대남 선전선동 도구로 빈번히 활용되고 있다. 이를 그대로 방치해서는 안 된다.

북한은 대한민국 정부의 정책을 왜곡하기 위해 2012년도 한 해 동안에만 1만여 건의 악의적인 선전 선동 글을 사이버공간에서 퍼뜨렸다.

그 방법은 대남공작기구가 해외에 있는 간첩이나 국내 종북세력에게 한국 내 주요 현안에 대해 비판여론을 선동하라고 지령을 하면 이들은 해외에 서버를 둔 종북성향 웹사이트에 선동글을 게재한다. 그리고는 이 선동글들을 다시 국내 좌파성향 웹사이트에 퍼 나르고 선동적인 댓글을 단다. 그 다음은 국내 종북세력들이 선동글을 그대로 퍼 나르거나 일부표현을 대한민국 정서에 맞게 수정해 일반 네티즌들에게 노출시킴으로써 여론을 선동하는 수법을 쓴다.

또 다른 한 가지 방법은 북한의 대남 사이버 요원들이 한국 국민의 개인정보를 이용해 직접 각종 포털 사이트에서 활동하며 유언비어와 흑색선전을 확산하는 임무를 수행하기도 한다. 이들 사이버 요원들은 우리 시민단체 회원으로도 위장해 국내·외 주요 사이트들에 북한을 옹호 지지하는 주장을 남기면서 남남(南南) 갈등을 유도한다.

**Q19** 종북세력에 대한 문제를 두고 '개인의 사상 탄압, 즉 자유 민주주의의 핵심 본질 중 하나인 사상의 자유를 부정하는 것 아니냐'는 지적도 있다. 과연 그러한가?

**A19** 종북세력의 불법활동을 법으로 다스리는 것은 사상의 자유와는 전혀 상관이 없는 문제다. 자유민주주의체제에서는 개인의 내심에 있는 사상의 자유는 부정될 수 없다. 국가안보기관이 문제 삼는 것은 종북세력이 국가안보를 해치는 활동에 관한 것이다. 대한민국에서 사상의 자유를 부정한다는 것은 종북세력의 억지주장이고, 발전된 대한민국에 대한 모략이다.

**Q20** 북한의 '우리민족끼리' 전략의 최종 목적은 무엇인가?

**A20** 북한이 내세우는 '우리민족끼리' 전략전술의 최종 목적은 한국사회를 김일성일가 정권이 지배하는 '김일성민족주의체제'로 만드는 데 있다. 김일성일가는 공산사회주의 체제를 지향해온 것이 아니라, 김일성일가 군주제 수립을 목적으로 정권을 유지해오고 있었다는 사실이 최근 북한 헌법과 노동당 규약 개정결과로 드러났다.

2012년 4월 개정된 당 규약 서문에 "당면목적은 공화국 북반부에서 사회주의 강성국가를 건설하고, 전국적 범위에서 민족해방민주주의혁명의 과업을 완수하는데 있으며, 최종목적은 온 사회를 김일성-김정일주의화 하여 인민대중의 자주성을 완전히 실현하는 데 있다"라고 규정한 것이 이를 증명한다.

**Q21** 종북세력이 우리에게 어떤 위협이 되나?

**A21** 종북세력은 대한민국의 역사부정을 통해 국가정체성을 부인하면서, 사회혼란 조성을 통해 공권력을 무력화시키고 질서파괴를 시도하고 있다. 자유민주체제에 대항하여 헌정질서를 파괴하려 하고 있다. 더 나아가 북한 김일성일가 정권에 맹종하고 그들의 대남전략을 지원함으로써 대한민국의 안보를 직접 위협하고 있다.

종북세력은 김정은정권의 남침을 유도할 수도 있다. 만약 그런 상황이 올 경우 우리의 생명과 국가의 안전이 위태로워질 수도 있게 된다.

물론 대한민국은 북한의 무력남침을 막을 수 있는 억지력을 갖고 있다. 한미동맹체제도 견고하게 유지되고 있다.

하지만 종북세력이 발호하여 우리 사회 내부에 큰 혼란을 조성하게 되면 대한민국의 발전에 커다란 저해요인이 된다. 그렇기 때문에 종북세력은 척결대상일 수밖에 없다.

좀 신중하게 얘기하자면 종북세력과 북한동조세력을 구분해서 종북세력은 척결대상으로 삼고, 동조세력은 견제하고 변화시켜야 할 대상으로 보는 것이 바람직하다.

**Q22** 우리 정부가 종북세력 척결을 위해 어떤 대책을 마련해야 되나?

**A22** 종북세력 척결을 위해 정부가 할 수 있는 일은 엄정한 법집행으로 종북세력을 무력화시키고, 각종 교육시책을 통해 국민들의 정체성 확립에 배전의 노력을 기울이는 일이다. 그럼으로써 국민들은 스스로 자유민주주의체제를 수호할 의지를 갖고 행동하게 될 것이고, 종북세력은 점차 소멸해갈 것이다.